职业教育系列教材·城市轨道交通类

# 城市轨道交通车辆电气设备及电气线路

迟卓刚 焦承东 佘小宝 主 编
曾 洁 辜红兵 许大勇 徐 博 副主编
董小平 柳 婷 王 亮 参 编

中国建材工业出版社

#### 图书在版编目（CIP）数据

城市轨道交通车辆电气设备及电气线路/迟卓刚，焦承东，佘小宝主编． -- 北京：中国建材工业出版社，2022.1

职业教育系列教材．城市轨道交通类
ISBN 978-7-5160-3302-9

Ⅰ.①城… Ⅱ.①迟…②焦…③佘… Ⅲ.①城市铁路—铁路车辆—电气设备—职业教育—教材 Ⅳ.①U239.5

中国版本图书馆 CIP 数据核字（2021）第 181957 号

**城市轨道交通车辆电气设备及电气线路**
Chengshi Guidao Jiaotong Cheliang Dianqi Shebei ji Dianqi Xianlu
迟卓刚　焦承东　佘小宝　主　编
曾　洁　辜红兵　许大勇　徐　博　副主编
董小平　柳　婷　王　亮　参　编

出版发行：中国建材工业出版社
地　　址：北京市海淀区三里河路 1 号
邮　　编：100044
经　　销：全国各地新华书店
印　　刷：北京印刷集团有限责任公司
开　　本：787mm×1092mm　1/16
印　　张：10.5
字　　数：250 千字
版　　次：2022 年 1 月第 1 版
印　　次：2022 年 1 月第 1 次
定　　价：49.80 元

本社网址：www.jccbs.com，微信公众号：zgjcgycbs
请选用正版图书，采购、销售盗版图书属违法行为
**版权专有，盗版必究**。本社法律顾问：北京天驰君泰律师事务所，张杰律师
举报信箱：zhangjie@tiantailaw.com　举报电话：(010) 68343948
本书如有印装质量问题，由我社市场营销部负责调换，联系电话：(010) 88386906

# 城市轨道交通类系列教材编委会

**审定人员：** 汪武芽　江西交通职业技术学院
　　　　　　张　黎　江西交通职业技术学院
　　　　　　崔志宇　黑龙江交通职业技术学院
　　　　　　王燕梅　黑龙江交通职业技术学院
　　　　　　刘柱军　黑龙江第二技师学院
　　　　　　侯德文　湖南铁道职业技术学院
　　　　　　龙　讯　重庆公共运输职业学院
　　　　　　梁晓芳　重庆公共运输职业学院
　　　　　　王金香　天津铁道职业技术学院

**编写人员：** 曾　毅　武汉铁路职业技术学院
　　　　　　杨旭丽　湖南都市职业学院
　　　　　　李　捷　湖南铁道职业技术学院
　　　　　　迟卓刚　齐齐哈尔技师学院
　　　　　　任　萍　河北轨道运输职业技术学院
　　　　　　李兆飞　广州铁路职业技术学院
　　　　　　谢　芸　昆明铁道职业技术学院

# 前　言

进入 21 世纪，我国把"发展城市轨道交通"列入国民经济第十个五年计划发展纲要，国务院办公厅发出《关于加强城市快速轨道交通建设管理的通知》，把发展轨道交通作为解决大城市交通拥堵，改善城市工作、生活与投资环境，促进城市可持续发展的途径与手段，并以政府行为与重大战略的形式提出来，给轨道交通带来了新的发展机遇。为了缓解城市日益严重的交通问题，地铁、轻轨等城市轨道交通设施开始在我国的大中城市兴建及扩建。目前，已有 40 多个城市在建和规划建设城市轨道交通。地铁、轻轨、城市快速铁路、电动车组等交通车辆的制造与大量运用，需要大批具有较扎实的理论基础、较强的实践能力及技术应用的技能型人才。为了满足社会、企业和学校大量的城市轨道交通专业人员的培养和培训，我们编写了本书。

本书致力于理论和实践相结合，以当前国内地铁列车的主流车型为主体，对车辆电气设备的结构、工作原理进行了较深入的解析，深浅适度，图文并茂，辅以车辆综合电气线路图的识读以及常见故障实例分析，增加实践操作内容，强调了理论在实践过程中的应用，使学生不仅能掌握城市轨道交通电气系统的理论知识，而且能够对其进行分析、试验和综合，掌握使用维护、维修等知识与操作技能。

本书突破了传统的教材编写模式，以学生为中心，以工作过程为导向，将城市轨道交通专业相应岗位的工作过程分解为不同工序，将各工序必备的知识、技能整合成学习内容，融入了新型的教学方法、教学手段，进而综合形成各工序所对应的项目。本书分为三篇：电机、电器、电气线路控制，每篇又分为不同项目，项目中又含子任务，层层递进。电机篇主要介绍现在地铁常用的电机结构、工作原理和维护等；电器篇主要介绍通用电器和典型电器的结构、工作原理、作用等；电气线路控制篇主要介绍城市轨道交通车辆电气线路的控制逻辑，根据电气逻辑判断故障及排除故障。本书对广大学习者深入了解城市轨道交通车辆电气系统及控制知识，了解城市轨道交通车辆电气系统、设施的运用、日常维护和检修具有较强的指导作用。

由于编者学识水平所限，收集资料欠全面，书中难免有纰漏或不妥之处，恳请广大读者批评指正，盼赐教至 8301386@163.com，以期修改。

编　者

2021 年 7 月

# 目 录

## 第一篇 电机篇

**项目一 绪论** ································································································ 1
    任务一 电机理论基础知识 ············································································· 4
    任务二 直流电机基本工作原理 ······································································· 5
    任务三 直流电机的基本结构 ·········································································· 7
    任务四 直流电机的电枢反应 ········································································· 11

**项目二 直流牵引电机** ················································································· 15
    任务一 牵引电机的一般概念 ········································································ 15
    任务二 直流牵引电机的维护 ········································································ 18

**项目三 三相交流电机基础知识** ····································································· 20
    任务一 三相交流异步电机的基本结构 ···························································· 20
    任务二 旋转磁场 ······················································································ 22

## 第二篇 电器篇

**项目一 车辆电器基础知识** ··········································································· 24
    任务一 概述 ···························································································· 24
    任务二 触头 ···························································································· 28
    任务三 电弧 ···························································································· 37
    任务四 传动装置 ······················································································ 42

**项目二 常用的低压电器** ·············································································· 47
    任务一 继电器 ························································································· 48
    任务二 接触器 ························································································· 55
    任务三 主令电器 ······················································································ 61
    任务四 低压断路器 ··················································································· 65

**项目三 车辆典型电器** ················································································· 68
    任务一 受流器 ························································································· 68

任务二　车间电源 …………………………………………………………… 76
　　任务三　避雷器 …………………………………………………………… 78
　　任务四　电气连接装置与接地装置 ………………………………………… 80
　　任务五　高速断路器 ………………………………………………………… 81
　　任务六　司机控制器 ………………………………………………………… 83
　　任务七　蓄电池 …………………………………………………………… 85
　　任务八　传感器与互感器 …………………………………………………… 88

## 第三篇　电气线路控制

项目一　城市轨道交通车辆电气控制系统概述 …………………………………… 99

项目二　主电路 …………………………………………………………………… 100
　　任务一　交流牵引电路控制系统设备作用 ………………………………… 100
　　任务二　主牵引控制系统作用 ……………………………………………… 106

项目三　辅助控制系统 …………………………………………………………… 108
　　任务一　辅助逆变器控制 …………………………………………………… 108
　　任务二　空气压缩机控制 …………………………………………………… 112
　　任务三　通风冷却控制 ……………………………………………………… 114
　　任务四　空调控制 …………………………………………………………… 114
　　任务五　照明控制 …………………………………………………………… 117

项目四　牵引制动控制系统 ……………………………………………………… 121
　　任务一　电动列车电气控制系统电路识读 ………………………………… 121
　　任务二　电动列车的激活控制 ……………………………………………… 126
　　任务三　列车初始条件控制 ………………………………………………… 132
　　任务四　牵引控制 …………………………………………………………… 140
　　任务五　制动控制 …………………………………………………………… 144

项目五　车门控制系统 …………………………………………………………… 153
　　任务一　电控门的控制 ……………………………………………………… 153
　　任务二　电控门的操纵 ……………………………………………………… 155

**参考文献** ………………………………………………………………………… 158

# 第一篇 电机篇

# 项目一 绪 论

城市轨道交通车辆作为一种便捷的交通工具，最根本的任务是承载旅客完成由甲地往乙地的运输任务。车辆运行的速度、动力系统提供牵引力或电制动力（牵引主电路电气系统）及其控制管理系统 TCMS（Train Control and Management System）是城市轨道交通车辆完成运输任务的关键。城市轨道交通车辆的运行速度受多方面因素约束，如列车运行图、区间及车站信号、线路状况、列车上各功能设备的状态、乘客舒适度、行车安全性等；动力系统提供牵引力或电制动力是列车车辆启动、加速、减速、停车的根本保证。TCMS 根据这些约束条件进行综合处理并形成最终的结果，而城市轨道交通车辆牵引主回路电气系统中的牵引电机就像人的心脏和神经系统对于人体的作用一样，直接影响着车辆运行的可靠性、舒适性、安全性和经济性等。

牵引电机是实现列车牵引及电制动的动力装置，在启动、牵引及制动等各种工况下，通过电传动控制系统改变牵引电机的转矩和转速以达到调节车辆牵引力和速度的目的。牵引电机将电能变为机械能，产生牵引力驱动列车；将机械能转化为电能，实现电制动。因此，牵引电机是城轨列车电气设备中最主要的构成部分，其性能和可靠性直接关系到城轨列车的运行。

此外，城市轨道交通车辆上的各个设备通过机械、电气、电磁、网络等联系，形成整体，通过列车员的操纵实现对列车运行的控制。电气控制的系统功能：实现列车自动驾驶系统 ATO、列车自动控制系统 ATC、列车自动保护系统 ATP、列车自动监控系统 ATS、列车通信控制 TCC 等全自动控制。电气控制系统的组成：主牵引传动系统、辅助电源系统、牵引/制动控制系统、车门控制系统等。

## 一、城市轨道交通车辆牵引主回路电气系统

TCMS 接收司机的指令信息，经过转换与运算以后发给主回路电气系统执行能量转换过程，控制列车运行；TCMS 还监测列车运行的实际状态信息，对该状态信息进行处理和判断，一方面显示给司机、乘务人员和维护人员以了解列车的运行情况，另一方面对出现的异常情况进行报警和应急处理。可以说，牵引主回路是列车运行的躯干，TCMS 系统是列车运行的灵魂。

城市轨道交通车辆牵引主回路电气系统由电力牵引供电系统供电，提供 DC1500V、

DC750V 两种供电电压。电能从直流牵引变电所经馈电线、接触网（架空式 DC1500V 或接触轨式 DC750V 或接触轨式 DC1500V）输送给电动列车，再从电动列车经钢轨、回流线流回直流牵引变电所。

车辆从接触网获得电能，由牵引电机将电能转化为机械能从而驱动车辆运行。

采用电传动技术的城轨电动列车，为了实现电量的传输与变换，电气系统必不可少的设备有三个部分：①高压设备，包括受电弓（第二轨受流器）高速断路器、防止大气过电压的装置（如避雷器、放电间隙）和电流检测装置。这部分设备的基本功能是保证通过触网（轨）动态接触，使电动车组从牵引变电所获得可靠供电。②变流设备，主要包括直-交逆变器以及相关的附加设备，如通风机、压缩机、泵等。它们的任务是实现电能形式的变换，以满足变频变压的要求。③转向架中的机电能量变换装置，也就是牵引电机。一般地，在转向架中还装有力的传递机构，如齿轮减速器、万向节空心轴传递装置等，直线感应电机牵引系统、永磁同步牵引系统采用直驱，无须齿轮减速器。

## 二、城轨动车组电力传动方式

从国内外城轨列车运用情况看，电动车组电力牵引传动毫无例外地一律采用电传动方式。所谓电传动方式就是将外部输入的能源（如电力动力车）或本身产生的能源（如轨道内燃动力车）通过一整套电能变换和传递装置，将电能转换为机械能，驱动动车轮对以牵引列车。这种电能变换和传递装置称为电传动装置。

牵引电机有许多类型，诸如直流牵引电机、脉流牵引电机、单向整流子牵引电机、交流异步旋转牵引电机、交流同步旋转牵引电机、直线异步电机及直线同步电机。早期的城市轨道交通车辆中应用较广泛的是直流牵引电机，因为其具有优良的牵引和制动性能，调节端电压和励磁，就可以方便地进行调速。但是，直流牵引电机的换向器结构尚存在系列缺陷：电机换向困难和电位条件恶化，结构复杂，工作可靠性较差，制造成本高，维修麻烦。特别是在高电压大功率时，换向变得困难，工作条件恶化，使电机的工作可靠性降低。随着大功率晶闸管，特别是近年来全控型电力电子器件的迅速发展，可调压调频的逆变装置已经成功地解决了交流电机的调速问题。交流电机没有换向器，作为牵引电机就消除了由此引起的一连串问题，而且具有结构简单、维修方便、体积小、质量轻、转速高、功率大、能自动防滑等一系列优点，因此是一种较为理想的牵引电机，在城市轨道交通领域中正在迅速取代直流牵引电机。

近年来，作为最有实用价值的非黏着驱动方式，直线牵引电机在城市轨道交通车辆中的应用也越来越受到各国的重视。直线牵引电机无旋转部件，呈扁平形，可降低车辆的高度从而缩小地铁隧道直径，降低工程成本。直线牵引电机运行不受黏着限制，可得到较大的加速度，噪声较小，这都是适合城市轨道交通车辆应用的突出优点。

牵引电机是城轨电动列车电气系统的重要部件之一，它安装在转向架上，通过传动装置与轮对相连，电动列车在牵引状态时，牵引电机将电能转换为机械能，通过轮对与钢轨产生牵引力，并通过轮对驱动电动列车运行。当电动列车在电制动状态下运行时，牵引电机转换成发电机状态，将机械能转换成电能，通过轮对与钢轨产生制动力。

城市轨道交通电动车辆的供电电源是直流电网，按电传动装置所采用的牵引电动机类型的不同，电力传动形式分为三类：以直流牵引电机为动力的直-直型电传动方式，以交流旋转牵引电机为动力的直-交型电传动方式，以直线牵引电机为动力的直-交电传动方式。

**1. 以直流牵引电机为动力的直-直型电传动方式**

车辆主传动系统工作过程为：接触网或接触轨的直流电经动车上的受流器引入车内，经过高速断路器、网侧高压电路、直流牵引电机调速电路，再经接地回流装置回电源负极。随着电机接入电源即旋转，电能转化为机械能，牵引电机产生的牵引转矩经齿轮传动装置传递到轮对实现牵引运行。

**2. 以交流旋转牵引电机为动力的直-交型电传动方式**

以交流旋转牵引电机为动力的直-交型电动车组，由直流电网供电，三相交流电的变换，供给三相异步电动机。

整个牵引系统主要由VVVF牵引逆变器、牵引电机、制动电阻等组成，VVVF牵引逆变器采用PWM脉宽调制模式，将高压直流电逆变成频率、电压可调的三相交流电，车辆的4台交流鼠笼式异步牵引电机，对电机进行调速，实现列车的牵引，采用大功率晶闸管，输出可调频、调压的三相电源供牵引电动机使用。

对于交流鼠笼式感应电机，只有通过调频才能调节感应电机的速度；通过调压才能使感应电机具有恒力矩或恒功率的牵引特性；同时，鼠笼式电机具有结构简单、质量轻、防滑性能好等优点。随着大功率电力电子器件和微机技术的出现和应用，感应电机牵引性能得到充分利用。此外，采用这种直-交型电传动方式，可使车辆具有良好的制动性能。制动时，电机处于发电机状态，将车辆机械能变为电能，经逆变器整流成直流电反馈回接触网，可供其他车辆牵引或作他用。当无其他装置吸收时，可全功率转变为电阻制动，低速或紧急制动时还有空气制动投入，车辆制动十分可靠。

**3. 以直线牵引电机为动力的直-交型电传动方式**

直线牵引电机的电传动方式为直-交系统，由直流电网供电，采用电压型逆变控制。直线感应电机运载系统是应用于城市轨道交通的典型非黏着驱动方式的系统。固定在转向架的一次线圈通过交流电流，产生移动磁场，通过相互作用，使固定在整体道床上的二次感应板（展开的转子）产生磁场，通过磁力（吸引、排斥）实现车辆的运行和制动。由于不受黏着系数的限制，有较强爬坡能力，最大坡度可达80%。采用了车轮与铁轨非黏着驱动技术，轮轨磨耗少；同时，利用轻型材料可以达到轮轨系统所达不到的启动加速度、制动减速度。

广州地铁4、5、6号线及北京机场线地铁动车采用的是逆变器变额调压的直线感应电机牵引系统。

### 三、牵引系统辅助电机

为了保证城轨电动车组正常运行，电动车组中装有许多辅助机械，这些辅助机械多采用一般的直流电机、交流异步电机、永磁同步电机（直流无刷电机）来驱动。在地铁动车中有由辅助电源（SIV）提供的电压为AC380V/50Hz（或AC400V/50Hz）三相交流异步电机驱动空调、空压机等的正常工作；有由辅助电源（SIV）提供的电压为

DC110V 的车辆客室门（电动门）驱动电机及受电弓驱动电机。

### 四、教学课程性质及任务

本课程是轨道交通车辆驾驶专业和车辆检修专业的一门重要的专业课。它的主要任务是使学生掌握直流电机与交流电机的基本结构、基本工作原理以及进行简单的特性分析；在此基础上对城轨车辆上所用的直流牵引电机、交流牵引电机及牵引系统辅助电机等进行较细致的分析，并且能突出轨道专业的特点，使之能被更好地接受及掌握。

本课程在讲授内容上针对学习者的知识结构，删除了一些比较复杂的计算、公式推导和较深的理论分析，力求用通俗的语言来分析问题。

直流电机是电能和机械能相互转换的旋转电机之一。将机械能转换为直流电为直流发电机，将直流电能转换为机械能的电机称为直流电动机。

由于直流电动机具有良好的启动性能，能在宽广的范围内平滑而经济地调节速度，因此它被广泛地用于铁路电力电动车组、城轨交通无轨电车、地铁轻轨电动车组中。在地铁门控系统、刮雨器控制系统中，小容量的直流电动机的应用也很广泛。直流发电机则作为各种直流电源，如直流电动机的电源、同步发电机的励磁电源（称为励磁机）等。虽然可控硅整流元件组成的直流电源设备正逐步取代直流发电机，但是直流发电机由于其性能优越，在许多场合中仍占有很重要的地位，利用整流器，配合直流电动机组成的调速系统也得到了广泛的应用。

# 任务一　电机理论基础知识

### 一、电机的基本功能与分类

电机是能量转换和信号转换的电磁装置。控制电机用来实现信号的转换，动力电机用来实现能量的转换。动力驱动电机广泛应用于地铁动车车辆中。本书主要介绍动力驱动电机。

电机是以磁场为媒介进行机械能和电能相互转换的电磁装置。其中，除变压器外，均为机械能、电能的转换。把机械能转换为电能的称为发电机，其逆运行为电动机。变压器的功能是将某个电压的交流电转换成同频率但不同电压的交流电，它是静止不动的，故应称为器，而不是机。只因为它的工作原理和分析方法与旋转电机密切相关，故将它列入电机范畴。

动力电机的种类繁多，一般用于城轨交通车辆的电机主要有旋转电机与直线感应电机两类。旋转电机按工作电源分类可分为直流电机和交流电机，直流电机按结构及工作原理可划分为无刷直流电机和有刷直流电机。有刷直流电机可划分为永磁直流电机和电磁直流电机。交流电机还可分为同步电机和异步电机。

异步电机可划分为感应电机和交流换向器电机。感应电机可划分为三相异步电机、单相异步电机等；交流换向器电机可划分为单相串励电机、交直流两用电机和推斥电机；按转子的结构可分为笼型感应电机和绕线转子感应电机；按用途可分为驱动用牵引电机和车辆辅助电路控制用牵引电机。

直线感应电机也有同步与异步之分。

## 二、旋转电机的基本作用原理

电机是通过电磁感应原理来实现能量转换的，因此，电和磁是构成电机的两大要素。电在电机中主要以电路的形式出现，即由导体、线圈、绕组构成电机的电路。可以是直流电路，也可以是单相、两相或三相交流电路。动力电机是旋转机械，其固定不动的部分称为定子，带有旋转的转动部分称为转子，二者之间必须有空气才能正常工作。因此，定子上的电路属于普通的静止电路，转子上的电路和转子一起旋转，属于旋转电路。外界的静止电路如何与转子旋转电路连通是电机电路的特殊问题，它可通过滑动接触来解决，此类结构除了解决旋转和静止电路的连通外，还起着改换连接关系的作用，称为换向。上述结构中，前者常见于交流电机，后者主要用在直流电机中。

常用物理量：磁感应强度，磁通量，磁感线，安培定则（右手螺旋定则），电磁感应定律。

# 任务二　直流电机基本工作原理

任何电机的工作原理都是建立在电磁力和电磁感应这个基础上的，直流电机也是如此。为了讨论直流电机的工作原理，可把复杂的直流电机结构进行简化处理。

## 一、直流发电机工作原理（将机械能转换为电能）

在直流电机的固定部分（定子）装设了一对静止的主磁极 N 和 S（主磁极可以采用永久磁铁，也可以采用电磁铁）；在旋转部分（转子）装设电枢铁芯；定子与转子之间有一气隙，称为空气隙。在电枢铁芯上放置了用绝缘导体 $ab$ 与 $cd$ 构成的电枢线圈，称为电枢绕组。电枢绕组的首端和末端分别连到圆弧形的铜片上，此铜片称为换向片。换向片之间互相绝缘，由换向片构成的整体称为换向器。换向器固定在转轴上，换向片与转轴之间也互相绝缘。换向器的作用就是使旋转中的电枢线圈中的电流换向，从而保证每个磁极下线圈边中的电流始终是一个方向，使电磁转矩的方向不变，电机按一定方向连续旋转，如图 1.1.2.1 所示。

为了把电枢和外电路接通，特别装置了一对在空间固定不动的电刷 $A$ 和 $B$，静止的电刷（$A$ 和 $B$）与换向器滑动接触，将电枢线圈 $a-b-c-d$ 产生的交流电输出，即当电枢旋转时，电枢绕组通过换向片和电刷与外电路接通。因此，从工作原理的角度来看，直流发电机主要包括主磁极、电枢、换向器和电刷四大部分，如图 1.1.2.2 所示。

为了实现机械能转换为电能，电枢由原动机驱动而在磁场中以一定的恒定转速 $n$ 逆时针方向旋转。为了便于说明，先做如下规定：

（1）在 N 极下的导体称为 N 导体，在 S 极下的导体称为 S 导体。

（2）导体中的电势或电流的方向进入纸面时用符号×表示，由纸面出来时用符号·表示。随着电枢逆时针方向旋转，电枢绕组的导体 $ab$ 和 $cd$ 切割磁通产生感应电动势 $e$，

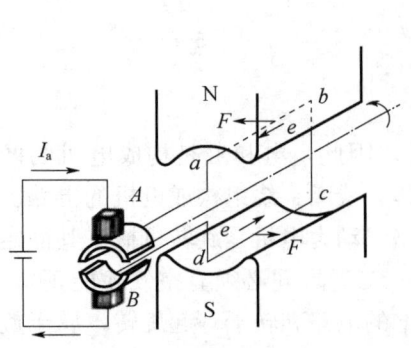
图1.1.2.1 直流电动机的工作原理简图

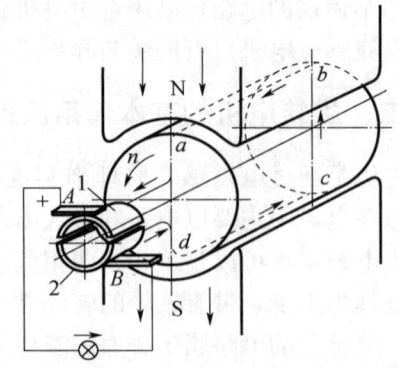
图1.1.2.2 直流发电机的工作原理简图

感应电动势的方向由右手螺旋定则确定。显然，每一导体中的电动势是交变的，即在N极下是一个方向，当它转到S极下时是另一个方向。由此可见，线圈中的所有电势方向由于电枢旋转而随时间做正负变化。如果电机气隙磁场B在空间的分布如图1.1.2.2所示，那么线圈中电势随时间变化的波形如图1.1.2.3所示。

但是，由于电刷A总是同与N极下的N导体相连的换向片接触，而电刷B总是同与S极下的S导体相连的换向片接触，因此，在电刷A、B间就会出现一个极性不变的电动势或电磁场压。可见，直流发电机电枢线圈中的感应电动势方向是交变的，而通过换向器和电刷的作用，在电刷A、B间两端输出的电动势是直流电动势，这种作用称为整流。这就是说，线圈中的交流电势已变为图1.1.2.4所示的空间直流电势了。

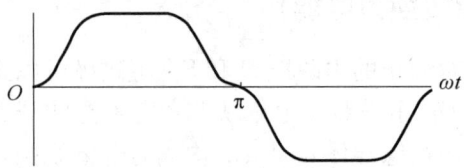
图1.1.2.3 直流电机气隙磁密空间的分布
（线圈内的电动势）

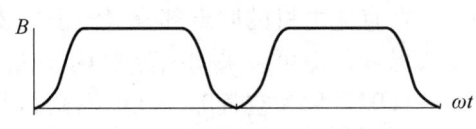
图1.1.2.4 电刷所引出的电动势

图1.1.2.5（a）表示一台两极直流电机，电枢上嵌有在空间互差90°的两个线圈产生的电势波形，由图可见，其脉动电动势大大减小。实践证明，若每极下的线圈边数大于8，电势脉动的幅值将小于1%，基本是一直流电势，如图1.1.2.5（b）所示。

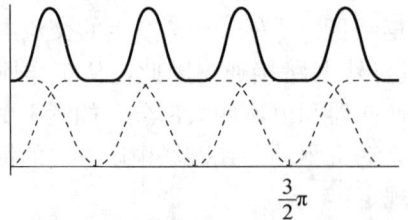
(a) 两个线圈电刷两端的电势波形

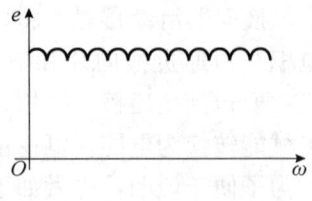
(b) 多个线圈电刷两端的电势波形

图1.1.2.5 电势波形

## 二、直流电动机的工作原理（将电能转换为机械能）

直流电动机的结构，在工作原理上和直流发电机一样。但作为电动机，它是将电能转换为机械能，故轴上应接机械负载，并用一直流电源将直流电送入电枢绕组。

直流电源接在电刷 A、B 之间而使电流进入电枢线圈。在图中，导体 ab 为 N 导体，输入电流的方向为由外向内；导体 cd 为 S 导体，输入电流的方向为由内向外。由于载流导体在磁场中受到电磁力的作用，根据左手定则，无论导体 cd 还是导体 ab，所受电磁力的方向均为逆时针方向，因而产生逆时针方向的电磁转矩，使电枢按逆时针方向旋转。在图中，ab 变为 S 导体，cd 变为 N 导体，但在导体改变电流方向的同时它所处的磁场方向也改变了，故所受的电磁力及产生的电磁转矩方向并不会改变，即仍为逆时针方向，从而使电枢继续按逆时针方向旋转，如图 1.1.2.6 所示。

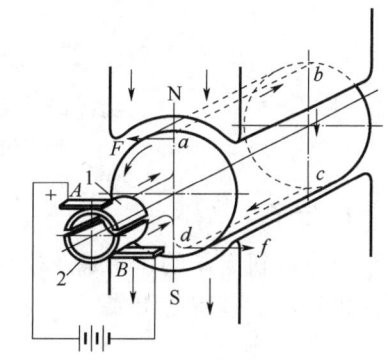

图 1.1.2.6　直流电动机的工作原理

由以上分析可知，直流电动机两端的直流电借助于电刷和换向器的作用，变为电枢线圈中交流电，这种作用称为逆变。电刷和换向器保证了同一个极下线圈边中的电流始终是一个方向，继而保证了该极下线圈边所受的电磁力方向恒定，使电动机能连续地旋转。

同时可以看到，电枢旋转时，电枢导体在磁场中切割磁感应线产生运动电动势，由右手螺旋定则判断电枢导体运动电动势的方向与输入电流的方向相反，为反电动势。

由以上原理分析可知，直流电动机工作的条件是：电机内部有磁场存在；将电枢绕组（通过换向器和电刷端）接通直流电源，电枢导体便有电流流通；外部输入电动势必须大于电枢内部运动感应电动势。

改变电源正负极或改变磁场方向时，电枢线圈所受的电磁力都将反向，电枢反向旋转。

# 任务三　直流电机的基本结构

## 一、直流电机基本结构

直流电机的基本结构如图 1.1.3.1 所示。其主要由静止的定子和旋转的转子两大部分组成，在定子和转子之间有一定大小的间隙（称气隙），气隙是电动机磁路的一部分。由主磁极所建立磁场的磁感应强度在空气隙中按一定的形状分布。气隙虽然很窄，但是它的大小和形状对电机的运行性能有很大的影响。一般来说，中小型电机的空气隙为 0.7～5mm，大型电机为 5～10mm。

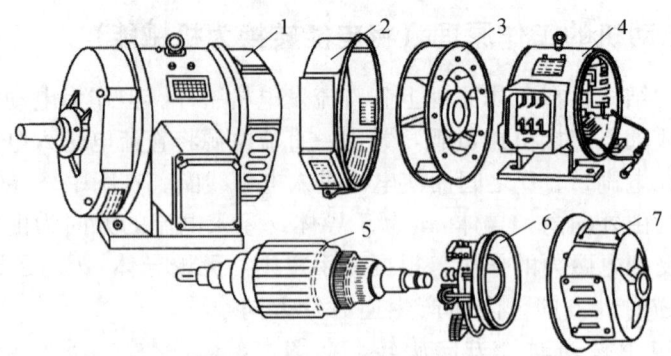

图 1.1.3.1 直流电机结构图
1—直流电机总成；2—后端盖；3—通风器；4—定子总成；
5—转子（电枢）总成；6—电刷装置；7—前端盖

## 1. 定子

直流电机定子的作用是产生磁场和作为电机的机械支撑。其主要由机座、主磁极、换向极和电刷装置等组成。

(1) 机座。

机座兼起机械支撑和导磁磁路两个作用。它既用来作为安装电机所有零件的外壳，又是各磁极的导磁铁轭。机座通常为铸钢件，也有采用钢板焊接而成的。对于换向要求较高的电机，可采用叠片结构的机座。

(2) 主磁极。

主磁极的作用是产生主磁场，结构如图 1.1.3.2 所示，由主极铁芯和主极线圈（也就是励磁绕组）两部分组成。主极铁芯一般用 1~1.5mm 厚的薄钢板冲片叠压后再用铆钉铆紧成一个整体。小型电机的主极线圈用绝缘铜线（或铝线）绕制而成，大中型电机主极线圈用扁铜线绕制，并进行绝缘处理，然后套在主极铁芯外面。整个主磁极用螺钉固定在机座内壁。

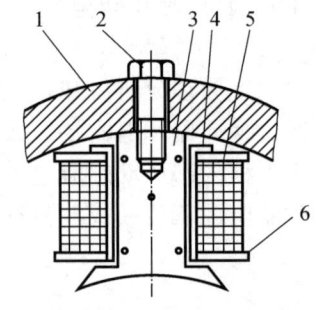

图 1.1.3.2 主磁极
1—机座；2—主极螺钉；3—主极铁芯；
4—框架；5—主极绕组；6—绝缘垫衬

(3) 换向极。

换向极又称为附加极，它装在两个主极之间，用来改善直流电机的换向。换向极由换向极铁芯和换向极线圈构成。换向极铁芯大多用整块钢加工而成。但在整流电源供电的功率较大电机中，为了更好地改善电机换向，换向极铁芯也采用叠片结构。换向极线圈与主极线圈一样也是用圆铜线或扁铜线绕制而成，经绝缘处理后套在换向极铁芯上，最后用螺钉将换向极固定在机座内壁。

(4) 电刷装置。

电刷装置的作用是通过电刷与换向器表面的滑动接触把转动的电枢绕组与外电路相连。电刷装置一般由电刷、刷握、刷杆、刷杆座等部分组成。电刷一般用石墨粉压制而成。电刷放在刷握内，用弹簧压紧在换向器上，刷握固定在刷杆上，刷杆装在刷杆座上，成为一个整体部件，如图 1.1.3.3 所示。

**2. 转子**

转子又称电枢，主要由转轴、电枢铁芯、电枢绕组和换向器等组成。在直流电机里，电枢绕组中通入电流，在磁场中受到电磁力的作用，使电枢旋转，把电能转换成机械能。

在直流发电机里电枢由原动机拖着旋转，在电枢绕组中就会产生感应电动势，将机械能转换成电能，由于它是直流电机中实现能量转换的"枢纽"，因此称之为电枢（如图 1.1.3.4 所示直流电机结构）。

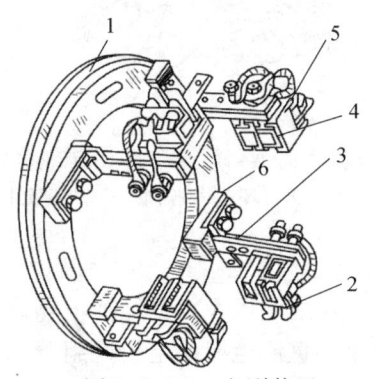
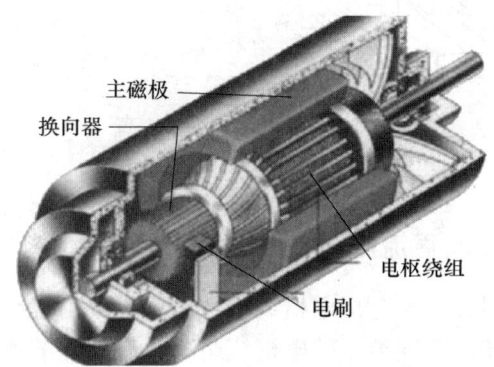

图 1.1.3.3  电刷装置　　　　　　　图 1.1.3.4  直流电机结构
1—刷杆座；2—弹簧；3—刷杆；
4—电刷；5—刷握；6—绝缘杆

（1）转轴。

转轴的作用是用来传递转矩，一般用合金钢锻压而成。

（2）电枢铁芯。

电枢铁芯是电机磁路的一部分，也是承受电磁力作用的部件。当电枢在磁场中旋转时，在电枢铁芯中将产生涡流和磁滞损耗，为了减少这些损耗的影响，电枢铁芯通常用 0.5mm 厚的电工钢片叠压而成，电枢铁芯固定在转子支架或转轴上。电枢铁芯冲片沿铁芯外圈均匀地分布有槽，在槽内嵌放电枢绕组。

（3）电枢绕组。

电枢绕组的作用是产生感应电势和通过电流产生电磁转矩，实现机械能与电能之间的能量转换。它是直流电机的主要电路部分。电枢绕组通常都用圆形或矩形截面的导线绕制而成，再按一定规律嵌放在电枢槽内，上下层之间以及电枢绕组与铁芯之间都要妥善地绝缘。为了防止离心力将绕组甩出槽外，槽口处需将绕组压紧，伸出槽外的绕组端接部分用无纬玻璃丝带绑紧。绕组端头则按一定规律嵌放在换向器铜片的升高片槽内，并用锡焊或氢弧焊焊牢（图 1.1.3.5）。

（4）换向器。

换向器的作用是机械整流，即在直流电机中，将外加的直流电流逆变成绕组内的交流电流；在直流发电机中，它将绕组内的交流电势整流成电刷两端的直流电势。换向器的结构如图 1.1.3.6 所示。换向器由许多换向片组成，换向片间用云母片绝缘。换向片凸起的一端称升高片，用以与电枢绕组端头相连，换向片下部做成燕尾形，利用换向器套筒、V形压圈及螺旋压圈将换向片、云母片紧固成一个整体。在换向片与换向器套筒、压圈之间用V形云母环绝缘，最后将换向器压装在转轴上。

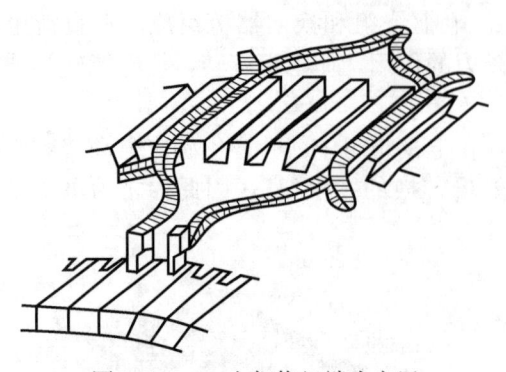

图 1.1.3.5　电枢绕组端头安置

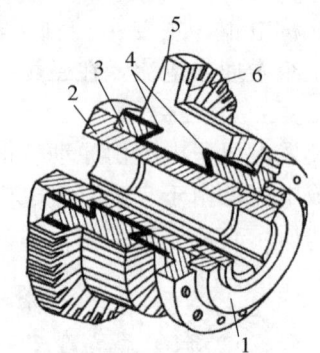

图 1.1.3.6　换向器

1—螺旋压圈；2—换向器套筒；3—V形压圈；
4—V形云母环；5—换向片；6—云母片

## 二、直流电机的电枢绕组

研究直流电机电枢绕组，主要是找出绕组元件相互之间以及元件与换向器之间的连接规律。不同类型的电枢绕组，具有不同的连接规律。直流电机的电枢绕组分为单叠绕组、复叠绕组、单波绕组、复波绕组等几种类型。

## 三、电机的材料

电机的质量及运行中的各种特性，在很大程度上与其制造材料有关。因此，要求电机各部件应具有足够的机械强度和绝缘强度。电机材料的作用，不外乎以下5种：导电、导磁、绝缘、散热和机械支撑。

**1. 导电材料（电-电路-导电材料）**

为减小电阻损耗，导电材料必须有良好的导电性能。铜是最常见的导电材料，电机各绕组一般均由含纯铜9％以上的电解铜线绕制而成。铝也是常用的导电材料，在交流异步电机中广泛使用铝条作为电机的转子绕组，它的导电作用仅次于铜。碳也是应用于电机的一种导电材料，电机中的一个重要部件电刷就是用碳或碳石墨制成的。

**2. 绝缘材料（电-电路-绝缘材料）**

电机中使用了多种绝缘材料。由绝缘材料适当加工而成的结构称为绝缘结构。电机中的绝缘材料和绝缘结构有两方面作用：一是将带电部件与机壳、铁芯等接地部件隔开；二是将电位不同的各带电部件隔开。电机中带电部件与机壳、铁芯等对地部件的绝缘状态被破坏，就称为电机"接地"。如果电机中电位不同的带电部件的绝缘状态被破坏，就称为"短路"。接地和短路都是电机的故障状态，严重的绝缘损坏将导致整个电机烧损。

**3. 导磁材料（磁-磁路-导磁材料）**

为了在一定的电流下能产生较强的磁场，电机采用导磁性能较高的铸钢制成磁路。

大块导体在磁场中运动或处在变化的磁场中，都要产生感应电动势，从而产生电流（在恒定磁场中的静止导磁体内是不会引起能量损耗的）。电流在导体中的分布随着导体的表面形状和磁通的分布而不同，其路径往往犹如水中的漩涡，因此称为涡流。涡流在铁芯中流动，如同电流流经电阻一样，也要引起功率损耗，这种功率损耗称为涡流损耗。可以证明涡流损耗与电枢铁芯厚度的平方成正比。为减少涡流损耗，常将铁芯用许多铁磁导体薄片（例如硅钢片）叠成，这些薄片表面涂有薄层绝缘漆或绝缘的氧化物。磁通穿过薄片的狭窄截面时，涡流被限制在沿各片中的一些狭小回路流过，这些回路中的净电动势较小，回路的长度较大，又由于这种薄片材料的电阻率大，这样就可以显著地减少涡流损耗。因此，交流电机、电器中广泛采用叠片铁芯。

**4. 散热材料**

电机工作时产生的损耗，最后均转化为热能，使电机升温，若不解决会使电机绝缘老化，缩短工作寿命甚至短时间内烧毁。中小型电机可利用增大机壳的表面积、电机内部设风叶来散热；大功率电机开设有专门的风道，采用牵引风机强迫通风散热。

**5. 机械支撑材料（力-结构材料）**

主要是铸钢、铸铁、钢板等制成的机座、端盖、转轴和轴承。

# 任务四  直流电机的电枢反应

从直流电机基本工作原理的分析可知，发电机将机械能转换为电能。电动机将电能转换为机械能，其必要条件之一是必须具有气隙磁通。因此，必须在直流电机主磁极的励磁绕组中通以励磁感应电流来产生磁势。以产生气隙磁通，使电枢绕组切割气隙磁通而感应电势，或者由电枢电流与气隙磁通相互作用而产生电磁转矩，从而实现电机的能量转换。

## 一、直流电机的磁场

电枢反应是指负载运行时电枢绕组中电流产生的电枢磁动势对主磁场的影响。在分析电枢反应前，应先了解主磁场与电枢磁场在气隙中的分布情况。

**1. 主磁场**

直流电机空载时，电枢电流为零，只有励磁绕组中存在电流，气隙磁场是完全由励磁绕组的电流所产生的，称为主磁极磁场或主磁场。其分布情况如图 1.1.4.1 所示。从图中可见，主磁极磁通密度的分布为平顶波，主磁极对称于主磁极 $Y$-$Y'$ 轴线，相邻两主磁极之间的中心线称为几何中心线，中心线上的主磁极磁通密度为零。

**2. 电枢磁场**

当直流电动机带上负载后，电枢绕组中有一定的电流流过，在电机的磁路中，又产生一个磁势，称为电枢磁势，由电枢磁势建立的磁场称为电枢磁场。电枢本身就构成了一个带铁芯的电磁铁，电枢磁势轴线即电磁铁的轴线位置总是与电刷轴重合，并与主磁场轴线互相垂直相交，因而又称电枢磁场为交轴磁场。

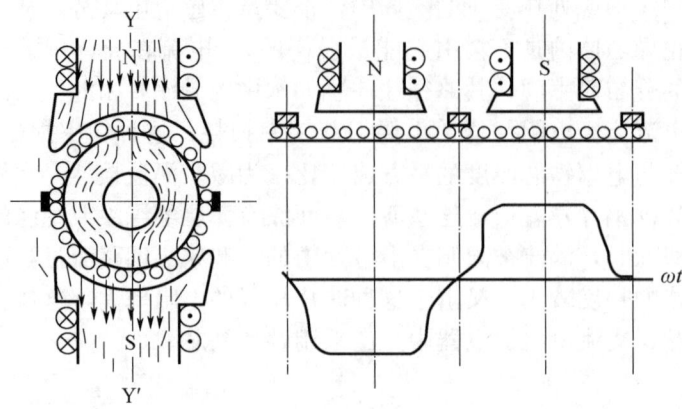

图 1.1.4.1 主磁极磁场

电枢磁场沿电枢表面的分布情况与电枢电流的分布情况有关。在直流电机中，电枢电流方向的分界线是电刷，在电刷轴线两侧对称分布，因而电枢磁场的分布情况与电刷的位置有关。图 1.1.4.2 是去掉换向器后的直流电机电枢磁场模型。

电刷在几何中心线上，电枢导体中的电流方向是以电刷相连的轴线为界，和下半部分导体中的电流方向相反。由全电流定律可知，几何中心线上的电枢磁动势最大，主磁极轴线上的电枢磁动势为零，电枢磁动势沿空间呈三角波分布，如图 1.1.4.2 中的曲线所示。从电枢磁动势在气隙中的分布，可得电枢磁通密度沿气隙中的分布曲线。由于几何中心线的气隙很大，磁阻也很大，虽然此时几何中心线上磁动势最大，但是磁通密度迅速减小，因而电枢磁通密度沿气隙中的分布曲线为马鞍形。

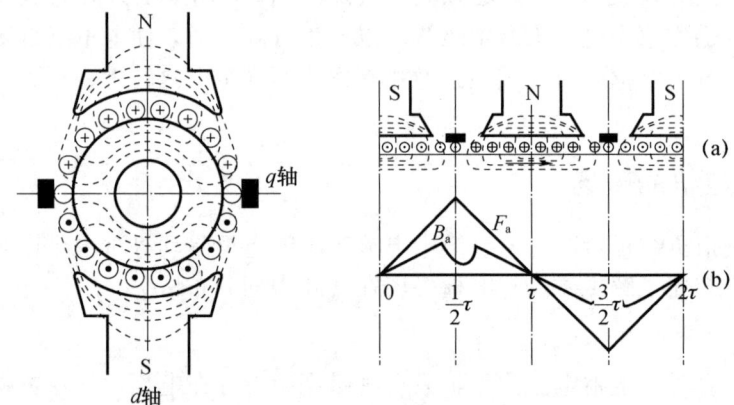

图 1.1.4.2 电枢磁场

## 二、电枢反应

电枢反应引起的结果是：
（1）使电机气隙中的合成磁场有所削弱。
（2）使电机气隙中的合成磁场发生畸变（图 1.1.4.3）。

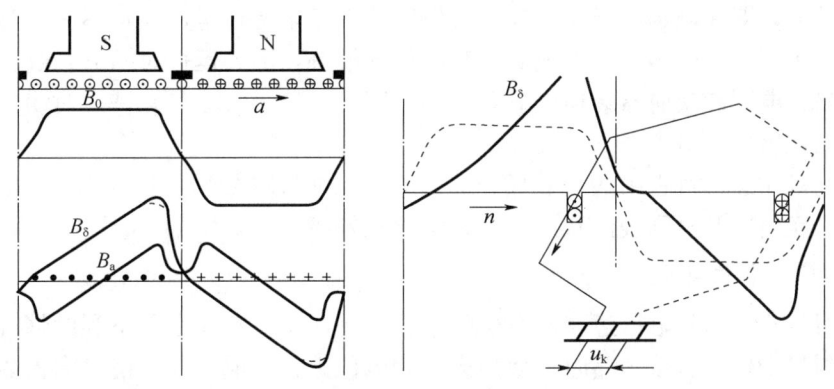

图 1.1.4.3 电枢反应

### 三、直流电机的换向

(一) 直流电机的换向概念

在分析电枢绕组时知道，电枢绕组连接构成一个闭合绕组。当电枢旋转时，组成电枢绕组每条支路的绕组元件，再依次循环地轮换，即绕组元件从一条支路经过电刷时被短路，随后将转入另一条支路。由于被电刷分割的相邻支路中绕组元件的电流方向是相反的，因此在绕组元件由一条支路经电刷短路后转入另一条支路的短暂过程中，绕组元件里的电流就要改变一次方向，被电刷短路的绕组元件内电流改变方向的过程称为换向。

换向是直流电机运行的关键问题，换向不良，将在换向器与电刷之间产生有害火花，甚至使电机不能正常运行。

改善电机换向的措施：装设换向极是改善电机换向的最有效措施，换向极应该在换向区域内建一个适当的磁场，该磁场用来抵消交轴电枢反应磁场。

(1) 换向极必须装在电机的几何中心线上。

(2) 换向极必须有正确的极性，它的磁场方向一定要与交轴电枢反应磁场相反。

(3) 换向极励磁线圈必须与电枢绕组串联，以保证在整个负载范围内换向电势随电枢电流成正比的变化，都能抵消电枢反应电势。

(4) 换向极的磁路应处于低饱和状态，即在换向极铁芯和机座之间加入非磁性垫片形成所谓的第二气隙。

(二) 火花现象和火花等级

直流电机运行时，产生火花是直流电机换向不良的直接表现。直流电机运行时，其电刷与换向器之间常常伴有火花。火花通常出现在电刷的后刷边。如果火花在电刷上范围很小，亮度微弱，呈浅蓝色，它对电机运行并无伤害，不必要求绝对没有火花。但当火花在电刷上范围较大，比较明亮，呈白色或红色时，就会灼伤换向器及电刷，影响电机的正常运行。因此，火花的大小直接反映了直流电机换向器性能的好坏。

直流电机换向器上的火花等级分五级，分别是一级、一又四分之一级、一又二分之一级、二级、三级。

一级、一又四分之一级、一又二分之一级，均为无害火花，允许电机在这些火化等级下长期运行，即在额定磁场和各削弱磁场级位上正常运行时，火花不应超过一级；在二级火花作用下，换向器上会出现灰渣和黑色的痕迹，随着运行时间的延长，黑色痕迹将逐渐扩展，电刷和换向器磨损也显著增加，因此，二级火花只允许短时出现；电机运行时绝不允许出现三级火花。

直流电机在运行过程中的火花情况，除使用专门仪器测量外，很难直接观察。因此，通常以换向器及电刷表面状态作为确定火花等级的主要依据。

（三）直流电机环火

电机因某些换向片电压过高而发生的火花称为电位火花。在最不利的情况下，例如电机负荷剧烈变化、负载短路时，换向火花和电位火花连成一片，使换向器表面正、负电刷间产生电弧而短路，这种现象称为环火。环火瞬间，电机发出巨大响声，因而环火又被形象地称为电机"放炮"。

（四）直流电机的通风冷却

直流电机在实现能量转换过程中，总有一部分能量不能被有效地利用，而以热能的形态散失到周围的大气中，这部分能量的损耗称为直流电机的损耗。这些损耗一方面使电机的输出功率减小，效率降低；另一方面，损耗最终都变为热能，使电机各部分温度升高，引起电机发热。电机的发热对电机运行性能有很大的影响，过高的温度将使绝缘材料损坏而丧失绝缘性能，以致影响电机的使用寿命。为了降低电机的温升，除了在设计电机时降低电机的电磁负载、减少电机损耗外，更重要的是提高电机的散热能力，即增强电机内部的传热能力和表面散热能力。电机最常用的有效方法是通风冷却，通风冷却就是通过电机外部（或内部）的鼓风作用，使电机发出的热量很快地排到周围空气中去，使电机保持在一定的温升值内，长期可靠地运行。

直流电机的通风方式：

（1）根据冷却空气进入电机内部所依靠的力量，分为自通风和独立通风。

自通风——由装在电机转轴上的离心式风扇鼓风。这种通风方式的优点是不需要附加设备，缺点是风量和风压随电机转速而变化。

独立通风——由单独设置的通风机给电机鼓风。这种通风方式的优点是送入电机的风量大，缺点是需要增设通风机、拖动机械、管道等辅助设备。

（2）根据通风器安装位置不同，分为强迫通风和诱导通风。

（3）根据冷却空气在电机中的主要流通方向，分为轴向通风、径向通风和轴向—径向复合通风。

# 项目二 直流牵引电机

## 任务一 牵引电机的一般概念

地铁电动列车上使用的电机按用途可以分为牵引电机及辅助电机两种。牵引电机为列车运动提供动力,辅助电机主要使用在各系统通风冷却系统及供气系统中。

牵引电机是驱动电动列车车辆动轮轴的主电机,是城市轨道交通车辆得以实现牵引及电制动的机械力。在启动、牵引及制动等各种工况中,都是通过电气传动控制系统改变牵引电机的转速以达到车辆调速的目的。牵引电机将电能变为机械能,产生牵引力驱动列车;又可将机械能转变为电能,实现电制动。因此,牵引电机是城市轨道交通车辆电气设备中最主要的构成部分,其性能和可靠性直接关系到城市轨道交通车辆的运行。因此,在设计参数选择和结构形式上不同于普通电机,而成为电机的一个单独类型。为了满足运输生产的需要,必须对电动车组牵引性能提出一定要求。例如,能产生足够大的牵引力、能方便和广泛地调节速度、有较强的过载能力、具备先进的经济技术指标等。对电动列车牵引性能的要求,在很大程度上讲就是对牵引电机性能的要求。

### 一、牵引电机的分类与发展

牵引电机有许多类型,诸如直流牵引电机、脉流牵引电机、单相整流子牵引电机、交流旋转感应(异步)牵引电机、交流同步牵引电机和直线牵引电机。我国早期地铁轨道交通车辆大部分采用的牵引电机是直流牵引电机,现在基本上采用的是交流旋转异步牵引电机,广州地铁4号线、5号线及6号线牵引电机采用的是直线牵引电机,天津地铁2号线用永磁同步牵引电机作为牵引电机。

多年以来,直流串励牵引电机作为各种铁道车辆的主要牵引动力,因为它具有启动性能好、调速范围广、过载能力强、功率利用充分、运行较可靠且控制简单等优点。但由于直流电机必须通过换向器才能工作,除结构较复杂外,它的检修工作量较大,因此直流牵引电机的发展受到了很大限制。

20世纪80年代开始,在电力电子技术和微电子技术的强力支持下,三相交流传动系统以其固有的优越性在铁道牵引领域,尤其是在地铁等由直流电网供电的电动车组中的应用得到迅速发展,特别是采用了大功率自关断电力电子器件(GTO)和微机模块化控制后,使交流电机调频调压(VVVF)控制得以实现。这就为具有结构简单、牢固、单位功率的体积小、质量轻及制造成本低且少维修等一系列优点的三相异步牵引电机在轨道交通车辆上的发展拓展了广阔的运用前景。

## 二、牵引电机的传动与悬挂方式

城市轨道交通车辆牵引电机的传动和悬挂问题，即牵引电机怎样安装固定和如何将力矩传递到动车轮对上的问题。城轨车辆的动力转向架，一般采用直流牵引电机或鼠笼式三相交流牵引电机，均需通过机械减速装置，才能将电机的扭矩转化为轮对转矩，再利用轮轨的黏着作用，驱动车辆沿着钢轨运行。而牵引电机的布置形式直接影响着列车的动力性能。此外，直线牵引电机驱动的动车车辆并不需要通过机械减速装置，而是采用直线牵引电机直接驱动动车车辆运行。因此，必须考虑到动车结构特点和运行要求，合理地选择传动方式和悬挂方式。同时，传动和悬挂方式也对牵引电机的总体结构和外形尺寸起着制约作用。

地铁动车牵引电机的传动方式通常为个别传动。所谓个别传动是指一台牵引电机只驱动一个轮对，它是借助电机轴上的小齿轮驱动轮对轴上的大齿轮来实现动车牵引运行的。

个别传动的优点是可单独切除故障电机，不会影响其他电机工作，而且充分利用了电动车组下部空间；缺点是个别轮对容易空转，从而使电动车组的黏着牵引力降低。

根据牵引电机在转向架上悬挂的特征，以及电机转轴与转向架轮对之间传动的特征，大致可分为轴悬式悬挂和架承式悬挂两种悬挂方式。

**1. 轴悬式悬挂（图 1.2.1.1）**

牵引电机的一端用抱轴承支在车轴上，另一端弹性吊在转向架上，又称为抱轴式悬挂。

其结构简单，检修方便，成本低，但动力作用大，减震不好，工作寿命短。

图 1.2.1.1　轴悬式悬挂

**2. 架承式悬挂（图 1.2.1.2）**

架承式悬挂就是将牵引电机全部悬挂在转向架构架上。电机输出轴与轮对之间的驱动装置需要采用能适应各方向相对位移的弹性联轴器作为中间连接装置并传递扭矩。弹性联轴器在结构上可以采用弹性元件（钢弹簧或橡胶块），也可以采用具有橡胶衬套的连杆关节机构（球面齿式联轴节）。

牵引电机全部是簧上质量，因而簧下质量较小，轮轨垂向动荷载较小，有利于高速运行。因线路不平顺和轮轨冲击所引起的轮对垂向和横向加速度，不会直接传到牵引电机和牵引齿轮副。例如当车轮的垂向加速度为 10g 时，牵引电机的垂向加速度只有 0.5g。牵引电机及牵引齿轮副的工作条件大为改善，故障率减少，工作寿命延长。电动车组速度越高，上述优点越明显。但是，由于联轴节占用了空间，使电机轴尺寸缩短，因此不适用于大功率的牵引电机。

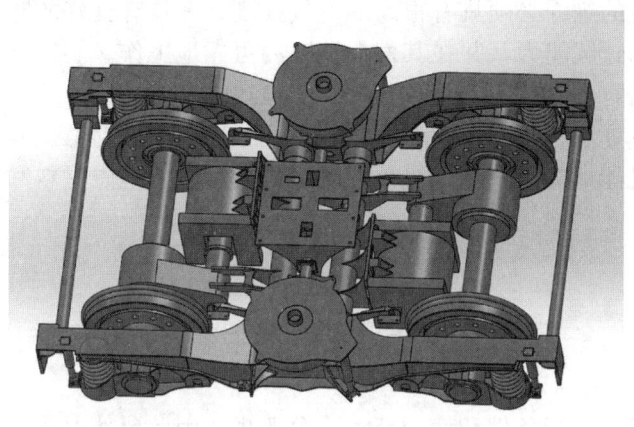

图 1.2.1.2　架承式悬挂

## 三、牵引电机的工作条件

（1）牵引电机悬挂在地铁车辆转向架构架上或车轴上，并借传动装置驱动车辆前进，因此牵引电机在结构上必须考虑传动和悬挂两方面的问题。

（2）牵引电机的安装尺寸受到很大的限制，径向尺寸受到轮对直径限制，轴向尺寸受到轨距的限制，故要求其结构必须紧凑。为此，牵引电机都采用较高等级的绝缘材料和性能较好的导磁材料。

（3）车辆运行时，线路对车辆的一切动力影响都会传给牵引电机，使牵引电机承受大的冲击和振动。动力作用除造成电机工作情况恶化外，易使电机的零部件损坏。因此，要求牵引电机的零部件必须具备较高的机械强度。

（4）牵引电机的使用环境恶劣，它挂在车体下面，很容易受潮、受污，还经常受到温、湿度的影响。因此，牵引电机的绝缘材料和绝缘结构应具有较好的防尘、防潮能力并要求牵引电机有良好的通风条件。

（5）轨道车辆一般都是重载启动，因而要求牵引电机具有较大的启动转矩，满足启动加速度要求。

（6）城市轨道车辆站距短，要求牵引电机能适应频繁启动、制动的工作条件，同时要求电机具有良好的调速性能、机械特性、黏着特性。

## 四、牵引电机必须满足的要求

（1）应有足够大的启动牵引力和较强的过载能力。

（2）具有良好的调速性能，保证电动车组在不同行驶条件下，有宽广的速度调节范围,并在速度变化范围内,充分发挥牵引电机的功率。在正反方向运行时,其特性尽可能相同。

(3) 直流牵引电机换向可靠。在大电流、高电压、高转速及磁场削弱条件下运行时,换向火花不应超过规定的火花等级。

(4) 各部件应具有足够的机械强度,以保证电机在最恶劣的条件下可靠地工作。

(5) 牵引电机的绝缘必须具有很高的电气强度,并具有良好的防潮和耐热性能,以保证电机有足够的过载能力,并在其寿命期限内可靠地工作。

(6) 牵引电机的结构应充分适应电动列车运行和检修的需要,如电机的传动与悬挂应使动车与钢轨间的动力作用尽量减小;对灰尘、潮气及雨雪的入侵,有良好的防护。

(7) 必须尽可能地降低牵引电机单位功率的质量,使电磁材料和结构材料得到充分利用。

## 任务二 直流牵引电机的维护

直流牵引电机的运行条件和使用环境十分恶劣,因此要使电机在使用过程中保持良好的状态,必须进行正确的操作和维护,才可减少电机的故障,延长使用寿命和获得电机的高运转率。

### 一、维护

牵引电机在使用过程中定期进行检查时应特别注意下列事项。

(一) 牵引电机的保养

牵引电机周围应保持干燥,其内外部均不应放置其他物件。电机的清洁工作每月不得少于一次,清洁时应用压缩空气吹净内部的灰尘,特别是换向器的灰尘。

(二) 换向器的保养

(1) 换向器应呈正圆柱形光洁表面,不应有机械烧损和烧焦的痕迹。

(2) 换向器在负载下长期无火花运转后,在表面呈现一层褐色有光泽薄膜;若换向器表面有不正常状态和颜色,应分析原因并及时处理。

(3) 若换向器表面有明显烧损痕迹而用无毛抹布擦拭无效时,可用"0"号玻璃砂布进行清擦。特别严重的烧损或拉伤,需进行光刀处理。

(4) 换向器经车削后云母片有凸出现象,应以铣刀将云母片下刻 1~1.5mm。

(三) 电刷的使用

(1) 电刷与换向器的工作面应有良好的接触,电刷压力正常,如电刷磨损或损坏时,应以牌号及尺寸与原来相同的电刷更替。

(2) 换电刷前,应先打磨电刷接触面,使其与换向器弧面贴合,以保证良好的换向。

(四) 轴承的保养

(1) 经常检查电枢轴承的温升(允许温升 55℃)。

(2) 检查电枢轴承密封情况是否良好。

(3) 轴承的加油量必须适宜，一般电机轴承的加油量以占轴承空间的 2/3 为宜。

（五）其他部件的维护与保养

(1) 检查各绕组可见部分的绝缘膜有无变色或损伤现象。

(2) 检查主极和换向极的气隙是否均匀，检查磁极的紧固状态。

(3) 检查各绕组间连接线的固定情况。

(4) 检查定子温升，判断通风系统是否良好，风量是否足够，如果温升超过允许值，应立即停车检查通风系统。

## 二、直流辅助电机、直流牵引电机常见故障及处理方法

**1. 无法启动**

可能原因：电源电路不通；启动时负载过大或传动机构卡死；励磁回路断路；启动电流太小。排除方法：检查接线端子是否正确，电刷接触是否良好，熔断器是否完好，启动设备是否正常；减轻负载或消除机械故障；检查励磁绕组和磁场变阻器是否断路；检查电源电压是否过低，启动电阻是否过大。

**2. 电动机转速不正常**

可能原因：并励绕组（辅助电机）接线不良或断路；串励电机轻载或空载；电刷位置不正确；电枢绕组存在匝间短路。

排除方法：找出故障点予以排除；增大负载；调整电刷位置使之位于几何中心线处；修理或更换电枢绕组。

**3. 电刷下火花过大**

可能原因：电刷与换向器接触不良；电刷磨损过短；电刷压力不当；电机过载；换向器表面不干净；换向极绕组接反；电枢绕组有短路或断路。

排除方法：研磨电刷与换向器；更换电刷；调整弹簧压力；减轻负载；清洁换向器；检查换向极绕组极性后改正接法；修理电枢绕组。

**4. 电机温升过高**

可能原因：长期过载；通风不良；电枢绕组或换向器有短路现象；定、转子相互摩擦；电压过低或过高；并励绕组部分短路。

排除方法：减轻负载；检查风扇是否正常，风道是否畅通；检查电枢绕组是否有短路现象，观察换向器表面是否存在换向片间的短路现象；恢复电压额定值；用电桥找出电阻值低的绕组。

**5. 电机振动过大**

可能原因：电枢不平衡；风叶不平衡；转轴变形；联轴器未校正；紧固螺钉松动。

排除方法：重新校平衡；校正风叶平衡；修理或更换电枢；重新校正，使两轴在同一直线上；调整紧固螺钉。

**6. 机座带电**

可能原因：电机受潮；绝缘老化；引线碰壳。

排除方法：烘干或重新浸漆处理；用绝缘带包扎处理。

# 项目三 三相交流电机基础知识

交流电机是实现机械能与电能相互转换的电磁装置。和直流电机一样,由于电机工作状态的可逆性,同一台电机既可作为发电机又可作为电动机。交流电机按品种可分为同步电机与异步电机两大类。交流异步电机按定子相数可分为单相异步电机和三相异步电机。异步电机按转子形式可分为鼠笼式异步电机和绕线式异步电机。三相鼠笼式异步电机具有结构简单、维修方便、体积小、质量轻、转速高、功率大、能自动防滑等一系列优点,在城市轨道交通领域中得到了广泛运用。本项目主要介绍三相鼠笼式异步电机结构原理及特性。

## 任务一 三相交流异步电机的基本结构

### 一、三相鼠笼式异步电机的基本结构

三相鼠笼式异步电机主要由定子和转子构成,定子是静止不动的部分,定子与转子之间有一定的气隙,图 1.3.1.1 所示为鼠笼式异步电机的主要组成部件。

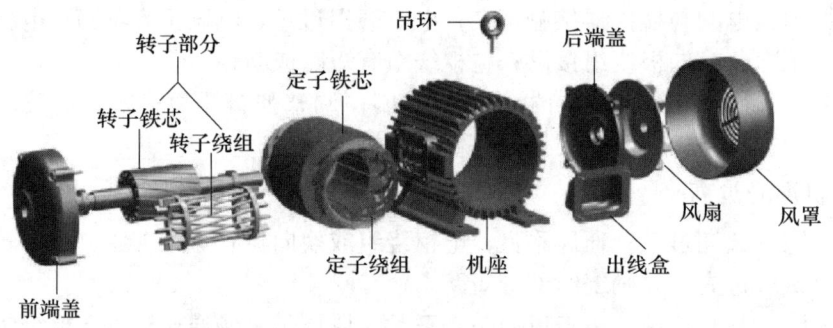

图 1.3.1.1 三相交流鼠笼式异步电机结构

(一)定子部分

定子由铁芯、绕组与机座三部分组成(图 1.3.1.2、图 1.3.1.3)。

定子铁芯是磁路的一部分,它由 0.5mm 的硅钢片叠压而成,片与片之间是绝缘的,以减少涡流损耗,定子铁芯的硅钢片的内圆冲有定子槽。槽中安放绕组,硅钢片铁芯在叠压后成为一个整体,固定于机座上。

定子三相绕组是异步电机的电路部分,在异步电机的运行中起着重要的作用,是把电能转换机械能的关键部件。它由许多线圈连接而成,每个线圈有两个有效边,分别放在两个槽里。三相对称绕组 AX、BY、CZ 可连接成图 1.3.1.4 所示的星形 Y 或三角形 △。

项目三　三相交流电机基础知识

图 1.3.1.2　定子部分

图 1.3.1.3　定子铁芯

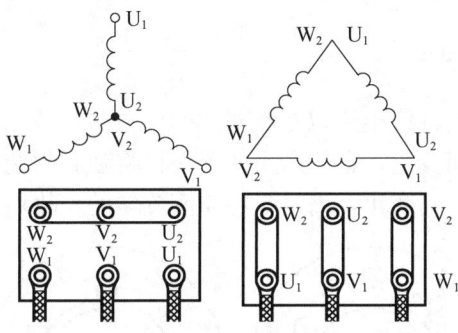

图 1.3.1.4　定子三相对称绕组接线方式

机座主要用于固定与支撑定子铁芯，小型异步电机一般采用铸铁机座，也有铝合金铸成的机座，大型电机多采用钢板焊成。根据不同的冷却方式，采用不同的机座形式。

（二）转子部分

转子由转轴、转子铁芯与转子绕组组成。

转轴用来传递及支承转子的质量，一般由中碳钢或合金钢制成。

转子铁芯也是电动机磁路的一部分，由硅钢片叠压而成。转子硅钢片冲片如图 1.3.1.5 所示，硅钢片外圆上有均匀分布的槽，其作用是嵌放转子三相绕组。转子、气隙与定子铁芯构成电机的完整磁路。

转子铁芯装在转轴上。

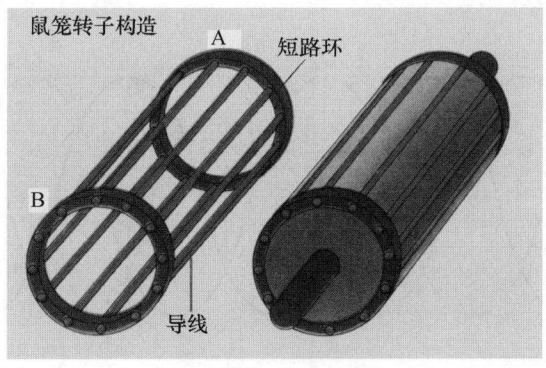

图 1.3.1.5　转子部分

21

## (三)其他附件

(1) 端盖:分别装在机座的两侧,起支撑转子的作用,一般为铸铁件。
(2) 轴承:连接转动部分与不动部分,一般采用滚动轴承以减小摩擦,有的采用陶瓷轴承以减少电腐蚀。
(3) 轴承端盖:保护轴承,使轴承内的润滑油不致溢出。
(4) 冷却电机。

# 任务二 旋转磁场

## 一、旋转磁场的产生

当旋转电机定子三相对称绕组通以三相对称交流电时,各相绕组中的电流都将产生自己的磁场。由于电流随时间变化,它们产生的磁场也将随时间变化,而三相电流产生的总磁场(合成磁场)不仅随时间变化,而且是在空间旋转的,故称旋转磁场(图1.3.2.1)。

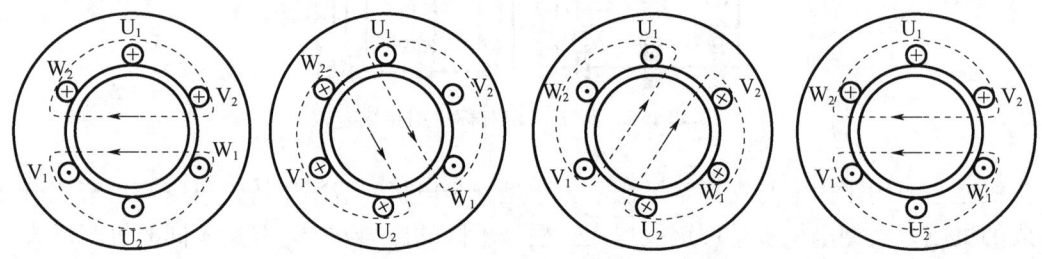

图1.3.2.1 旋转磁场的产生

## 二、旋转磁场的方向

要改变旋转磁场的旋转方向(亦即改变电机的旋转方向)时,只要把定子绕组接至电源的三根导线中的任意两根线对调即可。在城市轨道交通运载系统中,采用VVVF逆变器控制异步牵引电机,VVVF逆变器触发顺序的改变导致旋转磁场方向的改变,从而使异步电机方向的改变(图1.3.2.2)。

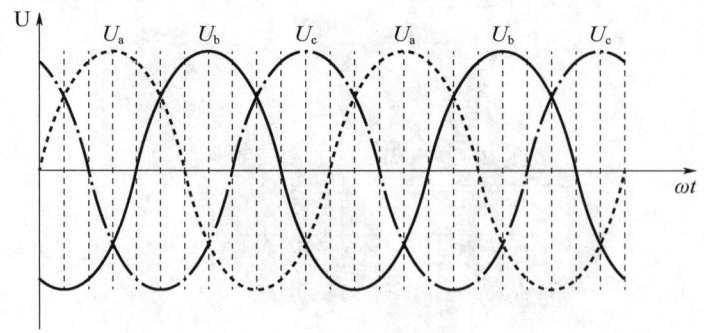

图1.3.2.2 三相交流电

### 三、旋转磁场的极数与转速

以上讨论的旋转磁场,具有一对磁极(磁极对数用 $p$ 表示),即 $p=1$。从上述分析可以看出,电源电流变化经过一个周期(变化 360°电角度),旋转磁场在空间也旋转了一圈(转了 360°机械角度),若电源电流的频率为 $f_1$,旋转磁场每分钟将旋转 $60f_1$ 转,以 $n_1$ 表示旋转磁场的速度,即 $n_1=60f_1$。

以 Y 形接法为例,将每相绕组都改用两个线圈串联组成。如果把定子铁芯的槽数增加 1 倍(12 个槽),制成的三相绕组,其中,每相绕组由两部分串联组成,再将这三相绕组接到对称三相电源上,便产生了具有两对磁极的旋转磁场。

### 四、三相异步电机的转差率

由前面所学知识可知,三相异步电机的工作原理是基于定子旋转磁场(定子绕组内三相电流所产生的合成磁场)和转子电流(转子绕组内的电流)的相互作用。转子和旋转磁场之间的转速差($\Delta n = n_1 - n$,$n_1$ 为同步转速,$n$ 为转子转速)是保证转子旋转的主要因素。

转速差与同步转速的比值称为异步电机的转差率,用 $s$ 表示,转差率 $s$ 是分析异步电机运行情况的主要参数。

$$s = \frac{n_1 - n}{n_1}$$

即
$$n = (1-s)n_1$$

# 第二篇 电器篇

# 项目一 车辆电器基础知识

电器是在对电能的运用中产生的,应用非常广泛。城市轨道交通车辆一般是从接触网或第三轨获取电能,由牵引电动机将电能转变为机械能从而驱动车辆运行,采用的牵引电动机有直流和交流两种。车辆要在既安全又简便的操纵下获得不同工况下的良好运行性能,就需要一系列不同性能、不同作用、不同型号的电气设备连续可靠地工作。电气部件的工作贯穿于车辆的整个操纵过程。例如,对电路实行通、断控制,对电动机实行启动、制动、正转和反转控制,对用电设备进行过载、短路、过压等故障的保护,在电路中传递、转换、放大电或非电的信号,自动检测电气设备的电压和电流值,以及控制车门开、关等,都需要用不同的电器来完成。

## 任务一 概 述

### 一、电器定义

凡是根据外界特定信号,自动或手动地接通或断开电路,对电路或非电对象起开关、控制、保护与检测作用的电工设备,统称为电器。

将用于城市轨道交通车辆上的电器称为城市轨道车辆电器,其是牵引电器中的一类。在城市轨道交通车辆上,由于工作条件及环境的特殊性,既有专门设计制造的专用电器,也有选用的一般通用电器,两者统称为城市轨道车辆电器。

### 二、车辆电器的基本结构

**1. 感应机构**

感应机构的主要任务是接收输入信号,如电压、电流、功率等电信号,也可以接收压力、速度、温度等非电信号。

**2. 执行机构**

执行机构的主要任务是接收感应机构传来的信号并进行相应的动作,以实现变换、控制、保护、检测电路等功能。

**3. 灭弧机构**

灭弧机构的主要任务是尽快熄灭电器触头在分断电路时产生的电弧，从而保护电器触头不受损伤，以延长电器的寿命。

### 三、车辆电器的分类

**1. 按车辆电器所接入的电路分**

（1）主电路电器：应用在车辆主电路（动力电路、牵引电路）中的电器，如受流器、高速断路器、避雷器等。

（2）辅助电路电器：应用在车辆辅助回路的电器，包括辅助机组、空气压缩机、通风机等电路中的电器，如交流电磁接触器等。

（3）控制电路电器：应用在车辆控制电路中的电器，用于控制和操作主、辅电路，如司机控制器、各种继电器及其相应的自动开关等。

**2. 按电器在车辆上的用途分**

（1）控制电器：用于各种控制电路和控制系统的电器，如接触器、各种控制用继电器以及各种开关等。

（2）保护电器：用于保护电路及用电设备的电器，如熔断器、热继电器、自动开关、过载继电器、接地继电器及避雷器等。

（3）检测电器：用于监测各种电压、电流信号的电器，如传感器、互感器等。

（4）受流器：用于从接触网或第三轨上获取电流的电器，如受电弓、集电靴等。

**3. 按传动方式分**

（1）手动电器：如各种手动开关、按钮、司机控制器等。

（2）电空传动电器：靠压缩空气推动触头动作的电器，如电空阀、电空接触器等。

（3）电磁传动电器：靠电磁铁带动触头动作的电器，如电磁接触器和电磁继电器等。

**4. 按执行机构分**

（1）有触点电器：利用动、静触头的接触和分离来实现电路的通、断。

（2）无触点电器：主要利用功率晶体管的开关效应，即导通或截止来控制电路的阻抗，以实现电路的通、断与保护。

### 四、车辆电器的主要技术参数

（1）额定电压：在规定条件下，保证电器正常工作的电压值。

（2）额定电流：在规定条件下，保证电器正常工作的电流值。

（3）额定发热电流：在规定条件下，电器各零部件温升不超过极限值时所能承受的最大电流值。

（4）额定持续电流：在规定条件下，电器在长期工作中，各零部件温升不超过规定极限值时所能承受的最大电流值。

（5）机械寿命：在无负载操作条件下，电器各零部件无损坏的极限动作次数。

（6）电器寿命：在规定的条件下，电器带负载操作而无零部件损坏的极限动作次数。

## 五、车辆电器的工作条件和特点

地铁车辆电器由于其工作条件和环境与一般的电器有所不同，它主要面临的问题也截然不同，其特点如下。

（1）受连续而强烈的机械振动和机械冲击。列车运行中轮对通过钢轨接缝处时，轨枕的弹性会使机车产生垂向性的振动；当列车通过曲线弯道或道岔时，会产生横向的振动；当列车启动或制动时会产生纵向的振动。另外，车辆上的一些旋转设备（如牵引电动机、通风机等）也会引起一些振动。由于振动，电器各部件受到附加力的作用严重时便不能正常工作。为此，在选用、布置、安装电器时应考虑到振动因素的影响。要注意紧固件应该有弹簧垫及防松装置，电器中弹簧的力量及电磁吸力应适当增加，以防因振动而发生误动作；连接线连接要紧固，避免因振动而产生接触不良、内部发热等事故。

（2）工作环境变化大。由于地铁车辆电器工作环境的温度变化大，工作时车内温度很高，车底及车顶冬天温度很低。因此，要求电器允许的温度范围为－40～40℃（－40～25℃为存放温度，25～40℃为工作温度）。另外，由于大气中的粉尘及其他污染物对车辆电器的腐蚀也较为严重，从而降低了电器的绝缘能力，严重时还会影响其正常工作，因此，在选择地铁车辆电器时，相应的标准要高一些，并要对电器经常清扫、保养，以保证其正常工作。

（3）车辆正常运行时操作频繁。由于列车常有启动、制动及调速的操纵，因此地铁车辆电器的操作频率较高，选用地铁车辆电器时要求其操作频率的等级要高一些，电器的机械寿命也应长一些。

（4）空间安装位置问题

由于安装地铁车辆电器的实际空间是有一定限制的，因此要求电器有尽量小的安装尺寸。

总之，地铁车辆电器的工作条件及环境是相当恶劣的，对其正常工作有一定的影响。为此，对地铁车辆电器的基本要求是：动作准确可靠，有足够的电气寿命和机械寿命，有较高的操作频率及能量消耗少且便于检修。在生产上则要求质轻体小、经济耐用和便于生产。

## 六、车辆电器的发热与电动力

### 1. 电器的发热和散热

（1）概念。

有触点电器是由导电材料、导磁材料和绝缘材料等组成的。

电器在工作时由于有电流通过导体和线圈而产生电阻损耗。如果电器工作于交流电路，则由于交变电磁场的作用，在铁磁体内产生涡流和磁滞损耗，在绝缘体内产生介质损耗，所有这些损耗几乎全都转变为热能。其中一部分散失到周围介质中，另一部分加热电器本身，使其温度升高。

电器温度升高后，其本身温度与周围环境温度之差，称为温升。

电器的温度超过某一极限值后，其中金属材料的机械强度会明显下降，绝缘材料的绝缘强度会受到破坏。若电器温度过高，会使其使用寿命降低，甚至遭到破坏。反之，电器工作时的温度也不宜过低，因为电器工作时温度太低，说明材料没有得到充分利用，经济性差，相对体积大、质量大。

由此可见，研究电器的发热问题，对保证电器正常可靠地运行及缩小电器体积、节约原材料、降低成本、延长使用寿命等方面具有重要意义。

为了确保电器的工作性能和使用寿命，各国电器技术标准都规定了电器各部件的发热温度极限及允许温升。所谓发热温度极限，就是保证电器的机械强度、导电性、导磁性以及介质的绝缘性不受危害的极限温度。允许温升是发热温度极限与最高环境温度的差值。

因为电器的工作环境直接影响电器的散热过程，我国国家标准规定最高环境温度为+40℃（一般为35℃），即：允许温升＝发热温度极限－40℃。

（2）电器的发热。

电器工作时，电流通过导电部分将产生电阻损耗。对于直流电器而言，载流导体单位时间的功率损耗为：

$$P=I^2Rt$$

当导体中流过交变电流时，会产生集肤效应、邻近效应、磁滞损耗和涡流损耗，它们产生的损耗也将转变为热能。

电器中有工作电流通过时，在一定的工作制下，电器要经受额定电流发热的考验。若电路发生了短路故障，其短路电流远大于额定电流，在保护电器将故障切除之前，电器还必须能承受住一定时间内短路发热的考验，这就要求电器具有较好的热稳定性。

电器的热稳定性是指在一定时间内能承受短路电流的热作用而不发生损坏的能力。例如不因发热而产生不允许的机械变形、触头处不会熔焊等。

（3）电器的散热。

电器工作时，只要电器本身温度高于周围介质及接触零件的温度，它便向周围介质散热。因此，发热和散热同时存在于电器发热过程中。

当电器产生的热量与散失的热量相平衡时，电器的温升维持不变，这时称电器处于热稳定状态。此时的温升称为稳定温升。若温升随着时间而变化，则称为不稳定发热状态。

电器的散热以传导、对流与热辐射三种基本方式进行。

热传导现象的实质是通过具有一定内部能量的物质基本质点间的直接相互作用，使能量从一个质点传递到另一相邻质点。热传导是由较热部分向较冷部分传播，或由发热体向与它接触的物体传播。热传导是固体传热的主要方式，它也可在气体和液体中进行。

对流是通过流体（液体与气体）的运动而传递热量。热量的转移和流体本身的转移结合在一起。根据流体流动的原因，对流分为自然对流和强迫对流。车辆的电机、电器等因受安装空间的限制，较多采用强迫对流（强迫风冷却或强迫油循环冷却），可加强散热、缩小体积。

热辐射是发热体的热量以电磁波形式传播能量的过程。热辐射可穿越真空和气体而传播，但不能透过固体和液体物质。

（4）不同工作制下的电器发热。

各种电器在使用过程中，由于工作任务和要求不同，其工作时间的长短也不同，因此，电器的发热和冷却状况也会有所不同。

① 长期工作制。

长期工作制是指电器通电后连续工作到发热稳定，此时温升达到稳定值。长期工作制的热量是电器损耗所产生的热量，全部散失到周围介质中。在发热达到稳定前，这些热量一部分用于升高导体的温度，另一部分散失到周围介质中去。要限制最大温升，在散热条件不变的情况下，可限制通过的最大电流。因此，电器的额定电流值就是根据长期发热时的最大允许温升来确定的。

② 短时工作制。

短时工作制是指电器通电时间很短，温升未达到稳定值就停止工作，并且下一次工作要等到电器冷却到与周围介质温度相同。

③ 间断工作制（反复短时工作制）。

间断工作制（反复短时工作制）是指电器的通电和断电周期循环的工作制。其特点是通电时间内电器温度未达到稳定值，断电后又不能冷却到与周围介质温度相同，经过反复多次通电后，电器可能达到稳定温升。

**2. 电器中的电动力和电动稳定性**

载流导体处在磁场中会受到力的作用，且载流导体相互间也存在力的作用，这种力称为电动力。电器的载流件，如触头、母线、绕组线匝和电连接板等，彼此间均存在电动力作用。此外，载流件、电弧和铁磁材料制件之间也有电动力存在。在正常工作条件下，这些电动力都不大，不致损坏电器，但动、静触头间的电动斥力过大会使接触压力减小，接触电阻增大，造成触头熔化或熔焊，影响触头的正常工作。若出现短路，强大的短路电流形成的电动力，会使电器发生误动作或使导体机械变形，甚至损坏。因此，电器具有良好的电动稳定性是必要的。

电器的电动稳定性是指当大电流通过时，在其产生的电动力作用下，电器有关部件不产生损坏或永久变形的性能。

# 任务二　触　头

## 一、电接触

导体与导体通过机械方式相互接触，以实现导电的状态称为电接触。电接触用以使电流由一个导体流到另一个导体上，完成电路接通任务，因此又叫作接触连接。触头是接触连接的一种形式。

**1. 固定接触**

将接触元件用螺栓等紧固件连接。在工作过程中接触面不发生相对分离或移动的连接方式称为固定接触。例如，导线与导线的连接，导线与电器的连接常采用此形式。

**2. 滑动及滚动接触**

两接触元件能相对滑动或滚动但不分离，称为滑动及滚动接触。例如，直流电机的电刷与换向器之间的接触，滑动变阻器的滑臂与电阻之间的连接。

**3. 可分合接触**

两接触元件可随时分离和闭合，这种可分合接触元件通常称为触头或触点。一般用触头实现电路的接通与断开的电器中都能见到这种接触类型，比如各种开关、接触器、继电器等中的执行部件。

## 二、触头及其分类

在有触点电器中，直接接通和断开电路的零件称为触头。

触头是有触点电器完成其职能的执行机构。触头是成对出现的，固定不动的叫静触头，可以活动的叫动触头。电路是依靠动触头的动作来实现接通和断开的。

触头性能的好坏，将直接影响电器工作的可靠性，甚至会影响地铁车辆的安全运行。地铁车辆在运行过程中，特别是列车通过道岔和启动、加速、制动时会引起较大的振动和冲击，从而引起电器的振动和冲击，可能导致紧固螺栓松动或触头误动作，造成电器工作时的误动作。触头的工作频率比较高，长期工作后触头本身温度上升，造成触头表面的氧化程度加剧，使接触电阻增加，从而使功率损耗增加，又使表面温升增加，形成恶性循环，最终使触头由于温度太高发生熔焊，动、静触头熔化成一体而失去作用。由于空气中的尘埃、水分与油污会使触头表面锈蚀，加之发热及电弧等的有害作用，触头极易损坏。另外，触头通、断电路时存在着电弧燃烧现象，易烧伤触头表面，出现凹凸不平的毛刺，最后又易产生熔焊现象，使触头不能断开从而失去触头的作用。由于上述各种原因，触头是有触点电器的薄弱环节。

**1. 按触头的工作情况分**

(1) 有载开闭触头：触头的分断、闭合过程中允许有电流通过。

(2) 无载开闭触头：触头在分断电路过程中不允许有电流通过，在接通后才允许有电流通过。因为无电分断不产生电弧，所以有利于触头的工作，可延长触头的使用寿命。

**2. 按触头在电路中的用途分**

(1) 主触头：用来接通或断开主要工作电路，一般用于控制地铁车辆的主电路和辅助电路。

(2) 辅助触头：通常用在小电流的控制电路中，用以控制其他分支电路，实现地铁车辆所要求的某种电气联锁作用。辅助触头又称为联锁触头，有常开联锁触头和常闭联锁触头两种。

**3. 按工作状态分**

(1) 常开触头：电器线圈无电时，触头处于断开状态；电器线圈有电时，触头处于闭合状态。

(2) 常闭触头：电器线圈无电时，触头处于闭合状态；电器线圈有电时，触头处于断开状态。

图 2.1.2.1 所示为常开、常闭触头的图形符号。

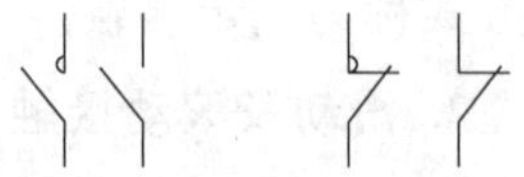

**4. 按开断点数目分**

（1）单断点式：开关电器断开后在电路内仅产生单一断口的触头组。

（2）双断点式：在串联的两个位置上断开或闭合其导电分路的触头元件。

图 2.1.2.1 常开、常闭触头的图形符号

**5. 按结构形式分**

（1）指形触头：形状像大拇指，一般是单断点采用的形式。

（2）桥式触头：形状像桥，一般是双断点触头采用的形式。

**6. 按接触形式分**

（1）点接触：点与点的接触或点与面的接触（如球面对球面，球面对平面）。适用于电流在 10 A 以下的场合，一般用于控制电路。

（2）线接触：圆柱与圆柱接触或圆柱与平面接触的触头，如接触器、自动开关及高压电器的主触头；适用于电流在几十安培至几百安培的场合。特点：接触面积与接触压力均适中。

（3）面接触：平面与平面接触的触头，如大容量的闸刀开关等；适用于电流较大的场合。特点：接触面积与接触压力均较大。

图 2.1.2.2 所示为触头的三种接触形式。

(a) 点接触　(b) 线接触　(c) 面接触

图 2.1.2.2 触头的接触形式

## 三、触头的参数

触头的参数主要有触头的开距、超程、初压力、终压力和研距等。

**1. 触头的开距**

触头处于断开位置时，动静触头之间的最小距离称为触头的开距，如图 2.1.2.3 (a) 所示。开距是触头的一个重要参数。它不仅要保证在分断正常电流时能很快灭弧，而且要使触头间具有一定的绝缘能力，经得起过电压的冲击。

**2. 触头的超程**

触头的超程是指触头对完全闭合后，如果将静触头移开，动触头在触头弹簧的作用下继续前移的距离，如图 2.1.2.3 (b)、(c) 所示。触头的超程是用来保证触头有一定的压力，并在允许磨损范围内仍然能可靠地工作。一般触头在磨损 1/3 或 1/2 厚度之前仍能工作，因此设计制造上必须要有一定的超程。

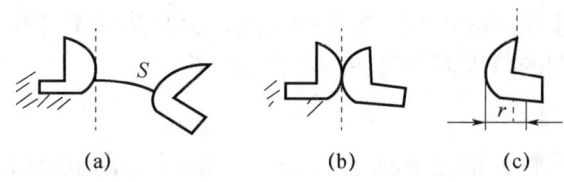

图 2.1.2.3　触头开距及超程

### 3. 触头的初压力

触头闭合后，其接触处有一定的互压力，称为触头压力。触头压力是由触头弹簧产生的。触头弹簧有一预压缩，使得动触头刚与静触头接触就有一初压力，称为触头初压力，它是由调节触头弹簧预压缩量来保证的。初压力可以降低触头闭合过程中的振动。

### 4. 触头的终压力

动、静触头闭合终了时，触头间的接触压力称为终压力。它是由触头弹簧最终压缩量来决定的。它使触头闭合时的实际接触面积增加，使闭合状态时的接触电阻小而稳定。

### 5. 触头的研距

动触头和静触头接触过程中，触头接触表面既有滚动，又有滑动，这种滚动和滑动称为触头的研磨过程。由研磨产生的距离称为研距。

为了保证触头工作时有良好的电接触，一般线接触触头开闭过程的起止点不重合，且有一定距离。如图 2.1.2.4 所示，动、静触头开始接触时，其接触线在 $a$ 点处，在触头闭合过程中，接触线逐渐移动，最后停在 $b$ 点处接触，以导通工作电流。由于在动触头上的 $ab$ 和静触头上的 $a'b'$ 长度不一样，因此，在两者接触过程中，不仅有相对滚动，而且有相对滑动存在，整个接触过程称为触头的研磨过程。

图 2.1.2.4　触头的研磨过程及研距

触头表面有滑动，可以擦除触头表面的氧化层及脏物，减小接触电阻，使触头有良好的电接触。触头表面有滚动可以使触头在闭合时的撞击处与最后闭合位置的工作点之间，以及开断电路时产生电弧处与闭合位置的工作点分开，保证正常工作的接触不受机械撞击与电弧的破坏作用，保证触头接触良好。

## 四、触头的工作状态

### 1. 触头的闭合过程

触头在闭合过程中会因碰撞而产生机械振动，这个过程需要解决的主要问题是减小机械振动，从而减小触头的磨损，避免触头熔焊。

### 2. 触头处于闭合状态

触头处于闭合状态时的主要任务是保证规定的电流能通过，且触头温升不超过允许值。此时需要解决的主要问题是控制触头的发热，提高热稳定性和电动稳定性。触头的发热是由接触电阻引起的，因而应设法减小接触电阻。

**3. 触头的分断过程**

触头的分断过程是触头最复杂的工作过程。当触头分断电路时，一般会在触头间产生电弧，这个过程需要解决的主要问题是熄灭电弧，减小由电弧产生的触头电磨损。

**4. 触头处于断开状态**

触头处于断开状态时，必须有足够的开距，以保证可靠的熄灭电弧和分断电路。

## 五、接触电阻

**1. 接触电阻的产生**

两个导电零件接触在一起实现电的连接，其导电能力显然比同样尺寸的完整导体要差，图 2.1.2.5（a）所示是一段完整的导体，通以电流 $I$，用电压表测得其 $AB$ 长度上的电压降为 $U$，则 $AB$ 段导体的电阻

$$R = \frac{U}{I}$$

若将此导体截断，如图 2.1.2.5（b）所示，仍通以原来的电流 $I$，测得 $A$、$B$ 两点之间的电压降为 $U_C$，$U_C$ 比 $U$ 大得多，则 $A$、$B$ 两点之间的电阻为

$$R_C = \frac{U_C}{I}$$

$R_C$ 除含有该段导体材料的电阻 $R$ 外，还有附加电阻 $R_j$，即

$$R_C = R + R_j$$

我们把由导体相接触而产生的附加电阻 $R_j$ 称为接触电阻。动、静触头接触时同样存在接触电阻。接触电阻 $R_j$ 由收缩电阻 $R_s$ 和表面膜电阻 $R_b$ 组成，即

$$R_j = R_s + R_b$$

（1）收缩电阻。

接触处的表面无论经过多么细致的加工处理，从微观角度分析，其表面总是凹凸不平的，它们不是整个面积接触，而是只有若干小的突起部分相接触。由于有效接触面积（即实际接触面积）小于视在接触面积，由此产生的附加电阻称为收缩电阻，如图 2.1.2.6 所示。

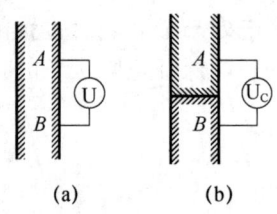
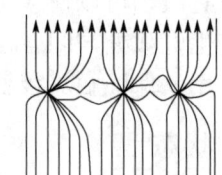

图 2.1.2.5 接触电阻　　图 2.1.2.6 触头接触处放大示意

（2）表面膜电阻。

由于种种原因，在触头的接触表面上覆盖着一层导电性很差的薄膜，例如金属的氧化物、硫化物等，其导电性很差，也可能是落在接触表面上的灰尘、污物或夹在接触面间的油膜、水膜等，由此形成的附加电阻，称为表面膜电阻。膜电阻还与薄膜的厚度有

关，薄膜越厚，电阻越大。由于收缩电阻和表面膜电阻是由接触体之间直接产生的电阻，因而称之为接触电阻。

电器的触头无论是点接触、线接触还是面接触，在接触点处总是存在着接触电阻。接触电阻的存在，使接触点的温度升高，而温度越高则接触电阻越大。当温度过高时，触点的金属软化，甚至熔化，造成动、静触点熔焊在一起。

**2. 影响接触电阻的因素**

通常人们希望得到低值而稳定的接触电阻，以保证触头的可靠工作。影响接触电阻的因素有接触压力、触头材料、触头温度、触头表面粗糙度、接触形式及化学腐蚀等。

（1）接触压力。

加大压力可使接触电阻 $R_j$ 减小。当压力很小时，接触压力的微小变化都会使接触电阻值产生很大的波动；但当压力达到定值后，接触电阻受压力变化的影响甚微。这是因为在压力作用下，两表面接触处产生弹性形变，压力增大，形变增加，有效接触面积增加，收缩电阻减小。而当压力达到一定值后，收缩电阻几乎不变，这是因为材料的弹性形变是有一定限度的，因而接触面积的增加也是有限的，故接触电阻不可能完全消除。

（2）接触温度。

接触点温度升高后，金属的电阻率会有所增加，但材料的硬度会有所降低，使有效接触面积增大。前者使收缩电阻 $R_s$ 增大，后者使收缩电阻 $R_s$ 减小，互相补偿，因而接触电阻变化甚微。但是，当触头电流长期超过额定值时，温度升高，引起接触面氧化，接触电阻则急剧上升，发热加剧，形成恶性循环。为保证接触电阻稳定，电接触的长期工作允许温度规定得较低。

（3）化学腐蚀。

单纯由化学作用引起的腐蚀称为化学腐蚀。金属与气体接触时，在金属表面生成相应的化合物，如氧化物、硫化物、氯化物等。

暴露在空气中的接触面（除铂和金外）都会被氧化。空气中的铜触头在室温下（20～30℃）即开始氧化，但其氧化膜很薄，在触头彼此压紧的过程中就被破坏，故对接触电阻影响不大。而当温度高于70℃时，铜触头氧化加剧，氧化铜的导电性能很差，使膜电阻急剧增加。因此，铜触头的允许温升都是很低的。银被氧化后的导电能力与纯银差不多，因而银或镀银的触头工作很稳定。

为减少接触面的氧化，可以将触头表面搪锡或镀银，以获得较稳定的接触电阻。采用不同的金属作为触头对时，由于金属接触处有电位差，当湿度大时，在触头对的接触处会发生电解作用，引起触头的化学腐蚀，使接触电阻增加。常用金属材料的电化顺序是金（Au）→铂（Pt）→银（Ag）→铜（Cu）→氢（H）→锡（Sn）→镍（Ni）→镉（Cd）→铁（Fe）→铬（Cr）→锌（Zn）→铝（Al）。规定氢的电化电位为零，在它后面的金属具有不同的负电位（如 Al 的电化电位为-1.34V），在它前面的金属具有不同的正电位（如 Ag 的电化电位为+8V）。选取触头对时，应选取电化顺序中位置靠近的金属，以减小电化电势。例如，不宜采用铝和铜作为触头对。电镀层或涂层也要注意电化顺序。

（4）接触表面粗糙度。

接触表面粗糙度对接触电阻有一定的影响。接触表面可以粗加工，也可以精加工，至于采用哪种方式加工更好，要根据负荷大小、接触形式和用途而定。

**3. 减小接触电阻的方法**

根据接触电阻的形成原因，减小接触电阻一般可采用下列方法。

（1）增加接触点数目。选择适当的接触形式，用适当的方法加工接触表面，并在接触处加一定的压力，均可使接触点数目增加。

（2）选择合适的材料。采用本身电阻系数小且不易氧化或氧化膜电阻较小的材料作为接触导体，或作为接触面的覆盖层。

（3）触头在开闭过程中应具有研磨过程，以擦去氧化膜。

（4）经常清扫触头，使触头表面无油污、尘埃，保持干燥。

## 六、触头的振动与熔焊

**1. 产生振动的原因**

触头从刚开始接触到完全闭合，是有一个过程的，这个过程称为触头的闭合过程。触头闭合过程中，动、静触头间的碰撞，衔铁与铁芯的碰撞以及电动斥力的作用，都将引起触头的机械振动。

当触头闭合时，电器传动机构的力直接作用在动触头支架上，具有一定质量 $m$ 的动触头以一定速度 $v$ 向静触头运动，在动、静触头相撞时，动触头具有一定的动能 $\frac{1}{2}mv^2$。如图 2.1.2.7（a）所示。触头发生碰撞后，触头表面将产生弹性形变，由于静触头固定不动，撞击后，动触头就会受反作用力的作用以速度 $v_2$ 弹回，如图 2.1.2.7（b）所示。当动触头离开静触头时，触头弹簧压缩，将动能储存在弹簧中。与此同时，传动机构继续推动触头支架向静触头方向运动，进一步压缩弹簧。当动触头反弹的速度降为零时，反弹距离达到最大值 $x_m$，如图 2.1.2.7（c）所示。随后，动触头在弹簧张力作用下又开始向静触头运动，触头间发生第二次碰撞和反弹，但速度已减小。

由于触头每一次碰撞和反弹都要消耗一部分能量，且在碰撞和反弹的过程中，传动机构会使触头弹簧进一步压缩，因此动触头所具有的动能较前一次小，振动的振幅也减小。以后每次振动的时间和振幅，后次均比前一次要小，直至振动停止，触头完全闭合，如图 2.1.2.7（d）所示。

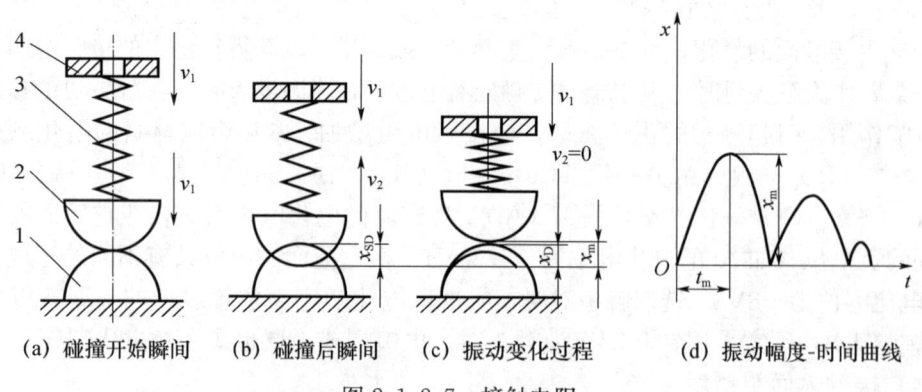

(a) 碰撞开始瞬间　(b) 碰撞后瞬间　(c) 振动变化过程　(d) 振动幅度-时间曲线

图 2.1.2.7　接触电阻

1—静触头；2—动触头；3—触头弹簧；4—动触头

$x_{SD}$—塑性和弹性变形量；$x_D$—弹性变形量；$x_m$—最大振幅

对于电磁传动的电器来说，在触头闭合过程中，衔铁会以定速度向静铁芯运动，磁系统同样会发生振动，以致触头又发生第二次振动。这种振动所引起的触头磨损常比上述触头碰撞引起的要大。在闭合过程中，通常是触头先接触，然后衔铁才完全闭合。因为触头刚接触时，回路中总具有些电感，电流不是立即达到稳定值，而是当衔铁完全闭合时，电流才达到稳定值，如果此时由于衔铁振动而引起触头振动，则触头分断的电流就比较大，以致电磨损也增大，所以电磁铁所引起的触头振动更为有害。

除上述原因外，在触头闭合通过电流时，在触头间有电动力存在。这是因为触头表面实际接触的只有几个点，所以在接触点处便产生电流的密集或弯曲，畸变的电流相互作用便产生试图将触头分开的电动斥力。在工作电流或短路电流较大的场合，电动斥力的作用尤为显著，这也是触头产生振动的原因。

在触头的振动过程中，若碰撞后触头不会分开，这样的振动不会产生电弧，因而称之为无害振动；若碰撞后触头分开，在触头间隙中会出现金属桥，造成触头磨损或熔焊，甚至产生电弧，严重影响触头寿命，因此称此类振动为有害振动。

**2. 减小振动的方法**

为了提高触头的使用寿命，必须减小触头的振动。减小触头振动有如下几种方法。
（1）使触头具有一定的初压力。
（2）降低动触头的闭合速度。
（3）减小动触头的质量。但是，必须考虑触头的机械强度、散热面积等问题。

**3. 熔焊的概念**

触头的熔焊主要发生在触头闭合有载电路的过程中和触头处于闭合状态。

在触头闭合过程中，触头的机械振动使触头分断产生电弧，使触头表面金属熔化，当触头最终闭合时，引起熔接，使动、静触头熔焊在一起不能打开。在触头处于闭合状态时，若通过过大的电流，会使触头接触处温度升高，达到熔化温度，两触头接触处的材料便熔化并结合在一起，使接触电阻迅速下降，熔化的金属可因凝结而引起熔接。这种由热效应而引起的触头熔接，称为触头的"熔焊"。还有一种触头熔接现象，产生于常温状态，通常称为"冷焊"。常发生在用贵金属材料（如金与金合金等）制成的小型继电器触点中。其原因是贵金属表面不易形成氧化膜，纯净的金属接触面在触头压力作用下，由于金属原子间化学亲和力的作用，使两个触头表面结合在一起，产生"冷焊"现象。由"冷焊"产生的触头间黏结力很小，但是在小型高灵敏继电器中，由于使触头分开的力也很小，不能把冷焊黏结在一起的触点弹开，常常出现触头黏住不释放的现象。

### 七、触头的磨损

**1. 触头磨损的原因**

触头在多次接通和断开有载电路后，它的接触表面将逐渐产生磨耗和损坏，这种现象称为触头的磨损。

触头磨损包括机械磨损、化学磨损和电磨损。

机械磨损是在触头闭合和打开时由于研磨和机械碰撞所造成的，它使得触头接触面产生压皱、裂痕或塑性变形和磨损。

化学磨损是由于周围介质中的腐蚀性气体或蒸汽对触头材料候蚀所造成的，它使触头表面形成非导电性薄膜，致使接触电阻变大且不稳定，甚至完全破坏了触头的导电性能。这种非导电性薄膜在触头相互碰撞及触头压力作用下，逐渐剥落，形成金属材料的损耗。机械磨损和化学磨损一般很小，约占全部磨损的10%。

触头的磨损主要取决于电磨损。电磨损主要发生在触头的闭合和开断过程中，尤其是以触头开断过程中产生的电磨损为主。在触头闭合电流时产生的电磨损，主要是由于触头碰撞引起的振动所产生的，在触头开断电流时所产生的电磨损，主要是由高温电弧造成的。

触头的电磨损形式主要有两种，即液桥的金属转移和电弧的烧损。

**2. 减小电磨损的方法**

减小触头的电磨损，提高触头的寿命，一般可从两方面着手，即减小触头在开断过程中的磨损和减小触头在闭合过程中的磨损。

（1）减小触头开断过程中的磨损，即减小触头在开断时的电弧，其方法如下：

① 合理选择灭弧系统的参数，例如磁吹的磁感应强度 $B$。$B$ 值过小，吹弧电动力小，电弧在触头上停留时间较长，触头的电磨损增加；$B$ 值过大，吹弧电动力过大，会把触头间熔化的金属液桥吹走，电磨损也增加，因此，有一个最佳 $B$ 值，在该值下电磨损最小。

② 对于交流电器（如交流接触器）宜采用去离子栅灭弧系统，利用交流电流通过自然零点时不再重燃而熄弧，减小触头的电磨损。

③ 采用熄灭火花的电路，以减小触头的电磨损。这种方法就是在弱电流触头电路中，在触头上并联电阻、电容，以熄灭触头上的火花。这种火花熄灭电路对开断小功率直流电路很有效。

④ 正确选用触头材料。例如，钨、钼的熔点和汽化点高，因此，钨、钼及其合金具有良好的抗磨损特性；银、铜的熔点与汽化点低，其抗磨损性较差。

（2）减小触头闭合时的磨损

触头闭合时的磨损主要是由于触头在闭合过程中的振动所引起的，因此，为了减小触头的电磨损，必须减小触头的机械振动。

## 八、触头材料

对触头材料性能的要求：电气性能方面要求电阻系数小、接触电阻小；热性能方面要求熔点高、导热性好；机械性能方面要有适当的强度和硬度，耐磨性好；化学性能方面要求具有很好的化学稳定性，在常温下不易氧化，或者氧化物的电阻尽量小，耐腐蚀。此外，还要材料的可加工性能好、价格便宜、经济适用。

触头材料分为三大类，即纯金属材料、合金材料和金属陶冶材料。

（1）常用纯金属材料有银和铜。

银具有高的导电和导热性能，其氧化膜能导电，在高温下易分解还原成金属银。因此，银触头能自动清除氧化物，但价格高，一般仅用于继电器和小功率接触器的触头或用于接触零件的电镀覆盖层。

铜是广泛使用的触头材料，导电和导热性能仅次于银，且硬度较高，熔点较高，易加工，价格较低。铜的缺点是易氧化，其氧化膜的导电性很差。因此，铜不适合作为非频繁操作电器的触头材料。

（2）常用的合金材料有银铜、银钨、钯铜、钯铱等。

常用在焊料、仪器仪表中，触头中较少采用。

（3）常用的金属陶冶材料有银-氧化镉、银-氧化铜、银-钨、银-石墨等。

金属陶冶材料是由两种或两种以上的彼此不相熔合的金属组成的机械混合物，其中一种金属有很高的导电性（如银、铜等），作为材料中的填料，称为导电相，另一种金属有很高的熔点和硬度（如钨、镍、钼、氧化镉等），称为耐熔相，在触头材料中起着骨架的作用，是比较理想的触头材料。

# 任务三　电　　弧

## 一、电弧的产生

**1. 电弧**

电弧是气体自持放电的形式之一，是一种带电粒子（电子和离子）的急流。在大气中，当触头断开电路时，如果被断开电路的电流超过某数值，断开后加在触头间（除两端电压超过某一数值时）会产生一团温度极高、亮度极强并能导电的气体，称为电弧。此时触头虽已分开，但电流通过触头间的电弧继续流通，直到触头分开到足够距离，电弧熄灭后，电路才断开。

电弧会产生高温并发出强光，将触头烧损，并使电路的冷却时间延长，严重时会引起火灾或其他事故，因此，在电器中应采取适当措施熄灭电弧。

我们借助一定的仪器仔细观察电弧，可以发现，除两个极（触头）外，明显地分为3个区域，即近阴极区、近阳极区及弧柱区，弧柱区是电弧中温度最高、最亮、最强的区域。

**2. 电弧产生的原因**

触头开断电路时，产生电弧的原因主要有：阴极热发射电子；阴极冷发射电子；碰撞电离和热电离等。

（1）阴极热发射电子。

触头开断过程中，触头间的接触面积逐渐减小，接触处的电阻越来越大，电流密度也逐渐增大，触头表面的温度剧增，金属内由于热运动急剧活跃的自由电子就克服内部的吸力而从阴极表面发射出去，这种主要由热作用所引起的发射称为热发射。

（2）阴极冷发射电子。

在触头刚刚分开发生热发射的同时，由于触头之间的距离很短，线路电压在这很小的间隙内形成很高的电场，此电场将电子从阴极表面拉出，形成强电场发射。在强电场发射中，并不需要热功的参与，因而强电场发射也叫作冷发射。通常阴极电子的发射，同时包含了热发射和冷发射的过程。

(3) 碰撞电离。

由于前两种发射的作用，大量电子从阴极表面进入弧隙。它们在电场的作用下，好获得动能而加速，随着触头的分开不断地撞击气体的原子或分子（中性粒子），当此粒子具有的动能大于中性粒子的电离能时，该中性粒子则分解为带电荷的自由电子和正离子，这现象叫作碰撞电离。弧隙中的中性气体就变为导电的自由电子与正离子。在电场作用下，它们向阳极运动，电弧形成，电路并未断开。

(4) 热电离。

随着电弧的形成，在电弧燃烧时，弧柱中气体温度很高，气体中的中性原子或分子由于热运动而发生互相撞击，其结果也造成电离，这就是热电离。热电离实质上也是碰撞电离，只不过发生碰撞是由高温引起而不是由电场引起的。因此，温度越高，热电离越强。

电弧的产生，第一是由于热的作用，发生热发射和热电离；第二是由于电场的作用，发生冷发射和碰撞电离，在气隙间出现大量电子流，使气体由绝缘体变成导体。应该注意的是，在整个过程中，几种物理作用并不是截然分开的，而是交叉进行或同时存在的。电弧燃烧期间，起主要作用的是热电离。

**3. 电弧熄灭的物理过程**

电弧中发生游离的同时，也存在着相反的过程，即消游离。若消游离作用始终大于游离作用，则电弧电流减小，电弧熄灭。因此，要熄灭电弧，就必须加强消游离作用。消游离过程主要包括复合和扩散两种形式。

(1) 复合。

复合是异性电荷粒子相遇后中和，变成中性粒子的过程。由于弧柱中电子的运动速度很快，所以电子直接与正离子复合的概率很小。如果在游离过程中出现的电子和正离子一接近就互相吸引而形成中性粒子，这种复合称为直接复合。如果电子和正离子的运动速度较快，它们不能直接复合，速度较高的电子撞击中性分子时，可能附在中性分子上，形成负离子。负离子的质量比电子大得多，因此运动速度会减慢，它在与正离子接近时，就可中和形成中性粒子，这一过程称为间接复合。

冷却电弧是加强复合作用的重要手段。此外，加入大量的新鲜气体分子，也可增强复合作用，如压缩空气吹弧。

(2) 扩散。

扩散是电弧表面的带电粒子从电弧区转移到周围冷却介质中的现象。电弧是一个电子和离子高度密集的空间，其温度很高。扩散的方向是从密度大、温度高的区域向密度小、温度低的区域进行。扩散出来的带电粒子因冷却而互相结合，形成中性粒子。电弧表面与周围介质的温度差越大，扩散作用就越强，越有利于电弧的熄灭。

从电弧产生和熄灭的物理过程可见，电弧中的游离和消游离作用是同时存在的。电弧的燃烧情况就取决于这两个方面。当游离作用占优势时，电弧就产生并扩大；当消游离作用占优势时，电弧就趋于熄灭；当游离作用与消游离作用相等时，电弧就稳定燃烧，弧隙间保留一定量的电子流，处于动态平衡状态。

可见，对电器触头而言，要使电弧熄灭，就必须增强消游离作用，从而抑制游离作用。

**4. 常见的灭弧方法**

使电弧迅速冷却是熄灭电弧的主要方法，常采用拉长电弧、将长弧变为短弧、将电弧放置于特殊介质中等方法来灭弧，同时利用灭弧罩的冷却作用使电弧迅速熄灭。

（1）拉长电弧。

电弧的拉长可以沿电弧的轴向（纵向）拉长，也可以沿垂直于电弧轴向（横向）拉长，如图 2.1.3.1 所示。

① 机械力拉长。

电弧沿轴向拉长的情况是很多的，电器触头分断过程实际上就是将电弧不断地拉长。刀开关中闸刀的拉开也拉长电弧，电焊过程中将焊钳提高可使电弧拉长并熄灭。

② 回路电动力拉长。

载流导体之间会产生电动力，如果把电弧看作一根软导体，那么受到电动力时，电弧就会发生变形，即拉长。如图 2.1.3.2 所示，在对桥式双断点结构形式的触头断开时，电弧受回路电动力 $F$ 的作用被横向拉长，横向拉长时电弧与周围介质发生相对运动而加强了冷却，这样就加速了电弧的熄灭。有时为了使磁场集中，在触头上添加磁性片，以增大吹弧力。

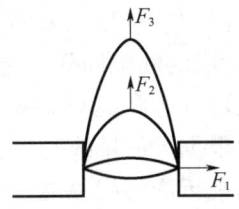

图 2.1.3.1　拉长电弧

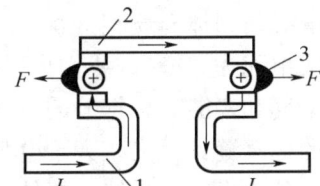

图 2.1.3.2　常用触头回路电动力吹弧
1—静触头；2—动触头；3—电弧

③ 电磁力拉长。

开断大电流时，为了有较大的拉弧力而专门设置了一个产生磁场的吹弧线圈，这种利用磁场力使电弧运动而熄灭的方法称为磁吹灭弧。

（2）介质灭弧。

① 油冷灭弧。

油冷灭弧是将电弧置于液体介质（一般为变压器油）中，电弧将油汽化、分解而形成油气。油气中的主要成分是氢，在油中以气泡的形式包围电弧。氢气具有很高的导热性，这就使电弧的热量容易散发。另外，由于存在着温度差，因此气泡产生运动，又进一步加强了电弧的冷却。由于电弧在油中灭弧能力比大气中拉长电弧大得多，因此这种方法一般用于高压电器中，如油开关中。

② 真空灭弧。

真空灭弧是使触头电弧的产生和熄灭在真空中进行，它是依据零点熄弧原理，以真空为熄弧介质工作的。在真空中气体很稀薄，所以将触头置于真空中断开时产生的电弧是由于阴极发射电子和产生的金属蒸气被电离而形成的。当电弧电流接近零时，阴极发射的电子和金属蒸气减少，弧隙中残留的金属蒸气和等离子体向周围真空迅速扩散。这样，电弧可以在数微秒之内由导电状态恢复到真空间隙的绝缘水平。因此，在真空中触头有很高的介质恢复速度、绝缘能力和分断电流的能力。

③ 六氟化硫灭弧。

六氟化硫（$SF_6$）气体是很好的灭弧气体，它能迅速吸附电子成为稳定的负离子，有利于复合去电离。

（3）长弧变短弧。

采用金属栅片灭弧。灭弧栅片一般采用钢片制作。在交流低压开关电器中，当触头间产生电弧时，电弧在磁力线的收缩力作用下被拉入灭弧栅片。一个长弧被分隔成多段短弧，而栅片就是这些短弧的电板。当交流电流过零时，所有短弧同时熄灭，由于近阴极效应，每段短弧的阴极附近都立即出现 150～250V 的起始介质强度，只要所有串联短弧的起始介质强度总和大于触头间的外加电压，电弧将不再重燃。此外，栅片还能吸收电弧热量，使电弧迅速冷却。基于上述原因，电弧进入栅片后就很快熄灭。

（4）灭弧装置。

为了减少电弧对触头的烧损和限制电弧扩展的空间，通常要将以上灭弧方法加以综合利用，为此而采用的装置称为灭弧装置。一个灭弧装置大多综合采用几种方法，以增强灭弧效果。例如，拉长和冷却电弧往往是一起运用的。

① 灭弧罩。

灭弧罩是让电弧与固体介质相接触，降低电弧温度，从而加速电弧熄灭的比较常用的装置。基本构成单元为"缝"。我们将灭弧罩壁与壁之间构成的间隙叫作"缝"。根据缝的数量可分为单缝和多缝。根据缝的宽度与电弧直径之比可分为窄缝与宽缝。缝的宽度小于电弧直径的称窄缝，反之，大于电弧直径的称宽缝。根据缝的轴线与电弧轴线间的相对位置关系可分为纵缝与横缝。缝的轴线和电弧轴线相平行的称为纵缝，两者相垂直的则称为横缝。

② 纵缝灭弧罩。

a. 纵向窄缝

如图 2.1.3.3 所示，其缺点是在频繁开断电流时，缝内残余的游离气体不易排出，这对熄弧不利。因此，此种形式适用于操作频率不高的场合。

b. 纵向宽缝

如图 2.1.3.4 所示，在宽缝中又设置了若干绝缘隔板，这样就形成了纵向多缝。冷却效果加强，熄弧性能提高。此外，由于缝较宽，熄弧后残存的游离气体容易排出，因此这种结构形式适用于较频繁开断的场合。

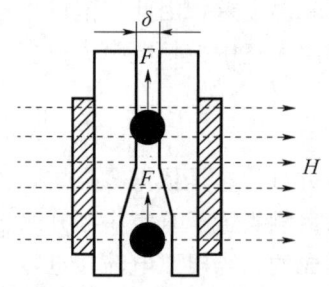

图 2.1.3.3　纵向窄缝式灭弧罩

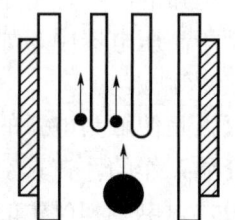

图 2.1.3.4　纵向宽缝式灭弧罩

c. 纵向曲缝隙

又称迷宫式缝隙。缝壁制成凹凸相间的齿状，上下齿相互错开。同时，在电弧进入时，齿较短，越往深处齿越长。这种结构的灭弧罩，一定要配置让电弧运动的力。否则，其灭弧效果反而不好。

③ 横缝灭弧罩。

为了加强冷却效果，横缝灭弧罩往往以多缝的结构形式使用，也就是称为横向绝缘栅片，当电弧进入灭弧罩后，受到绝缘栅片的阻挡，电弧在外力作用下便发生弯曲，从而拉长了电弧并加强了冷却。

（5）磁吹灭弧装置。

如图 2.1.3.5 所示，磁吹线圈 4 接在引出线和静触头 6 之间，通过绝缘套与磁吹铁芯绝缘，导弧角 2 和静触头 6 固装在一起。磁吹线圈 4 中的磁吹铁芯 1 两端各装有一片导磁夹板 5，导磁夹板 5 同时夹于灭弧室两侧，用来加强弧区磁场。设在灭弧室中的动静触头就处在磁板之间。电弧在磁吹力的作用下运动，电弧被拉长，电弧的根部离开静触头而移到导弧角 2 上，进一步拉长电弧，使电弧迅速熄灭。导弧角 2 是根据回路电动力原理设置的，用来引导电弧很快离开触头且按一定方向运动，以保护触头接触面免受电弧的烧伤。

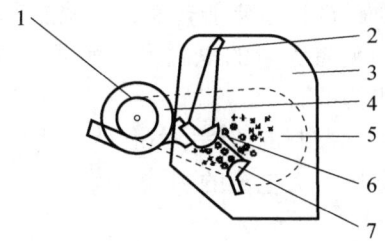

图 2.1.3.5　磁吹灭弧装置示意
1—磁吹铁芯；2—导弧角；3—灭弧罩；4—磁吹线圈；
5—导磁夹板；6—静触头；7—动触头

（6）横向金属栅片。

又称离子栅。横向金属栅片灭弧装置主要用于交流电器。对于直流电弧而言，因无近阴极效应，只能靠成倍提高极旁压降来灭弧。由于极旁压降值较小，要想达到较好的灭弧效果，金属栅片的数量太多，会造成灭弧装置体积庞大，因此直流电器中很少采用。

（7）真空灭弧装置。

真空灭弧室的基本结构如图 2.1.3.6 所示。它也是一个真空开关管的结构，外壳是用玻璃、陶瓷或微晶玻璃等无机绝缘材料做成的，呈圆筒形状，两端用金属盖板封闭组成一个密封容器。外壳内部有一对触头，其中静触头固定在静导电杆的端头，动触头固定在动导电杆的端头。动导电杆通过波纹管和金属盖板的中心孔伸出真空管外。动导电杆在中部与波纹管的一个端口焊在一起。波纹管的另一个端口与金属盖板焊接。波纹管是一种弹性元件，是侧壁呈波浪状的金属管，它可以纵向伸缩。由于在动导电杆和金属盖板之间引入了波纹管，真空开关管的外壳就被完全密封，动导电杆可以前后移动，但不会破坏外壳的密封性。在触头和波纹管周围都设有屏蔽罩。

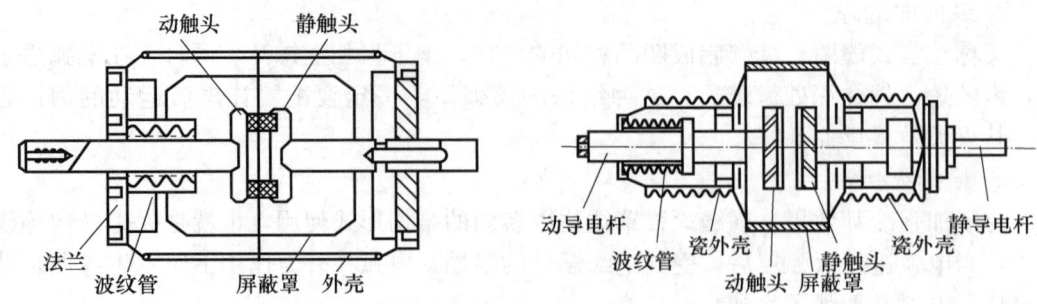

图 2.1.3.6 两种真空灭弧室的结构示意图

# 任务四 传动装置

电器的传动装置是有触点电器用来驱使电器运动部分（触头）按一定要求进行动作的机构。在车辆电器上主要采用的是电磁传动装置和电空传动装置，其次还采用了手动传动装置和机械传动装置，个别的还采用了电动机传动（如调压开关）。

电磁传动装置就是通过电磁铁把电磁能转变成机械能来驱动电器动作的机构，主要用于小型电器。在城轨车辆中装有大量的电磁式接触器、电磁式继电器、自动开关等，它们都是以电磁铁作为传动机构的。

电空传动装置，是以电磁阀控制的压缩空气作为动力，驱使电器运动部件动作的机构，它广泛用于触头开闭高电压、大电流的场合。

## 一、电磁传动装置

电磁传动装置就是一块电磁铁，通过电磁铁将电磁能转变成机械能，带动触头使之闭合或断开。电磁铁的结构形式很多，图 2.1.4.1 所示是几种常见电磁铁的结构形式。

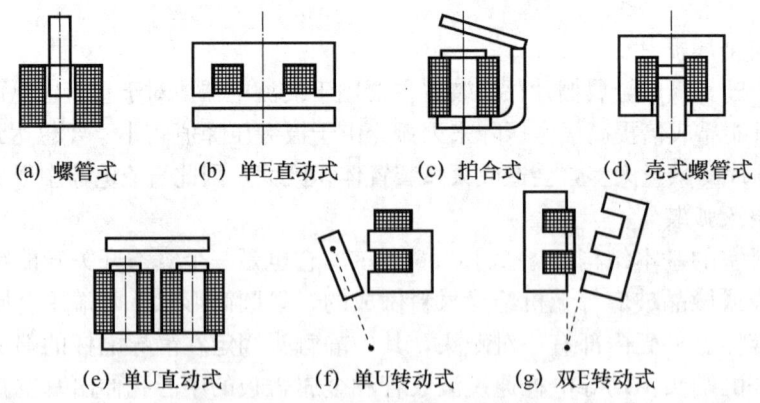

图 2.1.4.1 常见电磁铁的结构形式

**1. 电磁传动装置的基本组成和工作原理**

电磁铁主要由吸引线圈、铁芯、磁轭和衔铁组成。下面以直流接触器和继电器常用的拍合式电磁铁为例，说明其工作原理和各组成部分的用途。

图2.1.4.2所示为一个直流拍合式电磁铁的结构，它由线圈3、极靴2、铁芯4、磁轭5、衔铁1、反力弹簧7和调节螺钉8等组成。线圈3套装在铁芯4上，极靴2与衔铁1之间的气隙称为工作气隙，磁轭5与衔铁1之间的气隙称为棱角气隙。极靴用来增大气隙磁导，并可以压住线圈。非磁性垫片6用来减少剩磁通，以防线圈断电后衔铁被剩磁吸力吸住而不能释放。由于非磁性材料的导磁率和空气的导磁率很接近，认为是一个气隙，称非工作气隙。

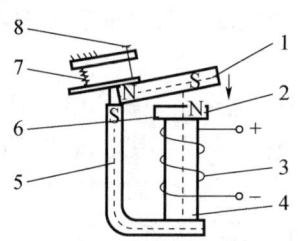

图2.1.4.2 直流拍合式电磁铁的基本组成
1—衔铁；2—极靴；3—线圈；4—铁芯；5—磁轭；
6—非磁性垫片；7—反力弹簧；8—调节螺钉

工作原理：在线圈未通电时，衔铁在反力弹簧的作用下，处于打开位置。当线圈接通电源后，线圈中产生磁势 $F=NI$，形成磁通 $\Phi$，其流向用右手螺旋定则确定（如图2.1.4.2中虚线所示）。根据磁力线流入端为S极、流出端为N极的规定，在工作气隙两端的极靴和衔铁相对的端面上产生异性磁极。由于异性磁极相吸，因此在铁芯和衔铁间产生电磁吸力。当电磁吸力产生的吸力大于反力弹簧反作用力时，衔铁被吸向铁芯，直到与极靴接触为止，并带动触头动作。这个过程称为衔铁的吸合过程。此时，衔铁与极靴之间仍有一个很小的气隙。

当线圈中的电流减小或中断时，铁芯中的磁通变小，吸力也随之减小，如果吸力小于反力弹簧的反力，衔铁在反力弹簧的作用下返回至打开位置。这个过程称为衔铁释放过程。由此可见，只要控制电磁铁吸引线圈电流（或电压）就能通过触头来控制其他电器。

当线圈失电时，触头若是打开的，称为常开触头（也称动合触头）；触头若是闭合的，则称为常闭触头（也称动断触头）。

电磁铁的用途很广，例如在接触器中，利用电磁铁带动触头运动，只要控制电磁铁线圈电流的通断，就能使电磁铁完成某一工作任务，实现自动控制及远距离操纵的目的。在许多继电器中利用电磁铁作为感受元件，它可以反映出电路中电压、电流、功率等参数的变化，对电路及电气设备进行保护和控制。

**2. 电磁铁（电磁传动装置）的分类**

（1）按吸引线圈通电电流的性质分类。

① 直流电磁铁。直流电磁铁线圈通的是直流电流，为恒磁势系统，磁通不随时间而变化，在铁芯中没有涡流和磁滞损耗，铁芯可用整块钢或工程纯铁制造。为了便于制造，铁芯和极靴一般做成圆形，线圈也做成圆形，形状细高，与铁芯配合较紧密。

② 交流电磁铁。交流电磁铁的吸引线圈通的是交流电流，可以认为匝数和磁通有效值不变，为恒磁链系统。但总磁通交变，在铁芯中有涡流和磁滞损耗，一般是用硅钢片叠制而成。为了便于制造，把铁芯制成方形的，线圈往往也制成方形，线圈与铁芯间的间隙较大，以利于线圈散热。

（2）按吸引线圈与电路的连接方式分类。

① 并联电磁铁。并联电磁铁的线圈与电源并联，输入电量是电压，其线圈称并联线圈或电压线圈。其阻抗要求大，电流小，故线圈匝数多且线径细。这种电磁铁应用较为广泛。

② 串联电磁铁。串联电磁铁的线圈与负载串联，反映的是电流量，其线圈称为串联线圈或电流线圈。其阻抗要求小，故其匝数少且导线粗，应用较少。

（3）按衔铁的运动方式分类。

① 直动式电磁铁。

② 转动式电磁铁。

（4）按磁系统的结构形状分类。可分为 U 形、E 形和螺管形。

## 二、电空传动装置

电磁传动装置的特点之一就是电磁吸力随着工作气隙的增大而减小。在需要长行程、大传动力的传动场合，电磁传动装置就无能为力了。而电空传动装置在较大行程下，能保持足够大的传动力。因此，采用电空传动装置，不仅传动功率大，而且比电磁传动装置更经济，有色金属的消耗及动作时的控制电源功率都可以大为减小。

电空传动装置一般用于大功率、高电压、大电流的场合。它以电磁阀（电空阀）控制的压缩空气作为动力，推动活塞（或传动薄膜）运动，以操纵电器触头的分合。

电空传动装置由电磁阀和压缩空气驱动装置组成。

**1. 电磁阀**

电磁阀借助电磁吸力来控制压缩空气管路的导通或关断，从而达到远距离控制气动器械的目的。电磁阀相当于一个气路开关，控制电磁阀即可控制气缸工作。

电磁阀目前已经成为比较重要的车辆电器，应用较为广泛。例如，在城市轨道交通车辆的制动系统、车门系统、空调系统中大量采用了各种电磁阀。对于车门而言，电磁阀通过电磁力来控制驱动气缸压缩空气的多少，从而达到调节开门速度、关门速度以及开门缓冲和关门缓冲的目的。

电磁阀类型较多，但其结构相似，均由电磁机构和气阀两部分构成，工作原理也基本相同。

电磁机构由铁芯座、磁轭、衔铁、线圈、接线座等组成。衔铁下压芯杆，将吸力作用到气阀部分。气阀部分由阀座、上阀门、下阀门、弹簧、阀杆等组成。下阀门控制传动气缸与压缩空气气源间的通路，上阀门控制传动气缸与大气间的通路。

按电磁铁的形式可将电磁阀分为拍合式和螺管式。螺管式电磁阀按作用原理又可分为开式阀和闭式阀。

闭式电磁阀是线圈无电时，压缩空气气源与传动气缸间被阻断的阀，如图 2.1.4.3 所示，其结构为上下布置。其工作原理如图 2.1.4.4 所示：当线圈未通电时，在弹簧及压缩空气的作用下，下阀门关闭，上阀门打开，压缩空气不能进入传动气缸，此时传动气缸与大气相通。当线圈通电后，在电磁吸力的作用下衔铁带动阀杆下移，使上阀门关闭，下阀门打开，此时传动气缸与大气间的通路被截断，打开了气源与传动气缸间的通路，压缩空气即可进入传动气缸。

 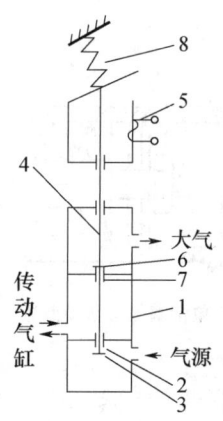

图 2.1.4.3　TFK1B 型电磁阀　　图 2.1.4.4　闭式电磁阀工作原理示意图

1—阀体；2—下阀门；3，6—阀块；4—阀杆；5—电磁铁

7—上阀门；8—反力弹簧

开式电磁阀是线圈失电时，压缩空气气源与传动气缸间相通，而大气与传动气缸间的通路被阻断的阀。

电磁阀是电空传动装置中的一个重要部件，在使用中要经常检查和维护。当电磁阀在运行中发生故障时，应分清是电磁方面的原因，还是气阀方面的原因。电磁方面的故障常表现为衔铁不吸合，此时应检查衔铁动作是否灵活、是否有卡滞现象，线圈是否断线，吸合电压是否正常等。气阀方面的故障经常表现为漏气，原因可能是有污垢、砂子等。

**2. 压缩空气驱动装置**

压缩空气驱动装置有气缸式传动装置和薄膜式传动装置两种。

(1) 气缸式传动装置。

气缸式传动装置分为单活塞压缩空气驱动装置和双活塞压缩空气驱动装置。图 2.1.4.5（a）所示是典型的单活塞气缸传动装置的结构简图。压缩空气通过气缸盖 5 上的进气孔 6 进入气缸。气缸中装有活塞 2。在压缩空气的作用下，活塞 2 克服弹簧 4 的弹力，带动活塞杆 3 向右移动，通过活塞杆驱动触头动作。当通向气缸的气源被切断，且气缸中的压缩空气排出时，活塞在复原弹簧的作用下恢复原位。

这种传动方式的优点：工作行程可以选择，以满足触头开距和超程的要求。其缺点是摩擦力较大，动作较慢。

图 2.1.4.5（b）所示是双活塞气缸传动装置的结构简图，通过一个活塞杆连接两个活塞，均由压缩空气驱动。该装置有两个工作位置。其工作原理是：当气口 1 进入压缩空气、气口 2 通大气时，压缩空气驱动活塞右移。反之，当气口 2 进入压缩空气，气口 1 通大气时，压缩空气驱动活塞左移。

这种传动方式的特点：所控制的行程受一定限制，且对被控制的触头不具有压力的传递。

(2) 薄膜式传动装置。

压缩空气驱动装置的另一种结构形式是薄膜式传动装置，其原理结构如图 2.1.4.6 所示。其实际结构如图 2.1.4.7 所示。

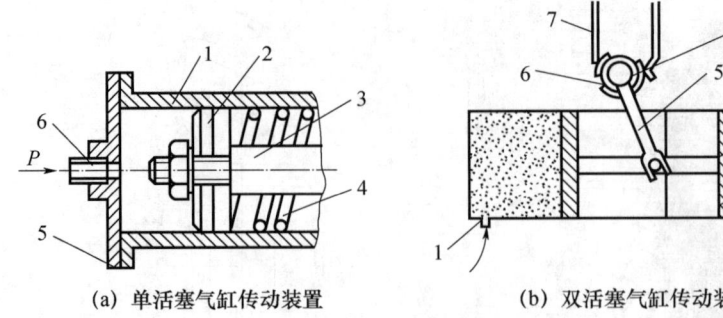

(a) 单活塞气缸传动装置　　　　　(b) 双活塞气缸传动装置

图 2.1.4.5　气缸式传动装置

在 (a) 图中，1—气缸；2—活塞；3—活塞杆；4—弹簧；5—气缸盖；6—进气孔；

在 (b) 图中，1、2—气口；3—活塞；4—活塞杆；5—曲柄；6—转鼓；7—静触头；8—动触头

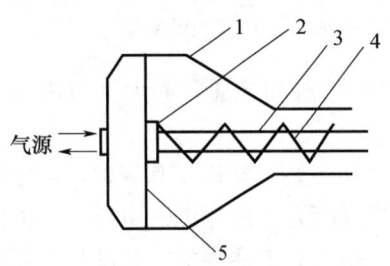　　　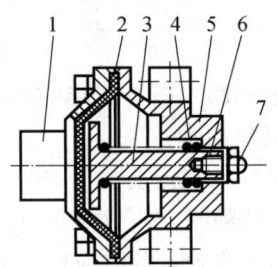

图 2.1.4.6　薄膜式传动装置原理结构　　　图 2.1.4.7　薄膜式传动装置实际结构

1—阀体；2—活塞；3—活塞杆；4—复原弹簧；　　1—气缸盖；2—弹性薄膜；3—活塞杆；4—复原弹簧；

5—橡胶薄膜　　　　　　　　　　　　　　　　5—气缸座；6—衬套；7—杆头

工作原理：当压缩空气进入气缸内，作用在弹性薄膜 2 上的压力大于右侧复原弹簧 4 的反力时，弹性薄膜 2，从而推动活塞杆 3 右移，驱动电器触头闭合。当压缩空气自传动气缸排出时，由于复原弹簧 4 的作用，薄膜回到原来的位置，带动活塞杆 3 也恢复到原位，驱动电器触头断开。活塞杆头部可通过杆头 7 调节其伸出长度。

薄膜式传动装置与气缸传动装置相比，其优点是：动作灵活；驱动触头突然动作，有利于触头断开时熄灭电弧；摩擦力和磨损较小；消耗金属材料较少；维修比较方便。其缺点是：活塞杆行程较短；在低温条件下由于失去弹性，薄膜易开裂，故其使用寿命较短，需要经常更换。

# 项目二　常用的低压电器

低压电器通常是指工作在交流 50Hz、额定电压 1000V 以下或直流额定电压 1200V 以下，根据外界信号接通电路，对电或非电对象进行控制、保护、转换和调节的电气设备。它一般由感测机构（电磁机构）和执行机构（触头系统）两部分组成。城市轨道交通车辆中所用的低压电器包括通用电器和专用电器。

低压电器按不同的分类方法可分为多种类型。

**1. 按用途分**

（1）控制电器：用于各种控制电路中的电器，如地铁车辆中大量使用的接触器、继电器和开关电器等。

（2）主令电器：用于自动控制系统中发送控制命令的电器，如按钮、司机控制器、行程开关和万能转换开关等。

（3）保护电器：主要用于保护设备和电路的电器，如熔断器、电流继电器、电压继电器、热继电器和避雷器等。

（4）配电电器：用于电能的输送和分配的电器，如低压隔离开关、断路器和刀开关等。

**2. 按工作原理分**

（1）电磁式控制电器：根据电磁感应原理工作的电器，如直流接触器、交流接触器及各种电磁式继电器等。

（2）非电量控制电器：靠外力或根据某种非电物理量的变化而动作的电器，如刀开关、行程开关、按钮、压力继电器和温度继电器等。

**3. 按执行机构分**

（1）有触点电器：利用触头的接触和分离来通断电路的电器，如接触器、继电器、电磁阀和刀开关等。

（2）无触点电器：利用电子电路发出的检测信号执行命令并控制电路的电器，如电子式时间继电器等。

**4. 按操作方式分**

（1）自动电器：通过电磁力（或压缩空气）驱动来完成接通、分断电路的电器。常用的自动电器有接触器、继电器等。

（2）手动电器：通过人工来完成接通、分断电路的电器。常用的手动电器有刀开关、转换开关和主令电器等。

# 任务一 继电器

## 一、概述

**1. 继电器的基本组成**

继电器是一种根据电物理量（如电压、电流）或非电物理量（如热、时间、压力、速度等）的变化来接通或断开控制电路，以实现自动控制和保护设备功能的电器，即根据某一输入量来换接执行机构的自动电器。其主要用于控制电路中，用来反映各种控制信号。

所有继电器无论其形状、动作原理有何不同，均可认为是由测量机构、比较机构和执行机构所组成的，其原理如图 2.2.1.1 所示。

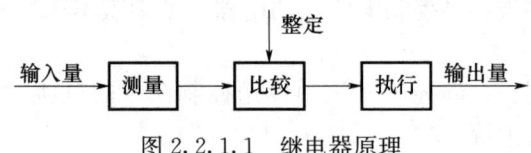

图 2.2.1.1 继电器原理

测量机构的作用是测量输入量并进行相应的物理量转换。例如，电磁继电器的测量机构是线圈和铁芯构成的磁系统，用来测量输入量的大小，并在衔铁上将输入量转换成相应的电磁吸力。

比较机构的作用是将输入量与其预设的整定值进行比较，根据比较的结果决定执行机构是否动作。当电磁继电器的电磁力大于反力弹簧拉力时，衔铁吸合，接点（触头）动作，有输出；当电磁力小于反力弹簧拉力时，衔铁不吸合，接点（触头）不动作，没有输出。

执行机构的作用是根据比较结果执行动作。对有触点电器而言，执行机构就是接点（触头）；对无触点电器而言，执行机构一般是晶体管。电磁式继电器的基本结构如图 2.2.1.2 所示。

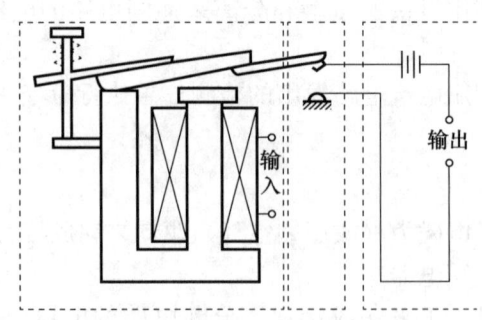

图 2.2.1.2 电磁式继电器的基本结构

**2. 继电器的分类**

继电器的用途广泛，种类繁多，下面根据轨道交通车辆的使用情况来分类。

按用途分，可将继电器分为控制用继电器和保护用继电器等。

按动作原理分，可将继电器分为电磁式、电子式和机械式（温度继电器、压力继电器）等。

按输入电流性质分，可将继电器分为直流继电器和交流继电器。

按输入的物理量分，可将继电器分为有电量继电器和无电量继电器。

城市轨道交通车辆上使用的继电器有过载继电器、过热继电器、延时继电器、中间继电器、接地继电器和差动继电器等。

**3. 继电器的继电特性**

继电器的输入量与输出量之间的关系被称为输入-输出特性，又称继电特性。继电器常开触头的继电特性如图 2.2.1.3 所示。

设输入量为 $X$，输出量为 $Y$。在输入量 $X$ 由零增加到 $X_{动作}$ 以前，继电器不动作，触头不闭合，被控电路的输出端电压为零（$Y=0$）；当输入量 $X$ 增加到参数 $X_{动作}$ 时，衔铁吸合，触头闭合，接通被控电路，使得输出端的输出量由零跳变到最大值 $Y_{max}$，随着输入量的继续增加，输出量均保持 $Y_{max}$ 不变。

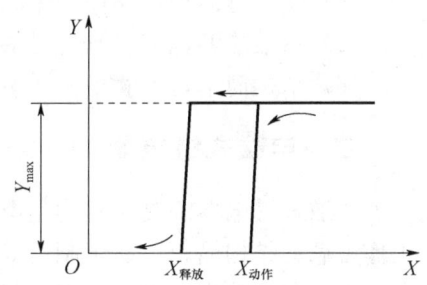

图 2.2.1.3 继电器的继电特性

如果将输入量逐渐减小，在减小到 $X_{释放}$ 时，衔铁释放，触头断开，切断被控电路，输出端的输出量立刻由 $Y_{max}$ 跳变到零；之后随输入的继续减小，输出量均保持零不变。

使继电器动作所需的最小输入量称为继电器的动作参数，用 $X_{动作}$ 表示；使继电器释放所需的最大输入量称为继电器的释放参数，用 $X_{释放}$ 表示。继电器释放参数与动作参数的比值称为返回系数，用 $K_f$ 表示，即 $K_f = X_{释放}/X_{动作}$。返回系数是继电器的重要参数之一。

由继电特性曲线可知，继电器的继电特性实际上是一种连续输入、跃变输出的特性。

**4. 继电器的基本参数**

（1）额定值：输入量及输出量的额定值，如额定电压、额定电流等。

（2）动作值：能使接点闭合的输入物理量中的最小值，也称整定值。继电器动作值的调整，也称继电器参数的整定。对有触点继电器参数的整定，可通过变反力弹簧和工作气隙来实现。对电子继电器参数的整定，可通过改变比较环节的电阻值等来实现。

（3）返回值：能使接点打开的输入物理量中的最大值。

（4）返回系数：继电器的释放参数与动作参数之比，即 $K_f = X_{释放}/X_{动作}$。

返回系数是继电器的重要参数之一，对继电器来说，$K_f < 1$，$K_f$ 越接近 1，说明 $X_{动作}$ 与 $X_{释放}$ 值越接近，继电器动作越灵敏。对控制继电器而言，返回系数要求不高；对保护继电器而言，返回系数要求较高。一般控制电路中的 $K_f < 0.3$，特殊保护电路中的 $K_f \geq 0.8$。例如，过电压继电器的 $K_f = 0.85 \sim 0.95$。

**5. 继电器的特点**

继电器一般不直接控制主电路或辅助电路，而是通过控制其他较大的电器来间接控制主辅电路。同接触器相比,继电器没有灭弧系统,结构简单,体积小,质量轻,动作的准确性要求高。

不同用途的继电器有不同的要求,但不管是哪一种继电器,均应满足以下要求。

(1) 在规定的使用条件下,继电器必须保证高度的可靠性和准确性。

(2) 在规定的使用条件下,继电器应有足够的控制功率,即在触头上有足够的输出量。

(3) 在控制功率较大的情况下,继电器必须有较小的动作功率,即有较高的灵敏度。

(4) 使用寿命长,操作频率高。

(5) 参数能够调节,具有足够的整定值调整范围。

(6) 结构简单,尺寸小,质量轻,便于制造和维修。

## 二、电磁式继电器

电磁式继电器的测量机构是电磁铁,执行机构是触头,如图 2.2.1.4 所示。它具有工作可靠、结构简单、易于制造等特点,因而得到了广泛的应用。电磁式继电器可分为电压继电器、电流继电器、中间继电器、时间继电器和接地继电器等。按照电流的不同,电磁式继电器还可以分为直流电磁式继电器和交流电磁式继电器。

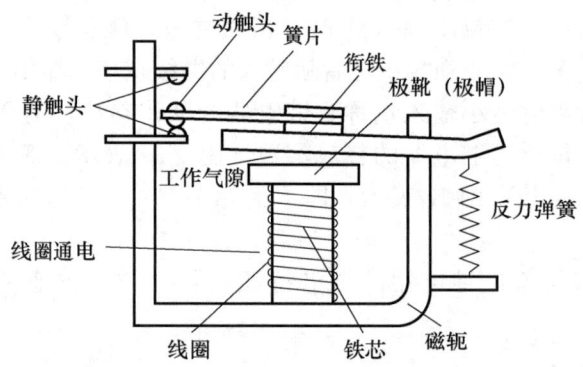

图 2.2.1.4 电磁式继电器结构示意图

**1. 电流继电器**

根据线圈中的电流大小,接通或断开电路的继电器称为电流继电器。电流继电器的输入量是电流信号,故使用时电流继电器的线圈与负载电路串联。其特点是线圈匝数少而线径较大,阻抗小,分压小,不影响电路正常工作。电流继电器一般接在主回路中,起过电流保护作用,在电路中文字符号为 KC。

在地铁车辆中,由于主回路中有牵引电动机这样的负载,在工作过程中发生短路的情况是比较少的,而过流故障却是常有的。如牵引电动机在大的启动电流下缓慢启动,电动机在反复短时工作制时的操作频率过高,牵引电动机长期带负载欠压运行,电动机经常反接、制动等,都易引起电动机过载。而过载的出现会对电动机的工作及绝缘性能产生较大的影响,甚至会引起重大火灾事故,因而必须加以防护。

电流继电器的测量机构为一个拍合式电磁铁。当主回路正常工作时,由于工作电流远小于电流继电器的动作整定值,因此电流继电器处于释放状态,其常闭触头闭合,常开触头断开,主回路正常工作。当线圈中的电流超过整定值后,电磁吸力大于反力弹簧的拉力,静铁芯吸引衔铁动作,使常闭触头断开,切断控制回路,从而保护了主回路。调节反力弹簧,可以调节电流继电器的动作电流值。

**2. 电压继电器**

电压继电器的输入量是电压信号,线圈匝数多而线径小。使用时电压继电器线圈与负载并联,主要起控制作用。常用的电压继电器有过电压继电器和欠电压继电器。

电压继电器的功能:当交流电压或直流电压超过预设的限制值时,电压继电器吸合。其前面板上有一个选择开关,可选择是用于欠压检测还是用于过压检测。在继电器的前面板上有个透明挡板,用来防止对设定值的误操作。

电压继电器的应用:直流电动机的超速控制,蓄电池电压的监测,交流电源和直流电源监测。其测量范围是 50mV~500V。

(1) 过电压继电器在电路电压为额定电压的 105%~120%时吸合,对电路实现过电压保护。

(2) 欠电压继电器在电路电压正常时吸合,当电路电压减小到额定电压的 50%左右时释放,对电路实现欠电压保护。例如,地铁车辆的蓄电池采用欠电压保护继电器,当蓄电池电压低于 77V 时,欠电压保护继电器动作释放,以保护蓄电池不受损害。

**3. 中间继电器**

中间继电器的作用是传递信号或同时控制多个电路,主要用于改变控制电路的工作状态,以增加触点的数目及容量,传递中间信号以实现控制。其动作参数无须调整。中间继电器的文字符号为 KA。

主要结构:固定铁芯、动铁芯、吸引线圈、触点簧片、动触点、静触点、接线端子及外壳等。

工作原理:线圈通直流电时,在电磁力的作用下,动铁芯被吸向固定铁芯,带动触点动作,使常开触点闭合,常闭触点断开。当线圈断电时,动铁芯在弹簧的作用下复原,带动触点复位,即常开触点断开,常闭触点闭合。

主要特点:采用模块化结构,体积小,质量轻,动作灵敏、可靠,电气绝缘性能很好,等等。

**4. 接地继电器**

(1) 制动工况下的接地保护用接地继电器。

接地继电器主要用于制动工况下主回路中的接地保护。

接地继电器的结构与过流继电器基本相同,也是由拍合式的电磁机构和触头系统两大部分组成。在制动工况下,当主回路某处发生接地故障,电流达到整定值(0.2~0.3A)时,接地继电器动作,常闭触头打开,从而保护主回路不受故障的影响(图 2.2.1.5)。

(2) 牵引工况下的接地保护用差动继电器。

主回路在牵引工况下的接地保护一般使用的是差动继电器(用于所有牵引电动机串联的情况)。差动继电器属于拍合式电磁机构,它有两组线圈,即低压线圈和电流线圈(只有 2 匝),它是利用两组线圈的电流差工作的。

差动继电器的工作原理如图 2.2.1.6 所示。正常工作时，2 匝电流线圈通过的电流方向相反，产生的磁场方向相反，因此电磁吸力相互抵消，差动继电器不动作。牵引工况中，当主回路出现接地故障时，电流有泄漏（$I_地$），$I_1 = I_2 + I_地$，即 $I_1 > I_2$，使得电流线圈产生的电磁吸力不相等，在铁芯周围产生的磁场吸力克服了弹簧的拉力，衔铁吸合，差动继电器动作（动作值为 80A），常闭联锁打开，切断了主回路，达到保护主电路的目的。

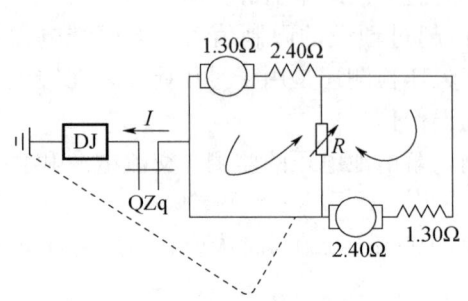
图 2.2.1.5 接地继电器的保护原理示意图

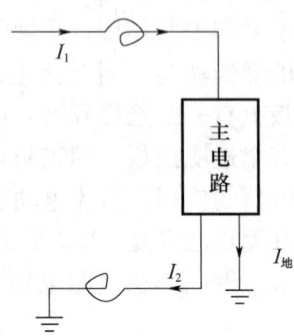
图 2.2.1.6 差动继电器工作原理示意图

### 5. 时间继电器

时间继电器是接收信号后，经过一定时间才输出信号（即触头动作）的继电器，用于实现触头延时接通或断开。

时间继电器的种类很多，有电磁式、空气阻尼式、电子式时间继电器。电子式时间继电器按构成分为晶体管式和数字式两种，按输出形式分为有触头型和无触头型两种，按延时方式分为通电延时型和断电延时型两种。

（1）通电延时型时间继电器：接收输入信号（线圈通电）后，经过一定时间输出信号才发生变化，即经过一定时间后常开触头闭合，常闭触头断开；当输入信号消失后，输出信号瞬时复原。

（2）断电延时型时间继电器：接收输入信号（线圈断电）后，瞬时产生相应的输出信号，即常开触头闭合，常闭触头断开；当输入信号消失后，经过一定时间输出信号才复原，即常开触头断开，常闭触头闭合。时间继电器的文字符号为 KT。

## 三、热过载继电器

所谓热过载继电器，是利用输入电流的热效应而做出相应动作的一种继电器，属于非电量继电器。

热过载继电器主要用于对异步电动机的过载保护，它具有反时限保护特性（被保护元件的过流允许通过时间与其电流值的大小成反比，即电流越大，所允许通过的时间越短）。

热过载继电器是利用流入热元件的电流产生热量，使有不同热膨胀系数的双金属片发生弯曲变形，推动传动机构动作，最终实现过载保护。由于是过载发热而引起动作的电器，其动作值自然要低于回路中主要电器零部件的允许温度值，这样就可以限制过载电流而起到保护作用。热过载继电器在地铁车辆中的空调单元、辅助电动机等工作回路中均有广泛应用。

**1. 基本结构**

热过载继电器主要由发热元件、双金属片、触点、传动机构和调整机构组成。发热元件是一段阻值不大的电阻丝，串联在被保护电动机的定子绕组中。常闭触点串联在交流接触器的电磁线圈控制电路中。

双金属片是由两种热膨胀系数不同的金属，用机械碾压而成（或焊接而成）的，一端被固定，另一端为自由端。受热后，双金属片向膨胀系数小的金属侧弯曲（图2.2.1.7）。

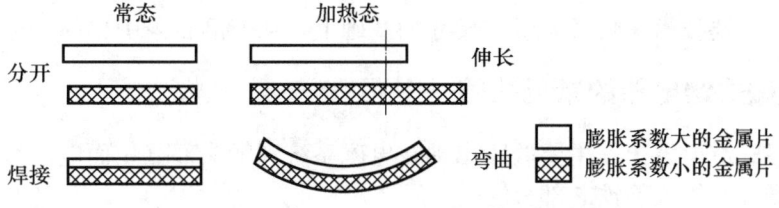

图2.2.1.7 双金属片工作原理

**2. 工作原理**

热过载继电器的工作原理如图2.2.1.8所示。

当电动机正常工作时，通过发热元件的电流是电动机的额定电流，双金属片受热弯曲，但变形较小，不足以推动传动机构，因而电动机正常运行。

当电动机出现过载时，电动机绕组中电流增大，双金属片受热后温度继续升高，弯曲程度加大，达到一定程度时就推动导板动作，通过传动机构使常闭触点打开，

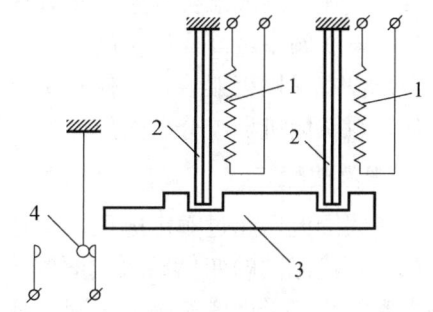

图2.2.1.8 热过载继电器工作原理示意
1—热元件；2—双金属片；3—导板；4—触点复原

切断控制电路，从而使交流接触器电磁线圈失电释放，保护电路断开，实现了电动机的过载保护。

热继电器动作后一般不能自动复位，而要等双金属片冷却后按下复位按钮进行复位。热继电器动作电流的调节可以借助旋转凸轮来实现。

由于热惯性，当电路短路时，热过载继电器不能立即动作使电路立即断开，因此不能用作短路保护。同理，在线路短时过载时，热过载继电器也不会动作，这可避免线路不必要的断电。每一种电流等级的热元件，都有一定的电流调节范围，一般应调节到与线路额定电流相等，以便更好地起到过载保护作用。

### 四、继电器的选用

继电器是现代工业生产中不可缺少的自动化组件，也广泛应用于交通行业。其品种多、用量大。因此，充分了解各种继电器的性能、参数和使用条件，正确地选择和使用继电器，是确保继电器及其控制和保护对象可靠工作、正常运行的关键。

选用继电器的方法如下。

（1）根据被控制或保护对象（可以是电量或非电量）的具体要求，确定所采用继电器的种类。

（2）确定控制和被控制电路的基本参数，如控制电路（继电器线圈电路）的线圈数量，电流的种类，继电器动作、释放和工作状态的电流、电压或功率值以及它们的变化范围；被控制电路的常开和常闭接点的数量，电路中的电流种类（直流或交流）及其大小，负载的电阻和电感量（即 $R$ 和 $L$ 值）等。

（3）根据控制和被控制电路对继电器的要求，在考虑使用寿命、工作制、使用条件、继电器各主要技术参数及质量和尺寸的基础上，从产品目录中选择合适的继电器。

### 五、电磁式继电器的常见故障

对于电磁式继电器，其主要故障出现在电磁系统和触头部分，而电磁系统的故障主要集中在线圈、衔铁及静铁芯部分。

**1. 触头故障**

（1）负载过大或触头容量过小，引起触头无法通断电路。

（2）电压过高或触头开距变小，导致触头间隙重新击穿。

（3）电源频率过高或触头间电容过大，导致无法准确分断电路。

（4）没有采用灭弧装置，使触头有较大的电磨损。

（5）触头因机械咬合、熔焊而产生无法断开的现象，使触头无法分断电路。

**2. 线圈故障**

（1）线圈电压超过额定电压，导致线圈烧坏。

（2）环境温度的变化导致线圈温升增加（超过允许值），引起线圈绝缘损坏；环境潮湿引起绝缘水平下降；腐蚀引起内部断线或匝间短路。

（3）当接上交流电时，可能由于传动机构失灵或卡死等原因，造成衔铁不能闭合而使线圈烧坏。

**3. 磁路故障**

（1）棱角和转轴的磨损，导致衔铁转动失灵或卡死。

（2）在有些直流继电器中，由于机械磨损或非磁性垫片损坏，衔铁闭合后的最小气隙变小，剩磁过大，导致衔铁不能释放。

（3）对于交流继电器，噪声多半是由分磁环断裂引起的。

**4. 其他**

其他故障包括：各种零件产生变形或松动，机械损坏，镀层裂开或剥落，各带电部分与外壳间的绝缘强度不够，反力弹簧因疲劳而失去弹性，各种整定值调整不当，产品已达额定寿命等。

继电器故障的原因很多，除了要求生产厂商确保质量外，正确使用和认真维修也是减少故障、保证可靠工作的重要措施。

### 六、继电器的维修

由于地铁车辆电器的工作条件恶劣，各继电器及部件的性能与参数将随着工作任务与使用时间的改变而改变,而且经常受到各种偶然因素的影响。因此,必须对这些情况进行长期监视和及时了解,对可能出现的各种异常现象加以预防,对某一继电器或继电器的某一部件产生的故障及时处理,以确保各继电器的使用寿命,从而保证车辆正常而可靠地工作。因此,坚持预防为主的方针,建立必要的维修制度,对继电器进行经常的和定期的维修是十分必要的。

尽管继电器型号不同,检修方法也有区别,但是在检修时都应按以下要求进行。

(1) 继电器活动部分的动作应灵活、可靠,外罩及壳体应无损坏或缺少零件等情况。

(2) 继电器线圈引出端子及外部连接线必须牢固、可靠,电磁继电器吸引线圈的阻值必须符合有关技术规定。

(3) 有指示件的继电器应检查指示件的自锁和释放作用,保证其正确、可靠。

(4) 绝缘状态良好,磨耗件及易损件(包括胶木件、外罩,分磁环、非磁性垫片等)有缺损时应更新,各连接部分的紧固状态应良好。

(5) 继电器触头厚度、开距、超程及终压力等技术参数,必须符合有关规程和工作文件的要求。

(6) 调整继电器动作参数的整定值,并加漆封固定。有特殊要求时,还应测量继电器的返回系数。

(7) 继电器的检修工作除一般的清扫、检查外,主要内容是测量继电器的技术参数并调整其动作的整定值,即上述第(5)条和第(6)条。

地铁车辆上装有电磁式继电器、非电量继电器和电子式继电器。从继电器的输入输出特性可知,继电器只有当输入量达到其规定的动作参数值时才会动作,即电磁式继电器在达到规定的电压、电流值,或非电量继电器达到规定的压力、温度或速度时,继电器才动作,并带动相应的联锁触头接通或分断相应的控制电路,将车辆的故障情况或正常运行情况准确地显示出来。由此可见,继电器的动作参数是继电器准确动作的决定性因素,而调节继电器动作参数的过程,即对继电器的整定过程就显得尤为重要。因此,在车辆维修时,主要的任务之一就是对全部继电器进行重新整定、校检。继电器整定值的调试应由专职人员在专用的试验台上进行。电磁式继电器可采用调整反力弹簧、初始气隙及非磁性垫片等措施来调整动作值。一般地,调整初始气隙可改变其动作值,调整非磁性垫片可改变其释放值,而调整反力弹簧则可同时改变动作值和释放值。应当注意的是,各继电器整定完毕后应铅封或漆封,以防错动而影响整定值。必要时,某些继电器在检修后还应做振动试验、触头压力测试及接触电阻测试。

# 任务二 接触器

## 一、概述

### 1. 接触器定义

接触器是用来接通或切断带有负载的主电路或大容量控制电路的自动切换电器。在城市轨道交通车辆上应用于频繁地接通或切断正常工作情况的主电路和辅助电路。与其他开关电器相比,具有动作次数频繁,能通、断较大电流,可以实现一定距离的控制等特点。

**2. 接触器的组成**

接触器的结构种类很多,但对于任何一种接触器来说,一般均由以下几部分组成。

(1) 传动装置。

传动装置包括驱使触头闭合的装置和开断触头的弹簧机构以及缓冲装置,用来可靠地驱使触头按规定要求动作,完成接触器本身的职能。

(2) 触头装置。

触头装置由主触头和联锁触头两部分组成。

主触头由动、静主触头和触头弹簧支持件等组成。它是接触器的执行部分,用于直接实现电路的通、断。主触头接通和分断的是主电路,额定电流比较大,通常为数安到数百安,甚至可能高达数千安。

联锁触头(又称辅助触头),通常由两对以上常开联锁触头和两对以上常闭联锁触头组成。用于控制其他电器、信号或电气联锁等。它接通和分断的是控制电路,额定电流只有5~10A。

常开联锁触头指的是接触器的吸引线圈失电时处于断开状态的触头;与此相反,常闭联锁触头指的是接触器吸引线圈失电时处于闭合状态的触头。

联锁触头与主触头是联动的,在接触顺序上要求主触头闭合前常开联锁触头应提前闭合,常闭联锁触头应滞后分断;主触头分断时常开联锁触头应同时或提前分断,常闭联锁触头应同时或稍滞后闭合。

联锁触头与灭弧系统通常在产品上要分开安装,以防电弧弧焰的危害。

(3) 灭弧装置。

灭弧装置一般与主触头配合使用,主要用于熄灭触头开断电路时产生的电弧,减少电弧对触头的破坏作用,保证触头可靠地工作。根据电流的性质、灭弧方法和原理,可以制成各种灭弧装置。

(4) 支架和固定装置。

属于非工作部分,用于合理地安装和布置电器各部件,使接触器构成一个整体。支架和固定装置应有足够的机械强度,并能对内部部件起到保护作用,保证接触器达到一定的寿命。

**3. 接触器的分类**

接触器的用途很广,种类繁多,一般有以下几种分类方法。

(1) 按传动方式分。

主要有电磁接触器和电空接触器之分。电磁接触器采用电磁传动装置,电空接触器采用电空传动装置。电磁接触器一般应用于车辆的辅助电路中;电空接触器应用于主电路中。

(2) 按通断电流的种类分。

有交流接触器和直流接触器之分。这里指的是主触头通、断电流的种类,它与传动方式无关,如主触头通、断的是交流电,则不管它采用的是直流电磁机构传动、交流电磁机构传动还是电空传动，都称交流接触器。

（3）按主触头所处的介质分。

可分为空气式接触器、真空式接触器和油浸式接触器。空气式接触器的主触头敞在大气中，采用的是一般的、常用的灭弧装置。而真空式接触器的主触头却密封在真空装置中，它利用的是真空灭弧原理，具有很高的切换能力。

（4）按接触器同一传动机构所传动的主触头数目分。

可分为单极接触器和多极接触器。单极接触器只有一对主触头，多极接触器有两对以上的主触头，它们分别用于控制单相和多相电路。

**4. 接触器的基本要求**

根据接触器的用途和工作特点，对接触器有以下几个基本要求。

（1）切换能力。

切换能力又称开闭能力、通断能力，是指接触器的主触头在规定条件下能可靠地接通和分断的电流值。在此电流值下接通和分断负载时，不应发生熔焊、飞弧和过分磨损等现象。保证接触器能在较坏的条件下可靠地工作。

接触器的主触头虽然不要求开断短路电流，但它还是有可能在大于额定电流的情况下接通或切断负载电路的，此时触头可能引起严重烧损，甚至发生熔焊等故障。因此，必须规定接触器在一定的条件下接通和切断高于额定电流和电压的具体指标，也就是说必须规定它的切换能力。

（2）动作值和释放值。

指接触器的动作电压（或电流、气压等）和释放电压（或电流、气压等）。电磁式接触器的动作电压应不低于80%线圈额定电压；释放电压要有较低的上限值（不高于70%线圈额定电压）和较高的下限值（交流接触器不低于20%线圈额定电压，直流接触器不低于5%线圈额定电压）。

（3）操作频率。

操作频率指接触器在每小时内允许操作的次数。接触器的操作频率越高，每小时开闭的次数就越多，触头及灭弧室的工作任务也就越重，对交流接触器来说，线圈受到的冲击电流及衔铁铁芯受到的冲击次数也就越多。

操作频率直接影响到接触器的电气寿命和灭弧室的工作条件，对于交流接触器还影响到线圈的温升，因此，这是一个重要的技术指标。目前，常用的接触器操作频率有每小时150次、300次、600次和1200次等几种规格。

（4）机械寿命和电气寿命。

机械寿命指的是接触器在无负载操作下无零部件损坏的极限动作次数。电气寿命指的是接触器在规定的操作条件下（带负载操作），且无零部件损坏的极限动作次数。由于接触器的操作频率较高，为了保证一定的使用年限，应有较长的机械寿命和电气寿命。目前，接触器的机械寿命一般可达数百万次甚至一千万次以上，而电气寿命则按不同的使用类别和不同的机械寿命级别有一定的百分比，一般为机械寿命的5%~20%。

（5）动作时间和释放时间。

动作时间（又称闭合时间）是指从电磁铁吸引线圈通电瞬时起到衔铁完全吸合所需要的时间；释放时间（又称开断时间）是指从电磁铁吸引线圈断电瞬时起到衔铁完全打

开所需要的时间。为了对有关电路能准确可靠地进行控制，对接触器的动作时间也有一定的要求，如：直流接触器的闭合时间一般为 0.04～0.11s，开断时间为 0.07～0.12s；交流接触器的闭合时间一般为 0.05～0.1s，而开断时间为 0.1～0.4s。

接触器除应满足以上基本参数的要求外，电磁接触器还应满足在 85% 额定控制电压下能保证接触器正常工作。

## 二、电磁接触器

### 1. 直流电磁接触器

（1）基本结构。

接触器的传动装置为直流拍合式电磁铁，衔铁和铁芯均采用整块钢制作，线圈中通直流电。触头系统包括主触头和辅助触头。灭弧系统由灭弧罩及灭弧装置组成，只设在主触头上，如图 2.2.2.1 所示。

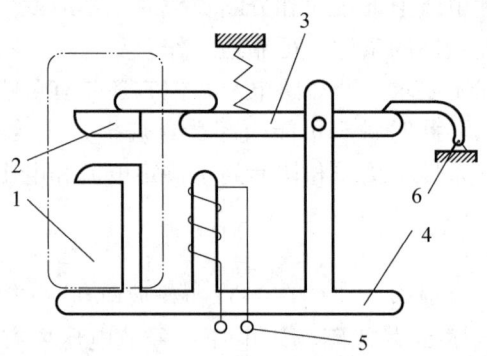

图 2.2.2.1 直流电磁接触器的基本结构
1—灭弧罩；2—主触头；3—衔铁；4—铁芯；5—线圈；6—辅助触头

地铁车辆在辅助电路和控制电路中使用的接触器均为电磁接触器，直流电磁接触器应用在控制电路中（图 2.2.2.2），交流电磁接触器主要应用在辅助电路中。

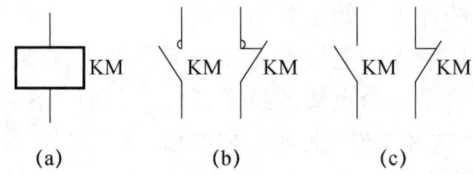

图 2.2.2.2 直流电磁接触器的图形符号

（2）工作过程。

当吸引线圈未通电时，衔铁在反力弹簧的作用下处于释放状态，使常开触头打开，常闭触头闭合；当吸引线圈通电时，铁芯与衔铁之间产生电磁吸力，当电磁吸力大于弹簧的反力时，铁芯将衔铁吸下，同时带动常开触头闭合，常闭触头打开；当吸引线圈失电时，电流减小，若反力弹簧反力大于铁芯与衔铁间的电磁吸力，则衔铁返回，同时带动常开触头打开，常闭触头闭合。在主触头打开过程中产生电弧时，由灭弧系统进行灭弧。

**2. 交流电磁接触器**

(1) 基本结构。

交流电磁接触器主要由电磁系统、触头系统、灭弧系统和其他部分组成，其结构如图 2.2.2.3 所示，其文字符号、图形符号如图 2.2.2.4 所示。

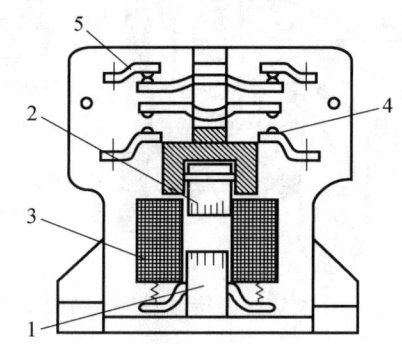

图 2.2.2.3　交流电磁接触器结构示意图
1—铁芯；2—衔铁；3—线圈；4—常开触头；5—常闭触头

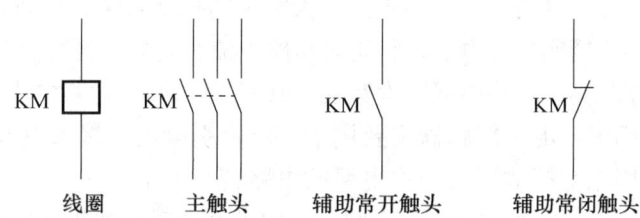

图 2.2.2.4　交流电磁接触器的文字符号及图形符号

电磁系统包括电磁线圈和铁芯，一般为单 E 直动式。交流接触器的铁芯由硅钢片叠压而成，以减少铁芯中的涡流损耗，避免铁芯过热。在铁芯上装有短路环，以减少吸合时产生的振动和噪声。电磁线圈一般制成粗而短的圆筒形，并与铁芯之间有一定的间隙，以免与铁芯直接接触而受热烧坏。电磁线圈的额定电压一般有 380V、220V、110V、36V 等。

触头系统包括主触头和辅助触头，主触头用于接通和分断主电路，控制较大的电流；辅助触头用于控制电路中，起电气联锁作用。交流接触器一般有 3 对主触头、2 对常开辅助触头及 2 对常闭辅助触头。交流接触器的触头大部分采用直动式双断点桥式触头。

灭弧系统用来迅速熄灭主触头在分断电路时所产生的电弧，以保证主触头不受电弧灼伤，使分断时间缩短。对于较小容量的接触器，采用双断点桥式触头，主要是利用电动力灭弧。对于大容量的接触器，则采用纵缝灭弧罩及灭弧栅（短弧灭弧方式）。

(2) 工作过程。

交流电磁接触器的工作过程与电磁铁的工作过程类似。通电和断电后的工作过程分别如下：线圈通交流电→线圈电流建立磁场静铁芯产生电磁吸力→吸合衔铁→带动触头动作→常开触头闭合，常闭触头断开；线圈断电→电磁吸力消失→反作用弹簧使衔铁释放→各触头复位。

电动列车上的交流电磁接触器般用在三相 380V 电路上，如空调单元压缩机控制接触器。图 2.2.2.5 所示为电动列车上所用的交流电磁接触器基本结构。

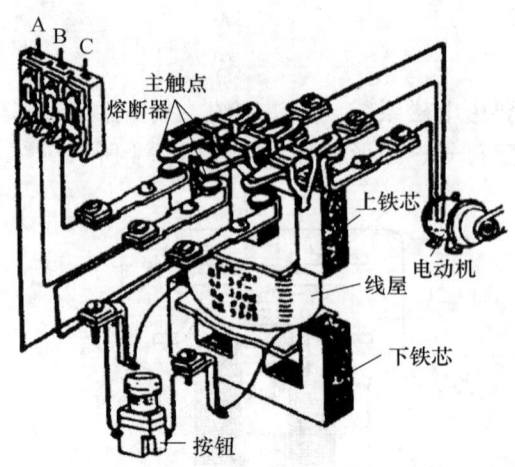

图 2.2.2.5 交流电磁接触器基本结构示意图

## 三、电空接触器

电空接触器是用来通断有负载的主电路和大容量的控制回路的自动电器,主要用于通断正常工作电流,而不通断故障电流,特别是短路电流。它的主要特点是能实现远距离的自动控制,操作频率较高(每小时通断次数在 150~1500 次),通断电流大,应用范围广。

在轨道交通车辆中,电空接触器主要用于控制牵引电动机接入电源、短接电阻及进行磁场削弱等。采用电空接触器通断主电路的电路特点如下。

(1) 主电路电流大(一般在几百安以上),触头闭合时需要很大的压力。

(2) 主电路的电压较高,触头的开距要大,故需较大的行程。

基于上述情况,如果采用电磁接触器,就必须有较大的电磁功率,而电磁装置体积较大,因而将导致控制功率增大。采用压缩空气作为动力,仅需功率不大的电磁阀控制气路即可。

电空接触器主要由触头系统、灭弧系统、传动系统和支架构成。其中,触头系统由主触头和联锁触头组成,灭弧系统由磁吹线圈、导磁极板、导弧角和灭弧罩组成;传动系统由电磁阀、传动风缸、传动杆组成。其结构如图 2.2.2.6 所示。

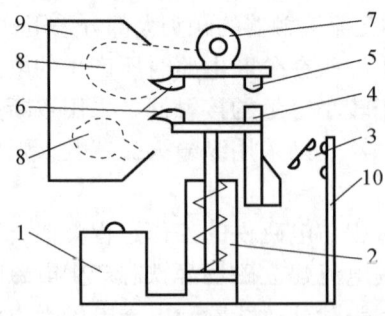

图 2.2.2.6 电空接触器结构示意图

1—电空阀;2—风缸;3—触头组;4—动触头;5—静触头;6—导弧角;
7—磁吹线圈;8—导磁极板;9—灭弧罩;10—支架

动作原理：当电磁阀线圈无电时，电磁阀的下阀门关闭，压缩空气不能进入气缸，电空接触器处于释放状态。当有外来指令信号后，电磁阀线圈得电，动铁芯被吸下，下阀门打开，上阀门关闭，切断通大气的通路。此时，电磁阀控制的压缩空气进入气缸，克服反力弹簧的反力，推动活塞上移，经活塞杆带动传动杆向上运动，从而带动触头运动，完成它的闭合任务。

当电磁阀线圈失电时，气缸排气，活塞轩及传动杆、触头等在反力弹簧的作用下复原，使动、静触头分离。同时，在动、静触头之间产生的电弧，在磁吹线圈产生的磁吹力作用下沿导弧角进入灭弧室内，经强烈的冷却和消游离作用而熄灭。

## 任务三　主令电器

在自动控制系统中，主令电器是专门用来发出控制指令或信号，接通或断开控制电路，改变控制系统工作状态的电器。主令电器可以直接作用于控制电路，也可以通过电磁式电器的转换对电路实现控制。主令电器按其作用可分为按钮开关、万能转换开关、行程开关和刀开关等。

### 一、按钮开关

**1. 功能及分类**

按钮开关是一种手动的、可以自动恢复（即自复式）的主令电器，应用非常广泛。通过按钮之间的电气联锁，按钮开关可实现对其他电气设备的控制和保护。其主要用于远距离操作接触器和继电器，以切换自动控制电路。

按钮开关按结构形式分为旋钮式（用于动旋钮进行操作）、指示灯式（按钮内装有信号灯）和紧急式（装有蘑菇形钮帽）。

在城市轨道交通车辆上设置的按钮开关有开、关门按钮，发车按钮，停放制动按钮，紧急制动蘑菇按钮和司机主控制手柄（司机控制器）上的警惕按钮等。其中，紧急制动蘑菇按钮安装在司机台上，表面呈红色。当发生紧急情况时，司机按下此按钮，列车将实施紧急制动（空气制动），受电弓降下，直到列车完全停止。司机主控制手柄上的警惕按钮是用于确认列车处于司机控制状态的控制按钮，用力按下此按钮时，它会自锁，使其触头保持断开状态，列车正常运行；当超过 3s 或 5s（各城市地铁参数有所不同）未按下时，则会产生紧急制动以保证列车安全。

**2. 基本结构**

按钮开关的基本结构如图 2.2.3.1 所示，它一般由按钮帽、复位弹簧、动触头、静触头、外壳及接线柱组成。其外形如图 2.2.3.2 所示，图形符号如图 2.2.3.3 所示。

工作中为了便于识别不同作用的按钮，避免误操作，通常将按钮帽做成不同的颜色。常用的颜色有红、绿、黑、黄、蓝、白、灰等。《机械电气安全　机械电气设备　第 1 部分：通用技术条件》中对按钮操动器的颜色做了如下规定。

（1）"停止"和"急停"按钮必须是红色的。当按下红色按钮时，必须使设备停止工作后断电。

（2）"启动"按钮必须是绿色的。

（3）"启动"与"停止"交替动作的按钮必须是黑色、白色或灰色的，不得使用红色和绿色。

（4）"点动"按钮必须是黑色的。

（5）"复位"（如保护继电器）按钮必须是蓝色的。当"复位"按钮还有"停止"作用时，则必须是红色的。

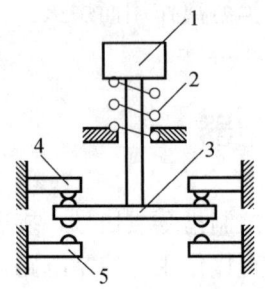

图2.2.3.1 按钮开关的基本结构示意图
1—按钮帽；2—复位弹簧；3—动触头；
4—常闭触头；5—常开触头

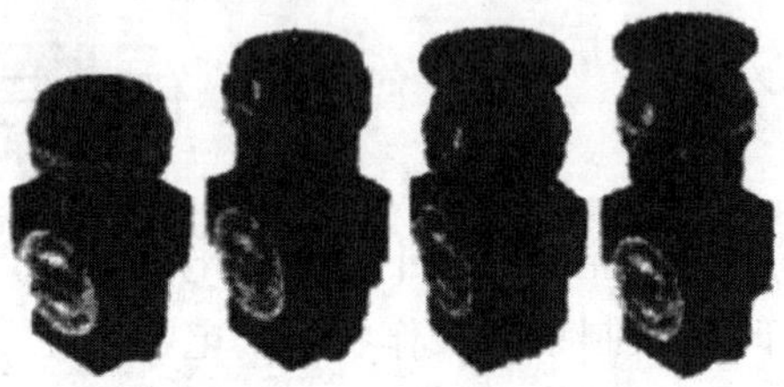

图2.2.3.2 按钮开关的外观

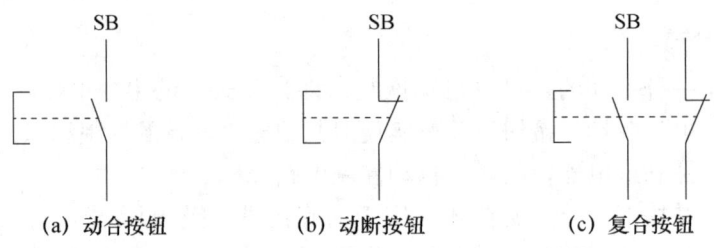

(a) 动合按钮  (b) 动断按钮  (c) 复合按钮

图2.2.3.3 按钮开关的图形符号

## 二、万能转换开关

万能转换开关又被称为转换开关，是一种多挡式、可控制多回路的主令电器，也是一种由多组相同结构的触头组件叠装而成的手动电器。由于其触头挡数多，换接电路多，故被称为万能转换开关。它一般用于电机的故障隔离、电气联锁、电源控制等远距离控制。车辆中的照明开关、故障转换开关、头灯开关等也会用到万能转换开关。

图2.2.3.4所示为万能转换开关的外形及某一层的触头开闭情况。当手柄转到不同位置时，通过凸轮的作用，触头按需要接通或断开电路。

万能转换开关由 $n$ 层组成，每一层的结构及原理都是一致的，主要由操作机构、定位装置（凸轮）、触点、接触系统、转轴、手柄等部分组成。触点在绝缘基座内，为双断点桥式结构。人们在使用万能转换开关时依靠凸轮和支架进行操作，控制触点的闭合和断开。

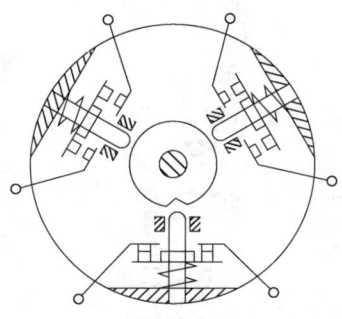

图 2.2.3.4　万能转换开关某一层的触头示意图

常用的万能转换开关有 LW2、LW5、LW6、LW12、LW15 等系列，其外形如图 2.2.3.5 所示。

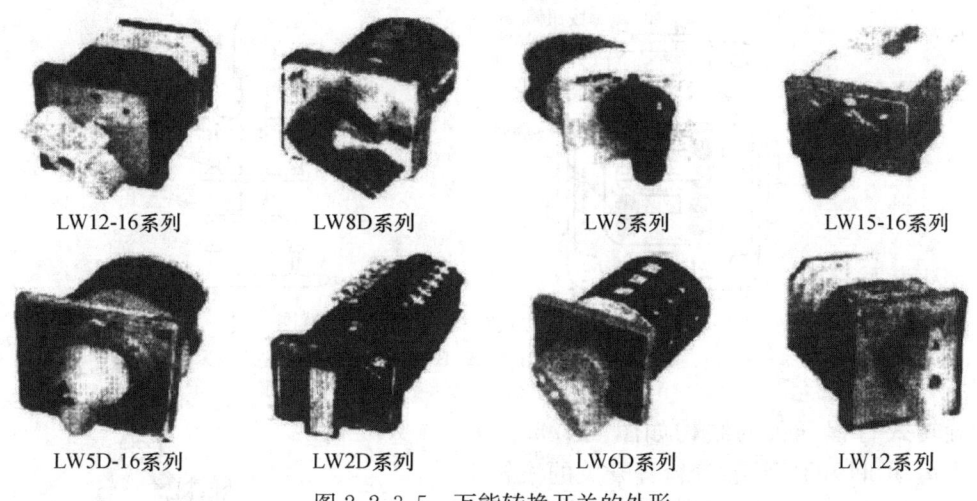

图 2.2.3.5　万能转换开关的外形

## 三、行程开关

行程开关又称限位开关或位置开关，其作用和按钮开关相同，是一种常用的小电流主令电器。它是一种利用运动部件的行程位置来实现控制的电器，也可用作限位保护。在电气控制系统中，行程开关的作用是实现顺序控制、定位控制和位置状态的检测。行程开关有两类：一类是以机械行程直接接触驱动，可作为输入信号的行程开关和微动开关；另一类是以电磁信号（非接触式）作为输入动作信号的接近开关。

行程开关主要由操作头、触头系统和外壳组成。其中，操作头是开关的感应测量部分。常用行程开关的外形如图 2.2.3.6 所示。其作用原理是：将行程开关安装在预先安排的位置，当运动部件上的撞块撞击行程开关的操作头时，行程开关的触头动作，实现电路的切换。行程开关按结构可分为直动式和旋转式，而旋转式又分为单轮旋转式和双轮旋转式。

直动式行程开关的结构示意图如图 2.2.3.7 所示。当运动机械的挡铁撞到行程开关的顶杆 1 时，顶杆受压使常闭触头 3 断开，常开触头 5 闭合；当顶杆上的挡铁移走后，顶杆在弹簧 2 的作用下复位，各触头又恢复原始通断状态。

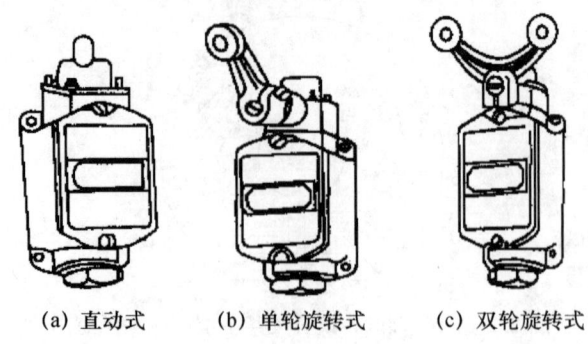

(a) 直动式　　(b) 单轮旋转式　　(c) 双轮旋转式

图 2.2.3.6　常用行程开关的外形

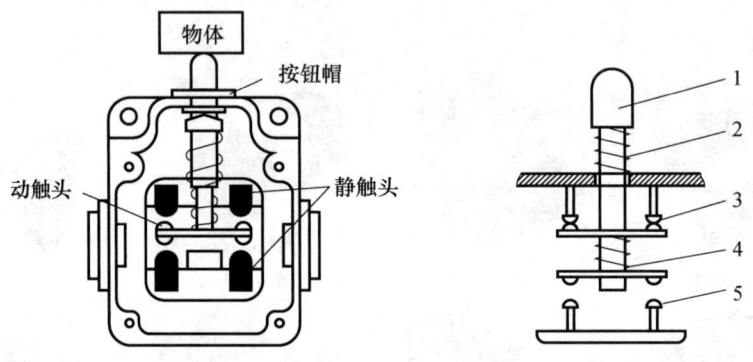

图 2.2.3.7　直动式行程开关结构示意图

1—顶杆；2—弹簧；3—常闭触头；4—触头弹簧；5—常开触头

旋转式行程开关的结构如图 2.2.3.8 所示。当运动机械的挡铁撞到行程开关的滚轮 1 时，行程开关的杠杆 2 连同转轴 3、凸轮 4 一起转动，凸轮将撞块 5 压下。当撞块被压至一定位置时便推动微动开关 7 动作，使常闭触头断开，常开触头闭合。当滚轮上的挡铁被移走后，复位弹簧 8 又使行程开关各部件恢复到原始位置。

在实际应用中，行程开关是利用运动部件的碰压而使触头动作，从而接通或断开控制电路，达到控制的目的。在城市轨道交通车辆中行程开关主要用于检测车门开关状态。

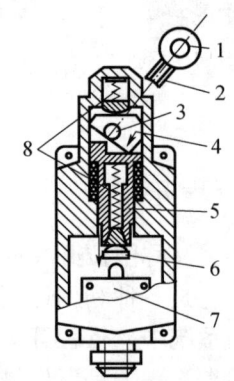

图 2.2.3.8　旋转式行程开关结构示意

1—滚轮；2—杠杆；3—转轴；4—凸轮；5—撞块；6—调节螺钉；7—微动开关；8—复位弹簧

车门进行开、关动作时，行程开关把机械动作传递给触头系统，触头系统再将机械信号转变为电信号，反映到车门的监控回路，使司机随时了解车门的开、关状态。

### 四、刀开关

刀开关又称闸刀开关，是一种结构简单、手动控制的低压电器。它一般用于将交、直流电路中的电源断开，同时能将电路与电源明显隔开，以保证检修人员的安全。刀开关也可以用作故障开关。

刀开关按刀的极数可分为单极、双极和三极刀开关，按是否有灭弧装置可分为不带灭弧罩的刀开关和带灭弧罩的大容量刀开关。

## 任务四　低压断路器

低压断路器又被称为自动空气开关，是一种结构较为复杂、动作性能较为完整、极常用的配电保护电器，广泛用于供电支路的过载、过流和短路保护。断路器的可靠性比熔断器更高，因为对于三相电路而言，使用熔断器时，很可能只有一相的熔断器熔断，会造成断相运行。而使用断路器时，只要有短路发生都会使开关跳闸，将三相电源同时切断。

### 一、低压断路器的特点

（1）能开断较大的短路电流，分断能力较强。
（2）具有对电路过载、短路的双重保护功能。
（3）允许操作频率低。
（4）动作值可调，动作后一般不需要更换零部件。

### 二、低压断路器的分类

（1）按用途分，可分为保护配电线路用、保护电动机用、保护照明电路用和漏电保护用四类。
（2）按结构形式分，可分为框架式和塑料外壳式两种。

框架式低压断路器为敞开式结构，要求快速断开，特别是大容量的低压断路器多用此种结构。例如，框架式低压断路器多用作配电网络的保护开关。塑料外壳式低压断路器的结构紧凑、体积小、质量小，且具有安全保护的塑料外壳，因而使用安全可靠，适于单独安装。它除了用作配电网络的保护开关外，还可用作电动机、照明电路以及电热器电路等的控制开关。

（3）按极数分，有单极、两极、三极和四极等类型。
（4）按限流性能分，有不限流型和快速限流型两种。
（5）按操作方式分，有直接手柄操作式、杠杆操作式和电磁铁操作式三种。

### 三、基本结构

低压断路器的外形如图 2.2.4.1 所示，它主要由触头系统、灭弧装置、各种脱扣器、脱扣机构和操作机构组成。

**1. 触头系统和灭弧装置**

触头系统是断路器的执行元件，用于接通和分断相关电路。分断电路时保护断路器的触头，以减小触头的电磨损。

图 2.2.4.1　低压断路器外形

**2. 脱扣器**

脱扣器是断路器的感测元件。当脱扣器接收到电路的故障信号后，脱扣机构动作，使触头分断。低压断路器的工作原理如图2.2.4.2所示。

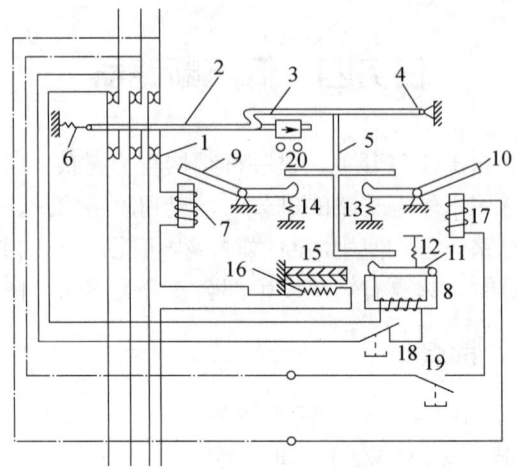

图2.2.4.2　低压断路器的工作原理示意图

1—主触点；2—锁键；3—搭钩；4—转轴；5—杠杆；6、12、13、14—弹簧；
7—过电流脱扣器；8—欠电压脱扣器；9、10、11—衔铁；15—热脱扣器双金属片；
16—热元件；17—分励脱扣器；18、19—按钮；20—合闸电磁铁

（1）正常接通和分断。

主触点1串接在被保护的三相主电路中，通过操作机构合闸后，主触点1由锁键2保持在闭合状态，锁键由搭钩3支持着，电路接通正常工作。当需要断路器正常分断时，通过操作机构由杠杆5将搭钩顶开（搭钩绕轴4转动），锁键和主触点被弹簧6拉开，电路分断。

（2）远距离分闸。

分励脱扣器17能通过按钮19实现远距离分闸。正常工作时，分励脱扣器的线圈没有电流。当需要远距离操作时，按下按钮使线圈通电，电磁铁带动自由脱扣机构动作，使断路器跳闸，切断电路。也可由继电保护装置动作来实现自动跳闸。

**3. 欠电压保护**

欠电压脱扣器8线圈并联在主电路上，相当于一个电压继电器。正常工作时，脱扣器线圈的电压是额定电压，电磁力使衔铁1吸合，断路器保持合闸状态。当电路电压过低或消失时，电磁吸力小于弹簧12的拉力，衔铁11被弹簧12拉开，衔铁撞击杠杆5，顶开搭钩，使主触点断开，从而实现欠电压保护功能。

**4. 过电流保护**

过电流脱扣器7相当于一个电流继电器，脱扣器的线圈串接于电路中。正常工作时，脱扣器线圈的电流是额定电流，断路器保持合闸状态。当电路发生短路或产生很大的过电流时，过电流脱扣器产生的电磁吸力将衔铁9吸合，衔铁撞击杠杆5，顶开搭钩，使主触点断开，从而将电路分断。

**5. 过载保护**

热脱扣器相当于一个无触点的热继电器，脱扣器的线圈串接于电路中。正常工作时，断路器保持合闸状态。当电路发生过载时，过载电流流过热元件（电阻丝）16，使热脱扣器双金属片15受热弯曲，通过杠杆5顶开搭钩，使主触点断开，从而起到过载保护的作用。

# 项目三　车辆典型电器

## 任务一　受流器

### 一、概述

城市轨道交通车辆通过受流器与接触导线（架空接触网或接触轨）滑动接触，从供电电网吸收电能。受流器是城市轨道交通车辆与固定供电装置之间的唯一电连接环节。

受流器按其受流方式可分为以下 5 种形式。

**1. 杆形受流器**

杆形受流器外形为两根平行杆，上部有两根导线，属于上部受流方式。它广泛用于城市无轨电车。

**2. 弓形受流器**

弓形受流器形状如弓，属于上部受流方式。弓可升可降，与一根导线接触而受流，下面与导电轨构成电路回路，一般用于城市有轨电车。

**3. 侧面受流器**

侧面受流器在车顶的侧面受流，又称旁弓，多用于矿山的电力机车。

**4. 轨道式受流器**

轨道式受流器从底部导电轨受流，又称第三轨受流。这种受流方式的特点是空间利用率好，列车速度较快。它主要用于城市轨道交通中的地铁、轻轨。

**5. 受电弓受流器**

受电弓受流器属于上部受流方式，与弓形受流器类似，与一根导线接触而受流。其特点是列车速度快，且可以获得较好的受流质量。它主要用于干线电力机车和城市轨道交通车辆。图 2.3.1.1 所示为常用受电弓结构。

城市轨道交通接触网系统一般采用直流供电，目前世界各国城市轨道交通的供电电压大多为 DC600～3000V。我国城市轨道交通将 DC750V 和 DC1500V 列为直流牵引供电系统的标准电压等级。

我国城市轨道交通车辆受流器大多采用了受电弓和集电靴两种形式。当电压为 DC1500V 时，多采用架空接触网供电方式，由安装在车辆顶部的受电弓集电，如上海和广州地铁及其他一些城市采用了 DC1500V 供电电压制式。其原因是架空接触网供电方式可实现长距离供电，且受线路变化的影响较小，线路损耗低，能量损耗少，同时会减少整个牵引系统的电流容量，能适应列车高速行驶的需要。

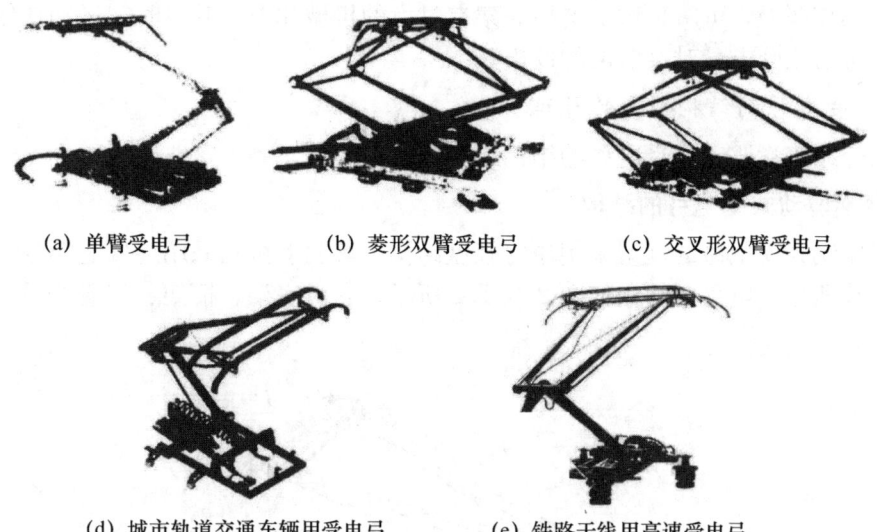

(a) 单臂受电弓　　(b) 菱形双臂受电弓　　(c) 交叉形双臂受电弓

(d) 城市轨道交通车辆用受电弓　　(e) 铁路干线用高速受电弓

图 2.3.1.1　常用受电弓结构

目前也有采用电压为 DC1500V 接触轨即刚性接触网供电方式的，主要是为了满足城市景观的需要，如广州 4 号线和深圳 3 号线。重庆 2 号线采用的是跨座式单轨 DC1500V 刚性接触轨系统供电，由导电弓在侧面受流。当电网电压为 DC750V 时，一般采用接触轨（第三轨）供电方式，由集电靴集电，如北京地铁，天津轻轨，武汉轻轨 1 号线、地铁 2 号线和 4 号线均采用了 DC750V 供电电压制式。

## 二、受电弓

受电弓通过绝缘子安装在电动车辆的 B 车车顶上，当受电弓升起时，通过碳滑板与架空导线接触，将直流电通过车顶母线传送到电动车辆内，以供车辆用电。车辆运行时，碳滑板沿架空导线滑动并保持良好的接触。受电弓的升与降是司机通过操作受电弓控制开关进行控制的。受电弓一般设有机械止挡，以限制受电弓在无接触网区段上的垂直运动。

（一）受电弓的分类

(1) 按结构形式分，有单臂型和双臂型。

(2) 按驱动形式分，有气动式和电动式。

(3) 按压缩空气驱动方式分，有气缸驱动型和气囊驱动型。

一般地铁车辆、轻轨车辆采用轻型单臂受电弓，由于地铁运行速度较低、额定工作电压较低、集取电流大，因此弓头一般采用两根或四根滑板来稳定电流，以满足地铁车辆集取大电流的要求。

（二）对受电弓的基本要求

对受电弓的基本要求是：升弓时，对接触网无有害冲击；降弓时，对受电弓底架无有害冲击。这些要求均由传动装置来保证。传动装置还应使受电弓在升降开始时动作迅速，在升降快到位时动作比较缓慢。降弓开始时动作迅速，可使受电弓很快断弧；运动快结束时动作缓慢，可防止对受电弓底架有过大的机械冲击。升弓时，运动快结束时动作缓慢，可防止受电弓对接触网的冲击。

（三）受电弓的结构与工作原理

下面介绍气囊驱动式受电弓的结构与工作原理。

**1. 气囊驱动式受电弓的结构**

气囊驱动式受电弓的框架采用单臂轻型结构，其驱动机构采用双气囊驱动式。成都地铁1号线所用受电弓的结构如图2.3.1.2所示，它由底架、框架、气囊升弓装置和弓头等组成。

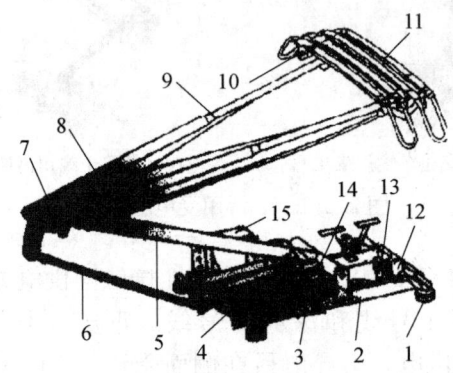

图 2.3.1.2 气囊驱动式受电弓的结构示意图

1—绝缘子组装；2—底架电流连接装置；3—底架组装；4—阻尼器组装；5—下臂杆组装；6—拉杆组装；
7—肘接电流连接组装；8—平衡杆组装；9—上框架组装；10—弓头电流连接组装；11—弓头组装；
12—气路（含ADD自动降弓装置）；13—降弓位置指示器；14—升弓装置组装；15—气阀箱

（1）底架：由4根矩形无缝钢管组焊而成。底架上安装有阻尼器，以缓解在降弓时受电弓的运动部分（铰链机构与弓头）对底架及车顶的冲击。

（2）铰链系统：由下臂杆组装、上框架组装和拉杆组装构成。下臂杆由无缝钢管组焊而成。上框架由铝管组焊而成。上框架上安装有对角线杆，用于增加上框架的刚度。铰链系统的各关节处采用免维护轴承连接。铰链系统与底架起构成受电弓的四杆机构。该四杆机构保证弓头转轴的运动轨迹呈一条近似铅垂的直线。

（3）气囊升弓装置：主要由两组在受电弓横向上对称布置的气囊、蝴蝶座以及钢丝绳构成。其特点是外形美观、结构简单、质量较轻。压缩空气作用下的气囊，与气囊连接并被拉伸的钢丝绳，焊接在下臂杆上的扇形调整板，共同产生受电弓升弓时所需的升弓转矩以及受电弓升起后与接触网之间的接触压力。

（4）弓头：由滑板、弓角、弓头转轴和弓头悬挂装置构成。滑板采用长800mm、宽60mm的浸金属碳滑板，可满足承受短时最大电流4000A的要求。滑板内设置ADD（自动降弓装置）气道，并在国内首次采用硅胶气管。弓头悬挂装置采用两组橡胶弹簧元件和导杆组焊并呈V形排列的结构。橡胶弹簧元件在使用期内免维护。弓头悬挂装置使弓头具有一定的自由度。当运行区段上的接触线高度变化较小时，只需通过弓头悬挂装置的补偿来保持接触压力的基本恒定，受电弓铰链系统则保持稳定。

(5) 气阀箱与气路：气阀箱安装在受电弓底架上，是受电弓气路的控制装置，主要集成了过滤阀、精密调压阀、单向节流阀和安全阀，用于对受电弓气路的过滤、压力调整、流量控制及安全保护，可以用来精确调整受电弓的升、降弓时间以及与接触线之间的接触压力。如图 2.3.1.3 所示，由车辆进入受电弓的压缩空气在经过气阀箱后被分为两条支路：一条支路通向升弓气囊，用于控制受电弓的升、降弓；另一条支路通向 ADD，用于监测和反馈滑板运行状态，执行故障情况下的自动保护功能。

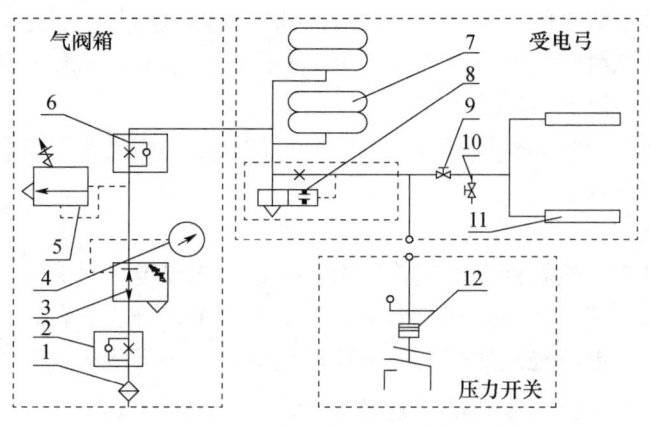

图 2.3.1.3 受电弓气路工作原理图

1—过滤阀；2—升弓节流阀；3—调压阀；4—压力表；5—安全阀；6—降弓节流阀；
7—气囊；8—快排阀；9—ADD 截止阀；10—ADD 试验阀；11—滑板；12—压力开关

### 2. 气囊式受电弓工作原理

(1) 升弓过程。

司机按下升弓按钮后，供风单元内的升弓电磁阀得电动作，压缩空气通过受电弓进入气阀箱。进入气阀箱的压缩空气依次经过空气过滤器、单向节流阀、调压阀、气压表、单向节流阀、安全阀，进入气囊升弓装置。气囊膨胀抬升，并带动钢丝绳对下臂杆产生升弓转矩，弓头在下臂杆的驱动下向上升起，直到受电弓弓头上的滑板与接触线接触并保持在设定的接触压力下，同时，压缩空气通过管路经快排阀向带有气道的受电弓滑板供气。

另外，此种受电弓还采用了气压反馈方式，采用压力开关反馈升弓到位信号，即设置了升弓到位指示装置。其工作方式是：当车辆开始升弓，对受电弓供风时，受电弓气路压力不断增大。当气压增大到约 300kPa 时，受电弓弓头开始离开落弓位置逐渐升起，在弓头上升的过程中，气压维持在 300kPa 左右并小幅波动，直到弓头与接触线接触，弓头不再上升。此时，气路压力将继续升高，弓头与滑板间开始建立接触压力。气路压力在 420～450kPa 时，接触压力达到额定值（100±10）N。因此，升弓到位信号适宜气路压力在 300～420kPa 且接近 420kPa 时送出，此时，压力开关的常开触头闭合。

(2) 降弓过程。

司机按下降弓按钮后，电磁阀失电，向受电弓供应的压缩空气被切断并将受电弓气路与大气连通，则气囊升弓装置排气，受电弓靠自重下降，脱离与接触线的接触，从而使接触网与车辆之间的电源供应被切断。受电弓最后下降至弓头转轴，保持在受电弓底架的两个橡胶止挡上。同样，该受电弓也设置了降弓到位指示装置，采用机械行程开关提供降弓到位信号。

（3）气囊式受电弓 ADD。

正常情况下，滑板的气路压力与气囊的气路压力相等，ADD 上快排阀进气口、出气口压力差为零，压力开关的常开触点闭合，DDU 显示受电弓工作正常。当受电弓滑板破裂或磨损到极限时，通向滑板的气压下降，而通向气囊的气压不变。当压力差达到快排阀的动作值时，快排阀打开，将通向滑板和气囊的气路与大气连通，同时压力开关常开触点由闭合状态跳转为断开状态，DDU 显示受电弓故障。由于升弓气囊的压缩空气排向大气，受电弓迅速自动降下。

滑板若存在微小裂缝和少量漏气，但能够正常升弓，则属于正常允许范围，不影响受电弓的正常工作。

（4）电气系统。

由上述分析可知，接触网的电流首先由碳滑板流入受电弓弓头，然后依次经过上框架、下臂杆后流入底架。在弓头到上框架、上框架到下臂杆、下臂杆到底架的连接处都用铜线连接。最后，电流经过底架上的电流连接板、车顶母线进入车辆电气系统。

（四）接触压力及受电弓的动、静态特性

**1. 受电弓的接触压力**

受电弓的受流性能在很大程度上取决于接触压力。因此，受电弓与接触导线间的可靠接触和相互作用是保证车辆良好受流的重要条件。接触压力也是受电弓的重要技术参数之一。

受电弓在静止状态下或受电弓在缓慢移动时（惯性效应忽略不计），受电弓滑板在工作高度范围内对接触网导线的压力称为受电弓的静态接触压力。该值的大小直接影响受流质量。

列车运行时，受电弓滑板沿接触导线滑动，若接触压力太小，则接触电阻增大且易跳动，使供电时断时续，导致接触不良甚至引起火花或电弧；若接触压力太大，则摩擦加大，增加滑板和导线磨损，缩短其使用寿命。因此，适当的接触压力可以使受电弓与接触网导线正常接触，减少离线，克服风和轮轨传来的机械振动的影响，以保证良好的受流性能。因此，要求受电弓的机械结构能保证滑板在工作高度范围内具有相同的接触压力。

受电弓各关节的摩擦力（阻力）对接触压力也有影响，当受电弓降低时，摩擦力使压力增加；当受电弓升高时，摩擦力又使压力减小。因此，为使上升压力同下降压力之差尽可能小，必须采取措施减小摩擦力。

接触导线与受电弓之间的接触压力是衡量受流性能的一个重要标准（保证牵引电流顺利流通）。弓网实际接触压力一般由以下四部分组成。

（1）受电弓升弓系统施加的使之向上的垂直力，即静态接触压力（70N 或 90N）。

（2）接触网悬挂本身存在弹性，在受电弓抬升作用下会产生不同程度的上升，从而使受电弓在运行中产生上下波动，使受电弓产生一个与其本身归化质量相关的上下交变的动态接触压力。

(3) 受电弓在列车运行过程中受空气流作用会产生一个随速度增大而迅速增大的气动力。

(4) 受电弓各关节在升降过程中会产生阻尼力。

**2. 受电弓的动、静特性**

受电弓在静止状态下或缓慢移动时，受电弓静态接触压力与受电弓工作高度的关系称为受电弓的静特性。

车辆运行时，受电弓随着架空接触导线高度的变化而上下运动。因此，接触压力不仅与受电弓的静特性有关，还与受电弓上下运动的惯性力即受电弓的动特性有关。

受电弓的归化质量与受电弓提升高度的关系称为受电弓的动特性。

运动速度不大时，接触压力可视为静态接触压力；随着运动速度的提高，接触压力与受电弓的运动特征有关。在动能相等的情况下，把受电弓运动系统的质量归化到滑板上，该质量称为归化质量。为了在动态情况下取得较稳定的接触压力，就要设法减小归化质量。要减小归化质量，可以减小受电弓各部分的质量，受电弓应尽可能轻些，以增加接触悬挂的弹性均匀性，特别是减小上部结构质量，如采用较轻的铝合金材料。

（五）受电弓的维修与调整

由于受电弓安装在车顶，且安装区域是开放式的，因此受电弓的工作环境相当恶劣。因此，在日常检修作业中，受电弓是重点检修的部件之一。每隔 5 年应对受电弓进行一次大修。

受电弓检修分为部件清洗和部件检修两大类。将受电弓从车顶拆下之前，应使用固定挂钩将上部框架固定在底架上。在分解受电弓之前应松开张力弹簧，然后依次拆除电桥连接线、滑板机构、上部框架、下部框架及传动气缸。组装时按相反顺序进行。

**1. 部件清洗**

受电弓分解完毕后，应清洗所有部件。

**2. 部件检修**

（1）滑板。

滑板是受电弓最易磨损的部件，它直接与接触网接触。为了最大限度地减小接触导线的磨损，滑板的材质应比接触导线软。在检修中主要检查滑板的磨损及损伤情况。当滑板磨损到最大磨损界限（一般为底部离上部槽口 2～3mm）或者滑板上有较大的缺口时，必须更换滑板。

（2）框架部分。

主要检查框架部分是否有变形或弯曲现象。若有变形或弯曲，一般采用冷整形方式整形恢复，如果无法整形则更换新的框架。

（3）轴承。

拆下轴承后，应检查轴承是否有锈蚀或点蚀现象。如果有这些现象则需更换轴承。受电弓组装完毕后，应对所有轴承进行润滑。

（4）电桥连接线。

电桥连接线一般由多股铜导线编织而成，在检修中应检查连接线是否有断股现象。对于断股的连接线应予以更换。对于电桥连接线的接线端子，需清洁并打磨接触表面。

(5) 绝缘子。

在检修中应检查绝缘子外观是否有裂纹或损伤。如绝缘子表面有炭粉和污垢堆积，无法清除时，可采用抛光方式处理。对于表面有裂纹、损伤的绝缘子应予以更换。检查完毕后，还应测试绝缘子耐压及绝缘电阻。

(6) 传动气缸。

将传动气缸分解后，应检查活塞部件的磨损情况，并更换所有的橡胶密封件。气缸组装完毕后，应通气检查气缸工作情况。

受电弓在使用前，应检查以下项目：所有紧固件状态是否良好；编织导线是否完整，断股严重的应及时更换；绝缘子不允许有裂痕并应保持其清洁；滑板中间应平整，无严重偏磨现象，对已磨损到限的滑板，应及时更换，更换后，整个滑板顶面应平滑。

检修完毕后，要对受电弓进行调整和测试。在整个工作高度内应进行接触压力测试，主要检查静态接触压力并让其恢复到规定值。此外，还要检查传动风缸内降弓弹簧刚度。调整时，整个调整过程是在匀速上升或下降状态下进行的。

调整步骤：将受电弓升至最大工作高度；在弓头横向杆上放测力计；慢慢地拉动测力计，使受电弓降弓，再升弓；读出这个过程的接触压力，如果接触压力在（120±10）N范围内，则不用调节，否则必须转动调节螺钉调节接触压力到正确范围内。

升降弓时间的调整：连接气路；调节安全阀，使气压达到规定值；调节升弓节流阀，使升弓时间在7~8s；调节降弓节流阀，使降弓时间在7~8s。

滑板机构的调节：调节垂向自由度，调节滑板机构两端弹簧盒的特性，调节滑板机构的可动性。

### 三、集电靴（取流靴）

集电靴受流装置主要应用于第三轨供电方式的线路，集电靴安装在车辆转向架构架两侧靠车辆外侧中部的位置。所有动车转向架构架均装有两套受流器，而拖车仅一台转向架装有两套受流器。每个受流器的安装托架用4个螺栓固定在转向架构架的侧梁下面。

接触轨是沿轨道线路敷设的与轨道平行的附加导电轨，因而又称第三轨或简称三轨。第三轨一般安装在线路行车方向的左侧。接触轨材料一般采用低碳钢或钢铝复合材料。

（一）受流形式

根据集电靴受流位置的不同，可分为上部受流、下部受流和侧部受流三种形式。国内应用较多的是上部受流和下部受流方式。几种受流接触轨如图2.3.1.4~图2.3.1.6所示。

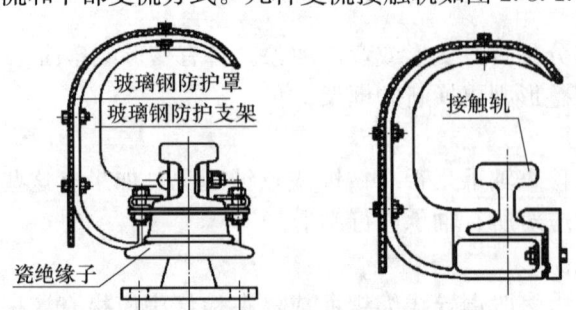

图2.3.1.4　上部受流接触轨示意图

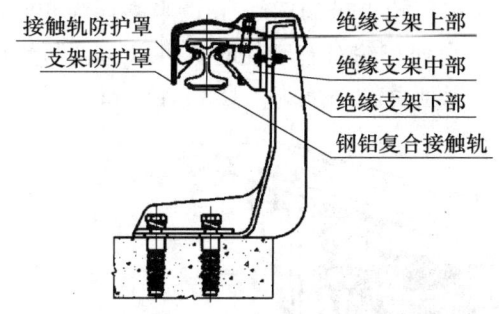
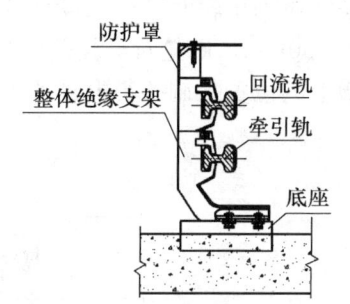

图 2.3.1.5　下部受流接触轨示意图　　　图 2.3.1.6　侧部受流接触轨示意图

**1. 上部受流**

第三轨上部受流如图 2.3.1.7 所示。上部受流的特点是：集电靴从上向下压向第三轨轨头，从第三轨顶面受取电流。受流器的接触力是由下作用弹簧进行调节的，受流平稳。由于接触轨端部弯头的过度作用，能够减少在断电区的电流冲击。

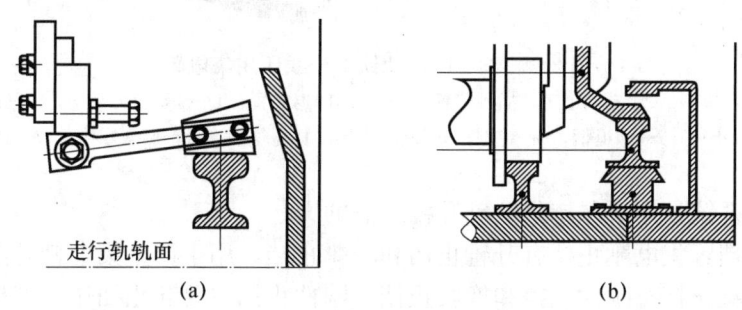

图 2.3.1.7　第三轨上部受流示意图

上部受流方式施工简单、费用较低、接触面积大且磨损小、检修方便、维护简单、寿命长，但线路速度不能太高。北京地铁 1、2、4、5、10、13 号线和八通线均采用上部受流方式。

**2. 下部受流**

下部受流的特点是：第三轨的轨面朝下安装，车辆受流器通过与接触轨的下底面接触而受取电流。天津地铁 1 号线、武汉轨道交通 1 号线、广州地铁 4 号线均采用下部受流方式。

下部受流的优点是防护罩从上部通过橡胶垫直接固定在第三轨周围，安全性好，表面灰尘、杂物少，能遮挡雨雪，有利于防止下雪和冰冻造成的取流困难，受流效果比较好；但这种方式安装结构较复杂，费用较高。图 2.3.1.5 所示为集电靴与第三轨下部接触的情况。

（二）集电靴的结构

广州地铁 4 号线的集电靴的结构如图 2.3.1.8 所示。

调整支架：通过调整螺栓 11，可以整体调整集电靴高度，主要是调整臂轴 8 的高度。

调整丝槽：调整丝槽共有 20 个槽，每个丝槽的距离为 4mm，调整范围为 80mm。

这主要是针对列车轮对磨耗来设计的，因为列车新轮直径为 730mm，半磨耗为 690mm，全磨耗为 650mm，即轮对磨耗范围是 80mm。当列车轮对有磨耗时，可以通过调整集电靴在丝槽上的位置来调整集电靴臂轴的高度，保证臂轴高度为（183±4）mm。

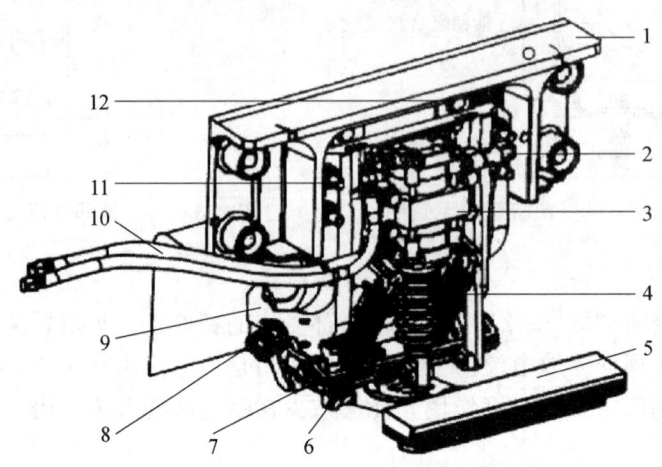

图 2.3.1.8　广州地铁 4 号线所用集电靴

1—绝缘底座；2—手动回退工具插入位置；3—气动回退装置；4—拉簧压力系统；5—碳滑板；
6—集电靴止挡；7—回退柄；8—臂轴；9—调整支架；10—气管；11—调整螺栓；12—调整丝槽

拉簧压力系统：用来保持集电靴升靴所需的力。

集电靴止挡：集电靴止挡有升靴止挡和降靴止挡，用于调整集电靴升降靴的极限高度。集电靴升靴止挡有刚性止挡和橡胶止挡。刚性止挡主要起止挡作用，橡胶止挡主要起缓冲作用。因为受流臂很长，所以橡胶止挡最好高于刚性止挡 5mm。

手动回退工具插入位置：通过在手动回退工具插入位置插入绝缘棒和升降靴。

# 任务二　车间电源

## 一、车间电源的功能

车间电源是列车的辅助受流设备。对于接触网供电的车辆，车间电源主要供列车在检修时库内整车调试或部分设备需进行有电检查时使用。外部电源通过专用车间电源电缆插头与列车车间电源插座相连，以供电给列车电源系统。考虑到安全原因，车间电源与受流设备之间设有联锁，以保证在任何情况下，两者不能同时向列车供电。车间电源只向列车辅助系统供电，不向牵引系统供电，一般通过隔离二极管或接触器与列车主电路隔离。对于接触轨供电的地铁车辆，入库进行检修，则使用装在车下的库用电源插座引入高压电，如图 2.3.2.1 所示。

图 2.3.2.1　库用电源插座

## 二、车间电源的构成

车间电源系统由电源插座盖、电源插座、熔断器、接触器及隔离二极管组成,如图 2.3.2.2 所示。车间电源的电气元件与其他高压电气元件集中安装在 B 车 PH 高压牵引箱内,由电源插座提供 DC 1500V 电源。在 B 车 PH 箱中安装有隔离开关和接地开关,它有三个位置:车间电源位、接地位和受电弓位。在经过隔离开关和接地开关后,高压电就通向两个高速断路器,高速断路器分别连接到 B 车和 C 车的牵引逆变器。正常供电模式下,将高压供电转换开关打向"受电弓位",则由接触网供电;当车辆采用车间电源供电模式时,将高压供电转换开关打向"车间电源位",它只对车辆的辅助系统供电,牵引系统则被隔离,此时不能合上高速断路器,且受电弓也不能升起。在此模式下,列车静止在车辆段库内,不能运行,只能进行试验和维修工作。C 车的高压供电转换开关有两个位置:受电弓位和接地位。

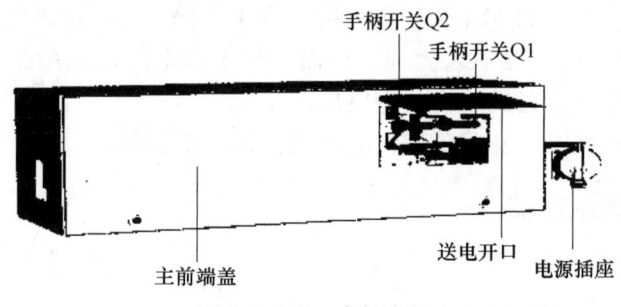

图 2.3.2.2 车间电源

B 车 PH 箱还装有供连接的固定电源插座,在电源插座盖上一般按列车控制原理安装有短接插头。当插座盖合上后,控制电源通过短接插头控制主电路中的接触器工作,实现车间电源与受流设备供电电路控制上的联锁功能。电源插座的布局形式与外接电源插头相匹配,用于与外接电源插头相连接。熔断器安装在车间电源插座与列车供电电路中间。若辅助电路有短路现象,电流超过熔断器的容量限制时,熔断器断开,且该断开是不可逆的。隔离二极管通常采用大功率极管。由于流过二极管的电流较大,二极管一般安装有散热热片,以增强散热效果。

## 三、车间电源的检修

由于车间电源系统安装在密闭的箱体内,因此维修周期可以长一些。

**1. 车间电源插座及插座盖**

主要检查车间电源插座及插座盖是否有损坏、过热或腐蚀现象,特别要注意端部连接处。

**2. 隔离二极管**

将隔离二极管拆卸后,检查二极管电气特性,同时清洗二极管的散热片。在安装散热片时,接触表面应涂一层薄薄的凡士林。

**3. 电缆**

对于车间电源系统中使用的电缆,主要检查电缆与接线端连接是否良好,清洁并打磨接线端接触部分。同时，应检查电缆外部的绝缘层是否有开裂或破损现象。

# 任务三 避雷器

## 一、概述

避雷器是一种用来防止来自城市轨道交通车辆外部的过电压（如雷击等）对车辆电气设备的破坏，限制过电压幅值的保护电器。

电气设备在运行中除了承受工作电压外，还会受到过电压的作用，如雷电引起的雷电过电压，开关操作引起的操作过电压，其数值远远超过工作电压，会使设备绝缘受到损伤，甚至直接导致损坏。因此，必须采取措施来限制过电压，避雷器并联在被保护电气设备与地之间，安装在 B 车车顶受电弓旁。当雷电侵入时，过电压的作用使避雷器动作（放电）。雷电流经避雷器泄入大地，从而限制了雷电过电压的幅值，使避雷器上的残压不超过被保护电气设备的冲击放电电压。

避雷器的主要类型有火花间隙避雷器和氧化锌避雷器等。

## 二、火花间隙避雷器

### 1. 结构原理

火花间隙避雷器通常由火花间隙和非线性电阻两部分组成。图 2.3.3.1 所示为其结构原理。在正常电压下，火花间隙是不会被击穿的，只有出现过电压时火花间隙才会被击穿。过电压幅值越高，火花间隙被击穿得越快。

非线性电阻的作用是利用电阻同电流之间的非线性关系（即电流大时电阻小，电流小时电阻大），一方面在击穿瞬间很大的冲击电流作用下，限制避雷器上的电压，防止被保护设备的绝缘在高电压下被损坏；另一方面又可以在火花间隙被击穿后，限制由工频电压所引起的流过避雷器的电流，从而使火花间隙能很容易地切断它。

击穿电压的幅值与击穿时间的关系称为伏-秒特性，如图 2.3.3.2 所示。显然，要可靠地保护被保护电器，避雷器的伏-秒特性必须比被保护电器的伏-秒特性低，即在同一过电压作用下避雷器先被击穿。

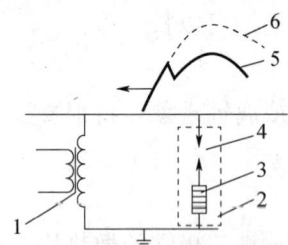

图 2.3.3.1 火花间隙避雷器的结构原理示意
1—被保护变压器；2—避雷器；3—非线性电阻；
4—火花间隙；5—被限制的过电压波；
6—未被限制的过电压波

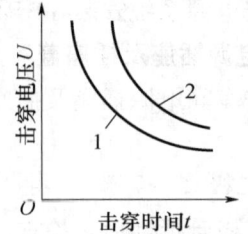

图 2.3.3.2 避雷器的伏-秒特性
1—避雷器的伏-秒特性；2—被保护电器的伏-秒特性

**2. 工作原理**

由于避雷器与破保护电气设备并联，当出现过电压危及被保护设备时，避雷器放电，使高压冲击电流泄入大地。电压恢复正常，避雷器仍能恢复原工作状态，使避雷器与大地处于断路状态。过电压越高，火花间隙击穿越快，从而限制了加于被保护电气设备上的过电压。

### 三、氧化锌避雷器（无间隙避雷器）

氧化锌避雷器是一种阀型避雷器，其结构是将若干片氧化锌（ZnO）阀片压紧密封在避雷器瓷套内。这种避雷器的阀片是以氧化锌为主要原料，掺以少量其他金属氧化物（如氧化铋、氧化钴、氧化锰）添加剂，经高温烧结而成。它具有非常理想的伏安特性，其非线性特性极好，即在较高电压下电阻很小，可以泄放大量雷电流，残压很低。它在正常工作电压下电阻很大，电流很小，可视为无工频续流，这就是其可以做成无间隙氧化锌避雷器的原因。

氧化锌避雷器的工作原理为：在正常工作电压下，阀片具有极高的电阻而呈绝缘状态，使流过阀片的电流非常小，这样小的电流不会烧坏氧化锌阀片，从而实现了"无间隙"；当系统出现过电压时，阀片"导通"呈低阻状态，释放电流，"导通"后阀片上的残压与流过它的电流大小基本无关，而为一定值；当电压降到动作电压以下时，阀片"导通"终止，迅速恢复高电阻而呈绝缘状态。因此，氧化锌避雷器可使避雷器的残压被限制在允许值以下，并将冲击电流迅速泄入大地，从而保护了与其并联的电气设备。

氧化锌避雷器的结构如图 2.3.3.3 所示。该装置用上下铁壳盖及密封橡胶圈将氧化锌阀片密封在瓷套内，内部装有弹簧将阀片压紧，以防止内部零件移动，保证零件间可靠的电气连接。氧化锌避雷器具有以下优点。

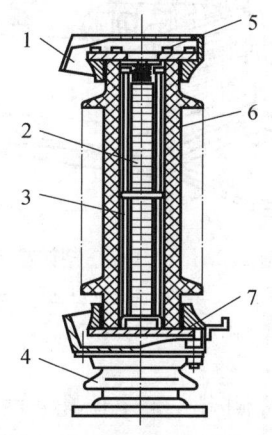

图 2.3.3.3　氧化锌避雷器的结构

1—喷弧口；2—氧化锌阀片；3—绝缘拉杆；4—绝缘底座；5—压力释放装置；6—瓷套；7—密封圈

（1）无间隙。由于氧化锌避雷器不用串联间隙，因此结构简单，体积小、质量轻。

（2）无续流。在正常工作电压下，氧化锌避雷器相当于绝缘体，无工频续流流通，因此不存在灭弧问题，而且减少了避雷器动作时通过的能量，可以承受多次雷击，延长了工作寿命。

（3）通流能力大。氧化锌避雷器不仅可以用于大气过电压保护，也可用于内部操作过电压保护。

（4）残压低，可使设备的绝缘水平降低。

一般性维护保养，要始终保持瓷套表面干燥、光洁、无裂纹。

## 任务四  电气连接装置与接地装置

### 一、电气连接装置（电气连接器）

为了方便地实现车辆之间的电气连接，车钩上设置有电气连接器，可以手动或者自动连接，也可以用电缆直接连接两个车体端墙上的电气插座。电气连接器可以将各种电压（即DC1500V或DC750V、AC380V和DC110V等）送入每节车。半自动车钩电气连接器设置在列车中部，需要连接的电气线路包括牵引线路、控制线路和各种信号线路，因而触点较多。自动车钩电气连接器位于列车端部，只需传递用于列车控制的信号，因而触点较少。

图2.3.4.1所示的电气连接装置是通过悬吊装置使车钩与电气连接器形成弹性连接。两个车钩连挂时，箱体可退缩3～4mm，靠弹簧压力保证良好的接触。触点上焊有银片，以减小电阻。它与箱体形成弹性连接，靠弹簧压力保证触点处于可伸缩状态，相互接触良好，从而保证电流畅通。

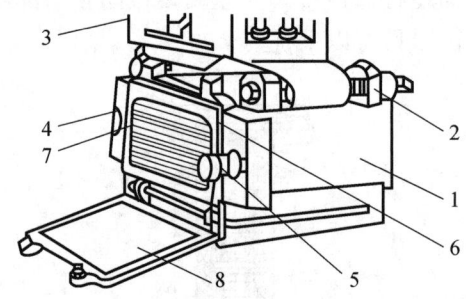

图 2.3.4.1  电气连接装置
1—箱体；2—悬吊装置；3—车钩；4—定位孔；5—定位销；6—密封条；
7—触点（固定触点和弹性触点）；8—箱盖

箱体的一侧有个定位销，对称侧有一个定位孔。两个车钩连挂时定位销插入对应的定位孔，以保证触点的准确连接。密封条用于防雨水和灰尘。解钩时应将箱盖盖好，以防止触头损坏。箱体内还设有接线板，使触点的引线和从车上来的引入线对应相连。在它后部有电线孔，为防止电线磨损而设有塑料套。

### 二、接地装置

城市轨道交通车辆转向架的车轴上均安装有接地装置，其目的是在正常、事故或雷击的情况下，将大地作为接地电流回路的一个元件，从而保证电气设备的正常运行和人身安全。将电气设备的某一部分经接地线连接到接地极，称为"接地"。

**1. 接地装置的作用及安装位置**

接地装置的主要作用是为主电路提供回流通路，使电流经轮对到达钢轨，构成1500V或750V的完整电路，同时防止电流通过轴承造成电腐蚀，延长轴承的使用寿命。接地装置安装在轮对的轴端上，依靠碳刷与接地棒的转动摩擦受电。这与直流电机的碳刷装置原理一致。每个单元安装10个轴端接地装置，其中每个动车安装4个，每个轴1个；每个拖车安装2个，分别位于2、3轴。具体安装位置是：A车转向架的第2轴的右侧和第3轴的左侧轴端各安装1个；B车和C车转向架的第1、3轴的左侧轴端各安装1个，第2、4轴的右侧轴端各安装1个。在使用过程中，要定期打开接地装置检查碳刷的长度和弹簧装置的状态，以保证受流条件良好。

**2. 接地装置的结构**

地铁车辆安装在轴端的接地装置的外形如图 2.3.4.2 所示。它主要由碳刷、刷握和端盖组成。因其安装在轮对轴端，故被称为轴端接地装置。

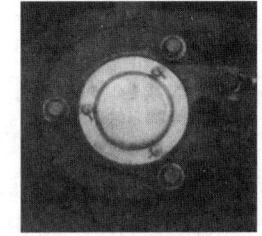

图 2.3.4.2　轴端接地装置

# 任务五　高速断路器

## 一、概述

**1. 作用**

高速断路器在城市轨道交通车辆上主要用作车辆电气系统的总开关和总保护，可以实现电源的接通与切断控制，是一种能对电路进行控制（分断、闭合）和保护的高压电器。当高速断路器闭合时，车辆将获得由受电弓（或集电靴）从接触网（或第三轨）引入的电源，从而投入工作。当主电路发生短路、过载、接地等故障时，相关控制电路使高速断路器自动断开，切断车辆总电源，以防止故障范围扩大。

在列车运行过程中，除上述故障外，使高速断路器自动跳开的原因还有：列车超速、列车牵引系统出现故障、网压过压或欠压、线路过流及 ATP（列车自动防护）系统故障等。

高速断路器因其反应迅速、动作快而得名。

**2. 高速断路器的主要特性**

（1）对地有很高的绝缘等级。由于高速断路器接在车辆的牵引主电路上，电压高、电流大，因此其绝缘结构应选取有很高绝缘等级的材料。

（2）有较高的分断能力。高速断路器既是电路的总电源开关也是总保护开关，必须具备高速切断能力，应能防止足够的断流容量。为有效可靠地保护其他用电设备，它的限流特性和高速切断能力应能防止由短路或过载引起的用电设备损坏。

（3）有较短的响应时间。响应时间是指从通过断路器的电流达到断流动作值时开始到主触头打开的时间。为了有效可靠地保护用电设备，高速断路器必须动作迅速、可靠。而且，根据要求，高速断路器断流增长率越大，响应时间越短。

（4）不受气候条件影响。高速断路器集成安装在箱中，与外界环境隔离。

（5）使用寿命长。

（6）易于维护。

**3. 安装位置**

高速断路器一般安装在动车逆变器箱内。每个牵引逆变器都分别设有一个高速断路器，牵引逆变器从高速断路器处获得供电。

## 二、UR6-31/32 型高速断路器

**1. 作用**

UR6-31/32 型高速断路器的作用是：正常情况下，根据需要接通和断开接触网和电动车辆主电路之间的高压电路；在发生故障（如主电路短路、过载、电机烧损等）时，快速切断主电路，防止事故扩大，保护车辆和人身安全。

**2. 基本结构**

图 2.3.5.1 所示为 UR6-32E 型高速断路器的外观及基本结构。它是一个单极的直流断路器，带有电磁控制和自然冷却功能，包括自身的直接瞬时过流释放，其值可调。每个牵引逆交器都分别设置一个高速断路器，安装在逆变器箱中，集成安装。

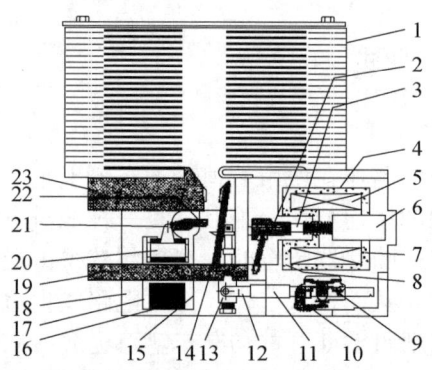

图 2.3.5.1　UR6-32E 型高速断路器的外观及基本结构

1—灭弧罩；2—叉；3—杆；4—缸；5—闭合线圈（E 型）；6—芯组成；7—前板；
8—后板；9—双触点开关；10—控制杆；11—销；12—叉；13—枢轴承；14—动触点；
15—盖；16—层压磁板；17—断路箱；18—绝缘框架；19—下部连接；20—动磁铁；
21—弹簧；22—控制杆；23—上部连接

UR6-32E 型高速断路器的基本结构包括：基架、主触头、脱扣装置、闭合装置、灭弧罩和辅助触头。

基架用于安装主触头、脱扣装置、闭合装置、灭弧栅、辅助触头等部件。要求其具有较高的机械性能和抗震性能，采用坚固的玻璃纤维聚酯材料，绝缘性能好。

主触头包括动触头和静触头，用于接通车辆主电路。辅助触头包括 6 副双触头开

关，跟随主触头的动作而动作。

脱扣装置也称为短路快速跳闸装置，用于过载保护，它的跳闸值可通过刻度盘来调整。跳闸值应按允许通过的短路峰值电流来设定，防止开关发生误跳。

闭合装置包括磁铁、线圈、圆筒、连杆压簧、前后板、叉头等，用于开关的正常吸合和分断。闭合装置合闸线圈只能短时通电，开关到合闸位后，靠连杆机构保持。

灭弧罩由一组抗电弧的绝缘板、灭弧片和引弧片组成，用于吸引动、静触头分断时产生的电弧，并进行分割、冷却。

### 3. 工作原理

按下高速断路器"合"按钮，闭合装置的线圈得电，带动连杆推动动触头与静触头接触。电流从上接线排通过闭合动、静触头流向动触头臂，然后流至下接线排，使接触网与车辆主电路电气设备连通。主电路正常工作时，流过高速断路器主触头的电流为正常值，脱扣装置电磁铁的电流也为正常值，因此跳闸装置不动作。

分闸有手动和自动两种方式。

当高速断路器闭合后，脱扣装置监控系统电流的大小。发生短路时，若电流值达到其跳闸整定值，该装置动作，通过转换机构带动动触头移动，与静触头分开，使高速断路器处于"分"状态。在高速断路器断开瞬间，动、静触头之间会产生电弧。电弧从动触头到右部连接件，跨接到左部连接件进入灭弧罩，被分割并送入导流板，经冷却后熄灭。

正常分断时，闭合装置的线圈失电，压簧复位，动、静触头断开，使高速断路器处于断开状态。高速断路器的动、静触头接通或断开时，通过连杆带动辅助触头跟随接通或断开。辅助触头的状态传送到监控装置，用于显示和监控高速断路器的状态。高速断路器分断之后再合闸，必须间隔 2s 以上。

## 任务六　司机控制器

地铁车辆司机控制器（也称司控器或主控制器）是用来操纵列车运行的主令电器。它是利用控制电路的低压电器间接控制主回路的电气设备。通过司机控制器，司机可以控制列车的牵引、制动工况以及运行方向。此外，司机控制器还具有司机警惕功能。因此，司机控制器质量的好坏直接影响到列车控制的操作平稳性以及各种工况的实现。

司机控制器是种典型的组合电器，它采用凸轮触点式控制方式。根据操作需要和习惯，司机控制器有多种不同的形式，通常分为双控制手柄型和单控制手柄型，使用较多的是双控制手柄型。

### 一、司机控制器的主要结构

地铁车辆用的司机控制器的结构如图 2.3.6.1 所示。

#### 1. 主控制手柄（DCH）

主控制手柄设 4 个位置："牵引"位、"0"位、"制动"位、"快速制动"位。

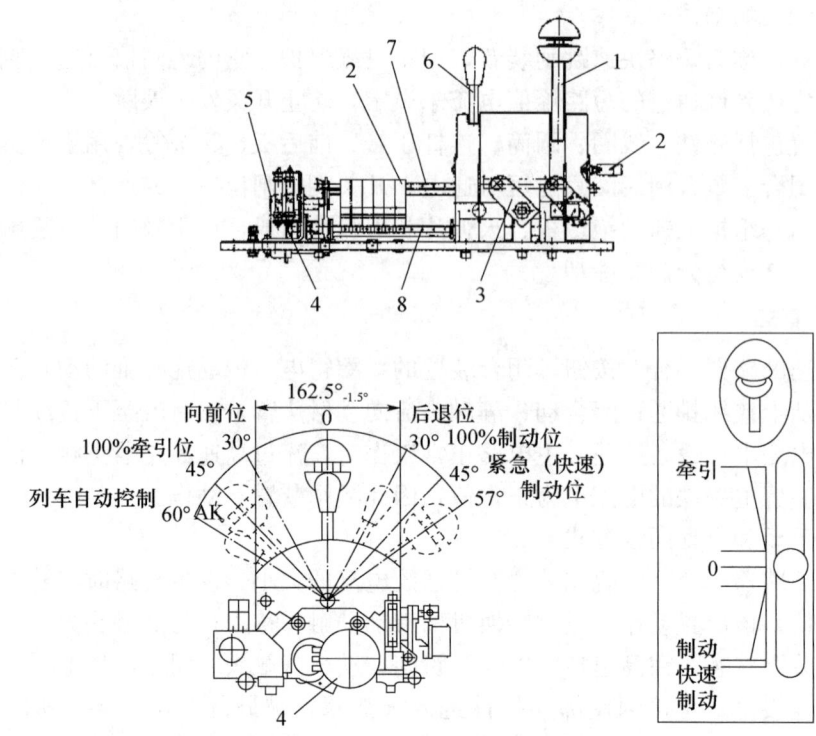

图 2.3.6.1 司机控制器结构示意图
1—司机控制主手柄（上有警惕按钮）；2—微动开关；3—联锁机构；4—电阻、电位器；5—电位器
6—方式/方向手柄；7—带凸轮装置的传动轴（方式/方向手柄用）；8—带凸轮装置的传动轴

其中，"牵引"位为无级加速位，"制动"位为无级减速（电制动）位，"快速制动"位为空气制动位。各城市地铁车辆的"牵引"位和"制动"位的推动方向设置有所不同。例如，有的设置为向前推动为"牵引"位，向后拉动为"制动"位，即把主控制手柄向前推，列车加速向前；把主控制手柄向后拉，列车实施制动；当把主控制手柄向后拉到极限位，列车实施快速制动；若把手柄推回到"0"位，列车惰行。另一种设置则与此相反。

**2. 方式/方向手柄**

方式/方向手柄设 3 个位置："前进"位、"0"位、"后退"位。该手柄主要用来选择车辆运行方向。如果在运行途中转动了方向开关，列车会立即紧急制动。

**3. 组合开关**

组合开关包括动、静触头。

**4. 凸轮及转动轴**

凸轮及转动轴的作用是使触头按要求开闭。

**5. 电位器**

主控制手柄底部连接有一个电位器。当主控制手柄从"0"位移向"100%牵引"位或"100%制动"位时，该电位器相应输出 0～20mA 电流，向控制电路发出指令信号，以控制车辆运行速度。

### 6. 钥匙开关（KS）

钥匙开关用于激活司机台，作为启动车辆的电源开关。它设置了2个位置："ON"位和"OFF"位。两个位置的夹角为90°。

### 7. 警惕按钮（DMS）

警惕按钮设置在主控制手柄顶端，是一个分为两个半圆头的开关，在弹簧作用下分开时，列车立即进入紧急制动状态。正常工作时，司机必须用大拇指将两个半圆合拢（另一种是向下按动），只有停车时才放开。人工驾驶模式时，警惕按钮必须被按下。在牵引过程中若松开警惕按钮的时间超过3s（有的城市地铁车辆设置为4s或5s），列车将触发紧急制动。若在规定时间内重新按下警惕按钮，列车不会触发紧急制动，将保持原来的牵引状态。

自动驾驶模式下，警惕按钮不起作用。

## 二、司机控制器手柄与钥匙开关之间的控制关系

为了确保车辆设备的运行安全及运行中操纵的安全，在主控制手柄、方式/方向手柄与钥匙开关之间设有机械联锁装置。其联锁关系如下。

（1）司机控制器手柄与司机钥匙开关之间的联锁。

钥匙开关未打开时，司机控制器手柄处于锁闭状态，无法扳动；司机控制器手柄处于工作状态时，钥匙不能被拔出。

（2）主控制手柄与方式/方向手柄之间的联锁。

主控制手柄处于"牵引"位或"制动"位时，方式/方向手柄被锁住，无法改变状态；方式/方向手柄在"0"位时，主控制手柄被锁定，无法移动到"牵引"位或"制动"位上。

## 三、司机控制器工作原理

列车司机在操作司机控制器之前，必须先插入钥匙开关并转动到"ON"位。通过操纵司机控制器手柄，可使列车按司机意图运行。司机通过扳动手柄使两根不同的轴移动，控制凸轮及与组合开关相应的触点分合，然后通过控制电路控制列车的运行方向，实现列车牵引、制动和惰行工况的转换。

司机控制器有自动驾驶功能和人工驾驶功能，库内动车只能人工驾驶。为了实现自动驾驶功能，列车安装了ATC（列车自动控制系统）。自动驾驶时，主控制手柄在"0"位，方式/方向手柄在"前进"位，ATP（列车自动防护系统）钥匙开关处于"合"位。

# 任务七 蓄 电 池

在城市轨道交通车辆中，蓄电池组既作为列车启动电源，也作为110V直流电源的备用电源。在直流电源正常工作时，蓄电池组处于浮充电状态，兼作滤波元件。对蓄电池的要求是：能量密度高、充放电次数多、使用安全并满足环境保护要求。

## 一、概述

蓄电池是将化学能与电能互相转换的装置，它能把电能转变为化学能储存起来，使用时再把化学能转变为电能，而且变换的过程是可逆的。以上两个过程，前者称为充电，后者称为放电。

城市轨道交通车辆上采用的蓄电池有酸性的、铅酸性的，还有碱性的（镉镍蓄电池）。根据极板所用材料和电解液性质的不同，蓄电池一般可分为酸性（铅）蓄电池和碱性蓄电池两大类。

酸性蓄电池比较轻，但是它工作时放出的硫酸蒸气是有害的。酸性蓄电池电压为 2～2.1V。同酸性蓄电池相比，碱性（镉镍）蓄电池的主要缺点是单节电池的电压较低，仅略大于 1V，但它能承受较大的电流、耐振动、耐冲击，对过充电和欠充电不是很敏感，自放电极弱，使用寿命长，在同样容量下体积和重量较小，不发散有害气体，因而应用广泛。例如，FNC260L 型纤维结构电极的镉镍碱性蓄电池，每节电池标称电压为 1.23V，80 个单节蓄电池构成一组共 98.4V，容量为 150A·h。

FNC260L 型纤维结构电极镉镍碱性蓄电池除了具有上述优点外，还由于采用了纤维结构极板而具有更多的优点。

（1）立体式多孔纤维构造能容纳 90% 的活性物质，因而导电能力很强，容量非常大，能迅速地充电和放电。

（2）纤维结构没有加碳和其他碳化物质，无须更换昂贵的电解液。

（3）极板的纤维结构富有弹性，能承受各种机械压力，因此极板变形减少。

（4）电解质不会侵蚀极板的纤维结构而影响导电能力，因而蓄电池寿命可长达 20 年。地铁列车上的蓄电池组是由 DC 110V 镉镍可充电电池单体相互串联组成的，一般由 80 只或 84 只单体组成一组蓄电池组。每列车通常有 2 组或 4 组蓄电池。列车辅助逆变器工作时，每个蓄电池组以浮充电模式与逆变器充电器相连接；每蓄电池组装在蓄电池箱内，采用充足的自然通风。

在国内已运行的列车中，蓄电池按容量分有 60A·h、120A·h、140A·h、160A·h 四种。蓄电池容量选择是由列车在紧急状态（接触网断电）时的直流负载所决定的。

蓄电池组的功能：主要是为列车启动时的电气设备提供直流电源，直至列车辅助逆变器正常工作。在列车运行过程中，若列车失去电源（辅助逆变器不工作），蓄电池组也为列车紧急照明、紧急通风、列车控制系统、监视设备、通信等负载提供 45min 的电源。

另外，除了为以上负载提供 45min 的电源，蓄电池组还应保证能打开或关闭车门一次。这样在列车失去高压的紧急状况下，蓄电池组保证列车上的必要设备能继续工作，以保证列车的安全。

## 二、蓄电池的结构

单节蓄电池结构如图 2.3.7.1 所示。

蓄电池外壳由防火塑料制成，5 个电池单体为一组，每个蓄电池单体的主要结构包括以下几部分。

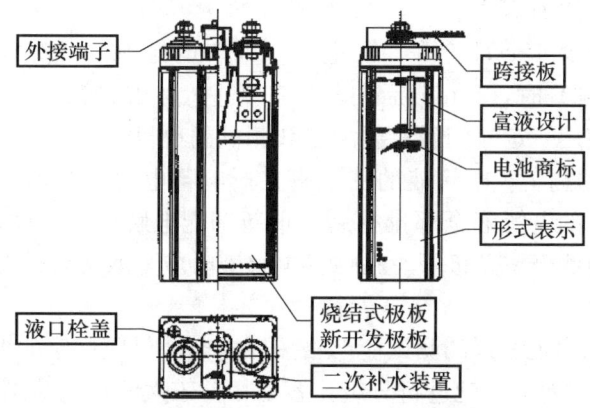

图 2.3.7.1 单节蓄电池结构图

(1) 正、负极:由活性物质和导电骨架组成。
(2) 隔膜:用在正负极板之间,防止正负极板之间短路。
(3) 电解液:在电池内部,起到离子导电的作用,使蓄电池内部形成通路。
(4) 外壳:极板、电解液、隔膜组装在外壳内。外壳要求有良好的机械强度、耐冲击、耐腐蚀、耐高低温等。
(5) 其他部件:如螺栓、螺母、垫片、弹簧、导线等。

蓄电池组由两个蓄电池托盘组成,每个托盘上装有40个蓄电池单体。这些蓄电池单体用蓄电池接头和电缆接头串联在一起,如图2.3.7.2所示。通过各蓄电池单体的互连,蓄电池组的额定电压达到96V。

图 2.3.7.2 蓄电池组的连接

### 三、镉镍蓄电池的工作原理

蓄电池充电时,正极发生氧化反应,负极发生还原反应;放电时,负极发生氧化反应,正极发生还原反应。

镉镍极板的活性物质在充电后,正极板为羟基氧化镍,负极板为金属镉。而放电终止时,正极板转化为氢氧化亚镍,负极板转化为氢氧化镉。

### 四、蓄电池的维护与检查

蓄电池使用保养周期为2~3年。
(1) 在蓄电池的日常维护中重点检查电解液的液面高度:应在防护板10~15mm以

上。高度不够时，应添加蒸馏水。

（2）蓄电池应至少 6 个月检查一次电压。列车运行中，当蓄电池组电压低于 84V（各地铁规定有所不同）时，10min 后列车将自动进入休眠状态。

（3）蓄电池在使用一定时间后，要测定和测试的项目有：

① 电解液密度的测定。电解液的密度直接影响蓄电池的容量，对于密度低于规定值的，应将蓄电池中的电解液全部排空后，重新调配电解液并加注。在重新加注以前，需彻底清洗蓄电池内侧壳体及极板。在更换电解液时应采取必要的防护措施，以免对人体造成伤害。

② 容量测试。蓄电池容量的测试应严格按照蓄电池供应厂家的要求进行。容量测试完成后，应按测试结果对蓄电池进行分组，容量相差较大的蓄电池不应混装在一起使用。容量测试后充、放电时，应剔除容量低的电池，充、放电电流应采用 0.2C 率（C 为电池容量），充电电压按 $1.55V \cdot n$（$n$ 指串联电池的个数）来设定。

（4）对接线排进行清洁、打磨，保证蓄电池之间连接良好。注意，蓄电池必须由有资格的电工进行维护，必须使用符合电规程和电防护措施的绝缘工具。

# 任务八　传感器与互感器

随着微电子技术和微处理机技术的不断发展，传感器作为获取信息的工具，其重要性是显而易见的。城市轨道交通车辆的控制系统越来越复杂，自动化程度也越来越高。为了满足控制系统的功能要求，需要检测有关部件、系统或整车的各种参数。因此，传感器作为测量元件在城市轨道交通车辆上得到了广泛应用，例如，进行电流过载检测；在电机控制驱动中，作为电流反馈元件，构成电流反馈回路；进行速度检测、压力检测以及温度检测等。一般使用传感器时，被测信号绝大部分是非电量。

## 一、传感器

（一）传感器的定义

传感器是一种检测装置，能感受到被测量，并能将检测到的信息按一定规律变换成电信号或其他所需形式输出，以满足信息的传输、处理、存储、显示、记录和控制的要求，它是实现自动检测和自动控制的首要环节。在有些科学领域，传感器又称为敏感元件、检测器或转换器。传感器的输出信号多为易处理的电量，如电压、电流、频率等。

（二）传感器的组成

传感器一般由敏感元件、转换元件、转换电路、辅助电源组成，如图 2.3.8.1 所示。

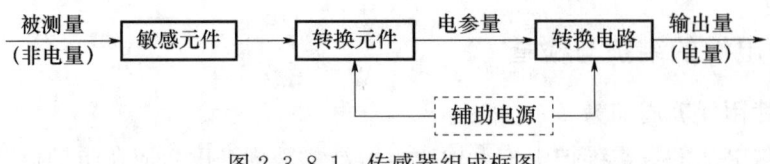

图 2.3.8.1　传感器组成框图

敏感元件是传感器中直接感受被测量的元件，即被测量通过传感器的敏感元件转换成一个与之有关的确定关系、更易于转换的非电量，这一非电量通过转换元件被转换成电参量。例如，电感式压力传感器的作用是将输入的压力信号变换成电压信号输出，它的敏感元件是一个膜盒，其作用是将压力转换成膜盒上半部移动，产生相应的位移量。

传感器中将敏感元件输出的中间非电量转换成电参量输出的元件称为转换元件。例如，电感式压力传感器的转换元件是电感线圈，它将输入的位移量转换成电感的变化量。转换电路的作用是将转换元件输出的电参量转换成易于处理的电压、电流或频率量。例如，电感式压力传感器中的转换电路是一个电桥电路，它可以将电感值转换成为电压信号，经过放大后即可推动记录、显示仪表工作。但若转换元件输出的已经是上述电参量，就不需要用转换电路了。

辅助电源是用于提供传感器正常工作能源的电源，主要是指那些需要电源才能工作的转换电路和转换元件，其功能是负责给转换元件及转换电路供电。

在实际应用中，有些传感器只由敏感元件和转换元件组成，没有转换电路。而有些传感器的转换元件不止一个，要经过若干次转换。

（三）传感器的分类

传感器的种类很多，分类方法也不尽相同，常用的分类方法有以下几种。

（1）按传感器被测物理量分，可分为位移传感器、压力传感器、速度传感器、温度传感器、湿度传感器、流量传感器、气体成分传感器等。

（2）按传感器工作原理分，可分为电阻式传感器、电容式传感器、电感式传感器、压电式传感器、磁电式传感器、霍尔传感器、光电传感器、光栅传感器、热电偶传感器等。

（3）按传感器的输出信号分，可分为开关型传感器、输出为模拟量的模拟型传感器、输出为脉冲或代码的数字型传感器。

（四）温度传感器

温度传感器是指能够把温度量转换为电阻或电势的传感器，最常用的是热电阻和热电偶。其中，将温度变化转换为电阻值变化的称为热电阻传感器，将温度变化转换为热电势变化的称为热电偶传感器。这两种传感器在许多领域中都得到了广泛应用。

下面仅介绍热电阻传感器的工作原理。

热电阻传感器用于 500℃ 以下的中低温测量。它利用导体或半导体的电阻值随温度变化而变化的原理进行测温。

从物理学可知，一般金属导体具有正的电阻温度系数，电阻率随着温度的上升而增加，在一定的温度范围内，电阻与温度的关系为

$$R_t = R_0 + \Delta R_t$$

式中　$R_t$——$t$℃时的电阻值；

　　　$R_0$——温度为 0℃时的电阻值；

　　　$\Delta R_t$——温度上升 $t$℃而增加的电阻值。

对于线性较好的铜电阻或一定温度范围内的铂电阻可表示为

$$R_t = R_0 [1 + a(t - t_0)] = R_0 (1 + at)$$

式中，$a$ 为电阻温度系数。对于绝大多数金属导体，$a$ 并不是一个常数，而是温度的函数。但是在一定的温度范围内，$a$ 可近似地看作一个常数。不同的金属导体，$a$ 保持常数所对应的温度范围不同。选作感温元件的材料应满足材料的电阻温度系数 $a$ 较大，$a$ 越大，热电阻的灵敏度越高。

热电阻传感器中的热电阻大都由纯金属材料铜、铂或镍制成，通常将铜、铂或镍丝绕在陶瓷或云母基板上，或是采用电镀的方法，将某种金属涂敷在陶瓷材料基板上形成薄膜。电阻率随温度变化而变化，致使它的电阻值随温度变化而变化，并且当温度升高时阻值增大，温度降低时阻值减小，这样就达到了测量温度的目的。图 2.3.8.2 所示为热电阻外形。

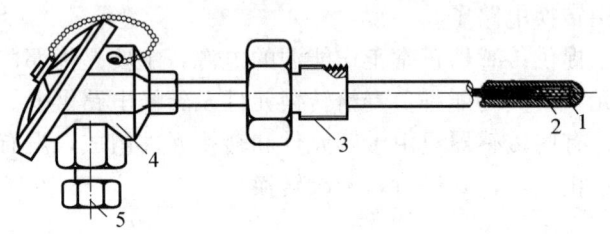

图 2.3.8.2 热电阻外形
1—保护套管；2—感测元件；3—紧固螺栓；4—接线盒；5—引出线密封套管

### （五）磁电式传感器

磁电式传感器是利用电磁感应原理将被测量信息转换成电信号的一种传感器，可用于速度检测。它不需要辅助电源，要实现转速测量，只需对传感器输出脉冲信号进行计数即可。

转速测量中，根据传感器的安装方式不同，可分为接触式和非接触式测量。

在城市轨道交通车辆上，每个牵引电动机带一个速度传感器，安装在牵引电动机轴端，以供控制系统进行信号的选取、转换和传输，其原理如图 2.3.8.3 所示，这是一种非接触式传感器。

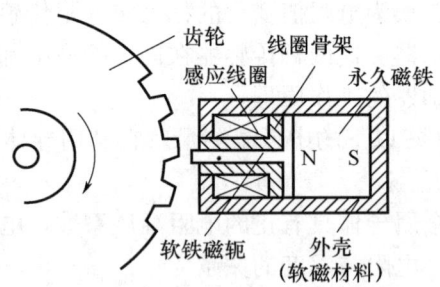

图 2.3.8.3 速度传感器工作原理示意图

磁电式传感器的外壳、永久磁铁和感应线圈固定不动，齿轮则安装在车轴端部随车轴一起旋转，传感器安装于轴箱盖上。当车轮转动时，齿轮随着一起旋转，齿顶和齿谷交替通过传感器，切割磁力线，即在传感器的输出线圈上感应出相应的电脉冲信号，且产生电脉冲信号的频率正比于运行速度。

另外，当齿轮与软铁磁轭之间的气隙距离因转动而变化时，气隙磁阻和穿过气隙的主磁通变化，在线圈中感应出电动势。每转一圈，传感器发出 110 个脉冲，其频率是

$$f = nN/60$$

式中　　$f$——频率，Hz；

　　　　$n$——转数，r/min；

　　　　$N$——齿数，110 个。

脉冲信号经整形和放大后输出整齐的矩形波信号，经定时计数器，把频率转换成转速。这种传感器结构简单，工作可靠。在编组车辆的控制车上每根轴装有一只单通道式传感器，为空气制动的滑动保护系统提供速度信号。在动车上，每轴装有一只双通道式传感器，分别为牵引与电制动系统的空转与滑动保护系统及空气制动的滑动保护系统提供速度信号。

还有一种光电式速度传感器，它有双通道和三通道两种。双通道光电式速度传感器通过内外两轨道光栅盘扫描，光电模块输出两种不同频率、不随温度变化和不变电气干扰影响的方波信号，输出可以是不同脉冲的各种组合。三通道速度传感器与之相比所多出的一个通道信号用于车辆的相位防溜功能。为了安全起见，速度传感器各通道彼此隔离，且带有极性保护、输出短路保护等。

（六）霍尔传感器

**1. 概述**

霍尔传感器是基于霍尔效应的一种传感器，它利用霍尔效应来实现磁-电转换，主要用于电磁、压力、位移、速度和振动等方面的测量。霍尔传感器的特点是结构简单、体积小、无触点、使用寿命长、可靠性高、易于微型化和集成电路化，因此在测量技术、自动化技术和信息处理等方面得到了广泛的应用。

（1）霍尔效应。

将金属或半导体薄片置于磁场中，当有电流流过时，在垂直于电流和磁场的方向上将产生电动势，这种物理现象称为霍尔效应，所产生的电动势称为霍尔电动势，这种金属或半导体薄片称为霍尔元件。

（2）工作原理。

霍尔元件工作原理如图 2.3.8.4 所示，金属或半导体在磁场作用下，两端会产生电位差 $U_H$。利用霍尔电动势的产生原理，可用霍尔元件检测磁通。一般的霍尔元件均有 4 根引线，其中 2 根为外加电压输入，提供电流，另外 2 根引线输出霍尔电动势 $U_H$，当外加电压和电流 $I_1$ 恒定时，输出的霍尔电动势如与磁场有良好的线性关系。

（3）基本结构。

霍尔元件由霍尔片、4 根引线和壳体组成，如图 2.3.8.5（a）所示。霍尔片是一块矩形半导体单晶薄片（一般为 4mm×2mm×0.1mm），在它的长度方向两端面上焊有 2 根引线（1 和 1′）用来加激励电压或电流，称为激励电极；另两侧端面的中点对称焊有 2 根引线（2 和 2′）。为霍尔输出引线，称为霍尔电极。霍尔元件的壳体由非导磁金属、陶瓷或环氧树脂封装而成。

在电路中，霍尔元件可用几种符号表示，如图 2.3.8.5（b）所示。

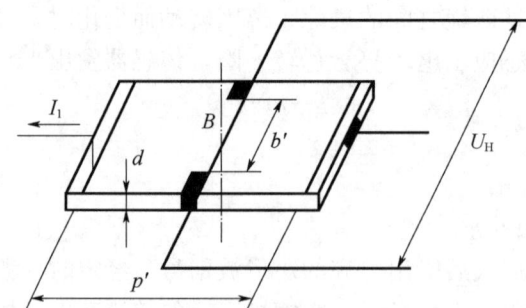

图 2.3.8.4 霍尔元件的工作原理示意图

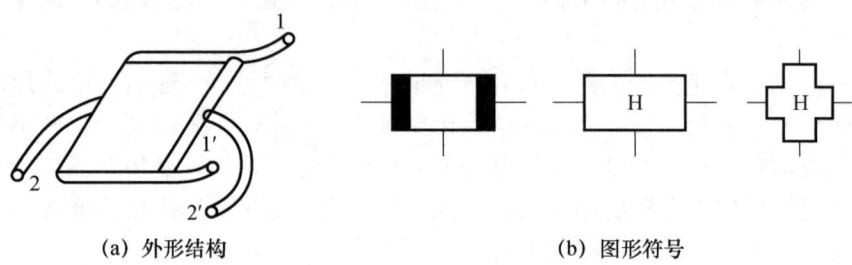

(a) 外形结构　　　　　　　　(b) 图形符号

图 2.3.8.5 霍尔元件外形结构及图形符号

**2. 霍尔电流传感器**

霍尔电流传感器广泛用于测量电流，可以制成电流过载检测器或过载保护装置。在电机控制驱动中，它可作为电流反馈元件，构成电流反馈回路。

霍尔电流传感器外形及结构如图 2.3.8.6 所示，标准软磁材料圆环中心直径为 40mm，截面面积为 4mm×4mm（方形）；圆环上有一个缺口，放入集成霍尔元件；圆环上绕有一定匝数的线圈，当通过检测电流时会产生磁场，则霍尔器件有信号输出。霍尔电流传感器中的关键器件是霍尔元件。

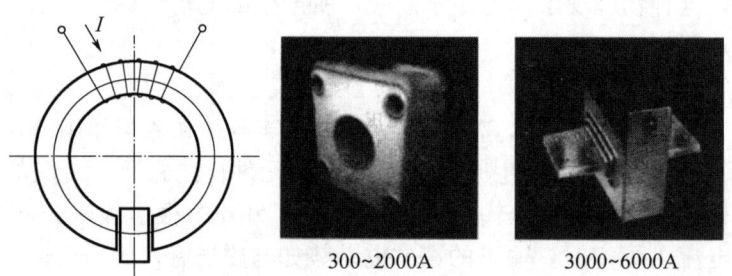

300~2000A　　　　3000~6000A

图 2.3.8.6 霍尔电流传感器外形及结构

图 2.3.8.7 所示为霍尔电流传感器原理框图。霍尔电势经运放差分放大转换成电流信号 $I_s$，并流经次边线圈，其产生的磁场与被测电流 $I_p$ 产生的磁场大小相等而方向相反。因此，使置于该磁场中的霍尔发生器工作在零磁通状态，即

$$I_s \cdot N_s = I_p \cdot N_p$$

假设原边匝数 $N_p=1$，$N_s$ 为次边匝数，为 5000，故 $I_s=I_p/5000$。若 $I_p=1000$A，

则 $I_s=200mA$；若 $I_p=500A$，则 $I_s=100mA$。

电流传感器的输出最终被输入到控制系统的输入模块中。这些输入的模拟量将被牵引控制系统检测、计算和比较，一旦发现某些电流值和设定值之间的差值超过允许范围，控制系统将根据故障的危害程度决定如何处理该故障，同时切断高速断路器。

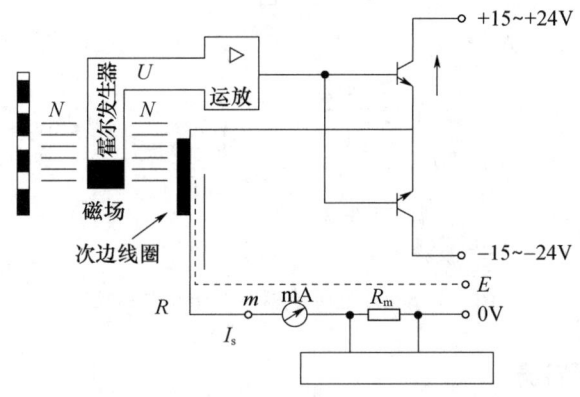

图 2.3.8.7 霍尔电流传感器原理框图

使用电流传感器时，必须先接通电源，然后加上被测电流。当测量结束时，必须先断开被测电流，然后断开电源，否则将因剩磁面影响测量精度。

**3. 霍尔电压传感器**

霍尔电压传感器广泛用于测量电压。将其跨接在每台牵引电动机的两端，可用来检测各电机的牵引电压大小，并将信号反馈到控制单元。

霍尔电压传感器中的关键器件是霍尔元件。如图 2.3.8.8 所示，霍尔元件通入适当的控制电流 $I_c$ 后，在磁场不变的情况下，其输出电压正比于所在磁场的磁感应强度 $B$。

传感器除一次侧被测电压输入接线端子、限流电阻连接片、二次侧测量输出端子和工作电源供给端子外，所有电子器件均用绝缘材料固封于自熄式绝缘外壳内，结构紧凑、牢固。

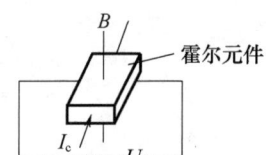

图 2.3.8.8 霍尔元件

如图 2.3.8.9 所示，传感器由限流电阻 $R_1$、一次侧线圈 $W_1$、霍尔发生器、二次侧线圈 $W_2$ 及放大电路等部分组成。当被测电压 $U$ 在限流电阻 $R_1$ 和一次侧线圈 $W_1$ 中产生电流 $I_p$ 时，该电流流经 $W_1$ 产生磁场 $H_p$，使霍尔发生器有霍尔电势输出。该信号经放大电路放大，推动功率管，从电源获得补偿电流 $I_s$，$I_s$ 流经 $W_2$ 所产生的磁场 $H_s$ 的方向和 $H_p$ 相反，从而补偿了 $H_p$，直到 $I_p \cdot W = I_s \cdot W$ 为止。根据 $I_p \cdot W = I_s \cdot W$，可得出 $I_p = (W_2/W_1) \cdot I_s$，而被测电压 $U = I_p \cdot R'$，其中 $R'$ 为 $R_1$ 和一次线圈内阻之和。因此，测得 $I_s$ 便可知被测电压 $U$ 的值。

电压传感器的输出最终被输入控制系统的输入模块中。这些输入的模拟量将被牵引控制系统检测、计算和比较，一旦发现某些电压值和设定值之间的差值超过允许范围，控制系统将根据故障的危害程度决定如何处理该故障，同时切断高速断路器。

城轨列车主回路的工作电压范围是 1000~1800V，如果超出该范围，就有可能对主回路系统造成损害，甚至影响运营安全，因此必须进行监控。主回路的电压检测设备是电压传感器,它的主要作用是检测主回路相关的电压,并反馈给控制单元,当出现过电压或欠电压时,由控制单元控制相应的保护动作。

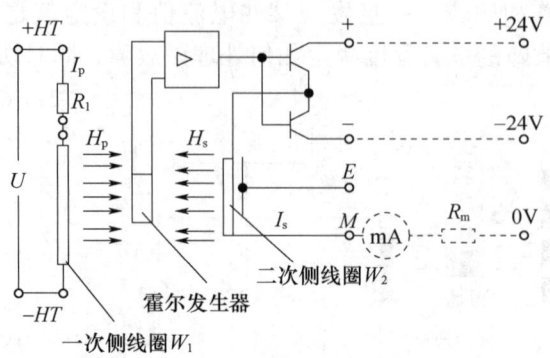

图 2.3.8.9　电压传感器工作原理示意

**4. 霍尔式转速传感器**

利用霍尔开关器件测量转速的原理很简单,只要在被测转轴上安装一个非金属圆形薄片,将磁钢嵌在薄片圆周上,转轴每转动一周,霍尔转速传感器就输出一个检测信号。当磁钢与霍尔器件重合时,霍尔转速传感器输出低电平;当磁钢离开霍尔器件时,霍尔转速传感器输出高电平。信号可经非门整形后,形成脉冲,只要对此脉冲信号计数就可以测得转速。为了提高转速的分辨率,可增加薄片圆周上磁钢的个数。图 2.3.8.10 所示为几种不同的霍尔转速传感器的结构。

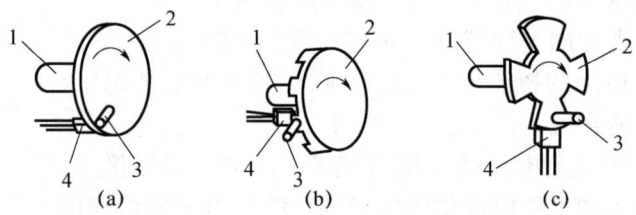

图 2.3.8.10　几种霍尔转速传感器的结构示意
1—输入轴;2—转盘;3—小磁铁;4—霍尔传感器

**5. 霍尔式位移传感器**

霍尔式位移传感器的工作原理如图 2.3.8.11 所示。图 2.3.8.11（a）为磁场强度相同的两块永久磁铁同极性相对放置,霍尔元件处在两块磁铁中间。由于磁铁中间的磁感应强度为零,因此霍尔元件输出的霍尔电势也等于零,此时位移等于零。若霍尔元件在两磁铁中产生相对位移,霍尔元件感受到的磁感应强度也随之改变,这时霍尔电势不为零,其量值大小反映出霍尔元件在磁铁之间相对位置的变化量。图 2.3.8.11（b）所示为另一种结构简单的霍尔式位移传感器,是由一块永久磁铁组成磁路的传感器,在位移等于零时,霍尔电压不等于零。图 2.3.8.11（c）所示为一个由两个结构相同的磁路组成的霍尔式位移传感器,为了获得较好的线性分布,在磁极端面装有极靴,霍尔元件调整好初始位置,可以使霍尔电压为零。这种传感器灵敏度很高,但它所能检测的位移量很小,适合微位移量及振动的测量。

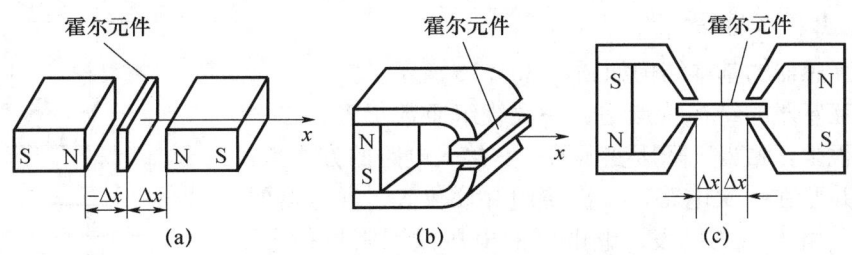

图 2.3.8.11 霍尔式位移传感器的工作原理示意

## 二、互感器

### （一）概述

互感器是电压、电流的变换设备，可以将高电压、大电流变换成低电压、小电流，以供继电保护和电气测量使用，使测量仪表与高压电路绝缘，保证工作人员的人身安全，扩大仪表量程。常用互感器有电压互感器 PT 和电流互感器 CT，从结构和工作原理来说，互感器是一种特殊变压器，因而电压互感器和电流互感器都是根据变压器的原理制成的，如图 2.3.8.12 所示。

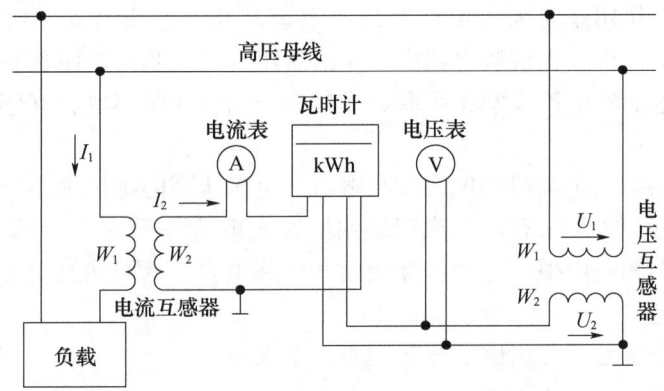

图 2.3.8.12 互感器工作原理示意

互感器的主要功能是安全绝缘。采用互感器作为一次侧电路与二次侧电路之间的中间元件，既可以避免一次侧电路的高电压直接引入仪表、继电保护设备等二次设备，又可避免二次侧电路的故障影响一次侧电路，提高了两方面工作的安全性和可靠性，保障了人身安全。另外，使用互感器还可以扩大仪表和继电器的使用范围。

互感器的铁芯线圈分为直流铁芯线圈和交流铁芯线圈两种。直流励磁电流产生的磁通是恒定的，在线圈和铁芯中不会感应出电动势，在一定电压 $U$ 下线圈中的电流 $I$ 只和线圈本身的电阻 $R$ 有关，功率损耗也只有 $I^2R$。而交流铁芯线圈在电磁关系、电压电流关系及功率损耗等几个方面和直流铁芯线圈是不同的。

工作于地铁车辆的互感器主要通过交换、检测相应的直流和交流的电压和电流值，传输到 TCU 用于控制，如电机电压互感器和电流互感器、线路电压互感器和电流互感器、中间电路电压互感器以及接地电流互感器等。

## (二) 电压互感器

电压互感器的基本结构如图 2.3.8.13 所示。

电压互感器的结构特点是：一次绕组匝数很多，二次绕组匝数很少，相当于降压变压器。它接入电路的方式是：一次绕组并联在一次电路，二次绕组并联仪表、继电器的电压线圈。由于二次仪表、继电器的电压线圈阻抗很大，因此电压互感器工作时二次回路接近于空载状态，因此二次绕组的电压一般为 100V。使用时二次侧不允许短路，否则二次侧电流会很大，使回路发热，烧毁绕组及负载回路的电气设备。

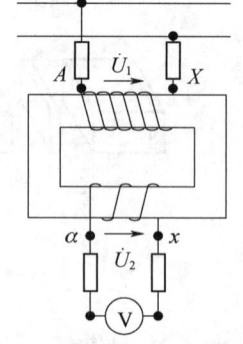

图 2.3.8.13 电压互感器的基本结构

电压互感器一次电压与二次电压之间有以下关系：

$$\frac{U_1}{U_2}=\frac{N_1}{N_2}=K_u$$

式中  $N_1$，$N_2$——电压互感器一次绕组和二次绕组的匝数；

  $K_u$——电压互感器的变压比。

## (三) 电流互感器

电流互感器的作用是将大电流变换成小电流。其原边绕组（一次侧）的匝数很少（只有一匝或几匝），串接在被测电路中；副边绕组（二次侧）的匝数较多，它与电流表或其他仪表或继电器的电流线圈相串联，形成一个闭合回路。电流互感器的基本结构如图 2.3.8.14 所示。

由于电流互感器二次侧接的仪表或继电器的电流线圈的阻抗很小，电流互感器工作时一次侧回路接近于短路状态，二次侧绕组的额定电流一般为 5A，使用时二次侧不允许开路，否则二次侧电压很高，会击穿绕组和回路绝缘，从而伤及设备，并对人身安全构成威胁。

电流互感器一次电流与二次电流之间有以下关系：

$$\frac{I_1}{I_2}=\frac{N_2}{N_1}=K_I \quad \text{或} \quad I_1=\frac{N_2}{N_1}I_2=K_I I_2$$

式中  $K_I$——电流互感器的变流比。

由式可见，利用电流互感器可将大电流变换为小电流。

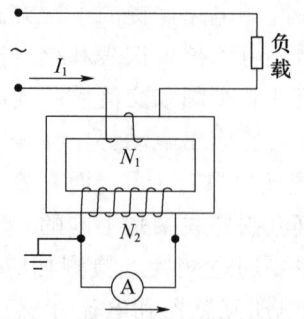

图 2.3.8.14 电流互感器结构

# 第三篇　电气线路控制

本篇主要介绍城市轨道交通车辆电气控制系统的组成及功能。

城市轨道交通车辆作为一种便捷的交通工具，最根本的任务是承载旅客完成由甲地往乙地的运输任务；车辆运行的速度及其控制是城市轨道交通车辆完成运输任务的关键。城市轨道交通车辆的运行速度受多方面因素约束，如列车运行图、区间及车站信号、线路状况、列车上各功能设备的状态、乘客舒适度、行车安全性等。因此，对城市轨道交通车辆的控制就是根据这些约束条件进行综合处理并形成最终的结果，即列车应该以何种方式或多快速度运行，并将这个决策贯彻至车辆控制系统的每一个控制单元。

城市轨道交通车辆控制系统根据运营系统给出的命令对各功能子系统进行调控，并在各个功能级上（如牵引控制、制动控制等）保证列车运行要求的实现。其主要特征是控制，即控制策略和控制手段的实现。因此，利用人工智能原理的各种控制方法，特别是在网络环境下的控制方法，也逐步应用于车辆控制系统中。

城市轨道交通车辆控制系统和外围系统的接口，都通过无线方式与地面联网，以满足整个运营系统调控和旅客信息服务的要求。因此，城市轨道交通车辆需要提供一个良好的人机界面，使驾驶员能随时了解整个列车的运行状态和各主要设备的工作状态，以便在必要时进行人工干预。城市轨道交通电动列车驾驶员在操作时，只需发出一些简单的命令，而不必知道命令由谁来执行。城市轨道交通车辆需要带有系统操作软件和大容量存储器的高级控制机（微机控制系统）来作为控制核心，并选择传送信息量大且有实时性的网络（总线控制）来连接它们，以保证网络连接和实时响应。

在车辆控制系统中，还需要直接面向现场完成 I/O 处理，并能实现直接数字控制的智能化装置，将现场的各种实时过程变量实现数字化转换，并将这些变量送往功能层的相应控制子系统。可以这样说，城市轨道交通车辆上的各个设备，通过机械、电气、电磁、网络等联系，形成一个统一的整体，通过驾驶员操纵实现列车运行的控制，而对于装置有列车自动控制系统（ATC）的电动列车，还可实现城市轨道交通系统的列车自动驾驶（ATO）、列车自动保护（ATP）、列车自动监控（ATS）、列车通信控制（TCC）等全自动控制。城市轨道交通车辆电气控制系统主要由牵引/制动控制系统、主传动控制系统、辅助供电系统和其他控制系统组成（图 3.1）。

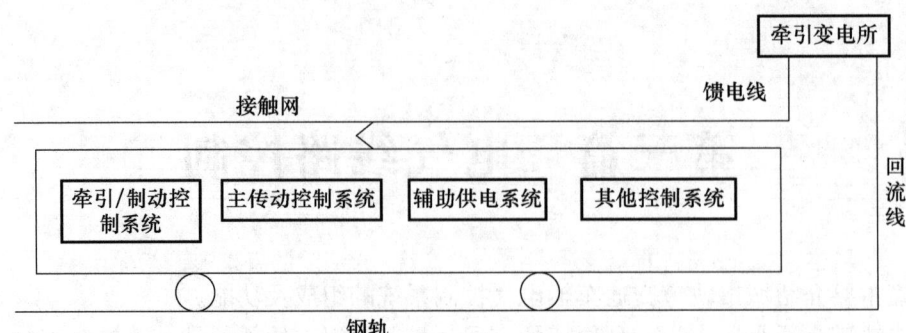

图 3.1 城市轨道交通车辆电气控制系统

# 项目一　城市轨道交通车辆电气控制系统概述

## 一、城市轨道交通车辆电气控制系统组成

城市轨道交通车辆一般有 9 种控制系统，其中主牵引传动系统、辅助供电系统、牵引/制动控制系统、车门控制系统都是直接关系到车辆运行的控制系统。

城市轨道交通车辆的主牵引传动系统（主电路系统）是主牵引动力和电制动力得以实现的载体。

辅助供电系统为城市轨道交通车辆提供辅助供电。其主要为下列系统提供电源：为主传动系统提供通风冷却中压电源和控制通信低压电源；为制动系统的空气压缩机提供中压电源和控制通信低压电源；为空调系统提供中压电源和控制通信低压电源；为列车内部照明和外部照明提供不同电压电源；为车门控制系统提供低压电源；为列车的自动控制系统、通信及列车综合管理系统提供低压电源。

牵引/制动控制系统是列车实现牵引和制动控制相关功能的控制电路系统，通过电气、器件的组合实现一定的逻辑功能。通过单元模块的控制程序运算，再经列车通信控制系统的实时响应，最终实现对列车的有效控制。

车门控制系统是实现对车门控制相关功能的电路系统。它关系到城市轨道交通车辆的运营安全。车门是乘客乘降必须接触的车辆部件，关系到乘客的人身安全。因此，在城市轨道交通车辆中，客室车门的状态直接与列车的运行状态相关联。通过列车信息显示系统，告知和提醒驾驶员所有乘客车门的状态，从而保证乘客和行车的安全。

## 二、城市轨道交通车辆整体控制

在轨道交通运输中，采用电动机机械传动来满足车辆牵引的电气部分，称为电力牵引传动控制系统。它是以牵引电动机作为控制对象，通过控制系统对电动机的速度、转向和牵引力进行调节，以满足车辆牵引和制动特性的要求。根据电动机形式的不同，控制系统可分为两大类，即采用直流牵引电动机的直流传动控制系统和采用交流牵引电动机的交流传动控制系统。由于交流电机具有免维护和体积小的特点，使用牵引逆变器调速方便，现在城市轨道交通车辆多采用交流传动控制系统。

城市轨道交通车辆的控制实际上是对牵引电机的控制。利用电机的可逆性原理完成车辆牵引和电制动工况的控制。在牵引工况时，牵引电机用作电动机运行，城市轨道交通车辆通过受电弓将接触网的 DC1500V（DC750V）电能引入车底架下部的高压箱中，在高压箱中受高速断路器控制后，经牵引逆变器送入牵引电动机，使牵引电动机驱动车辆轮对从而牵引列车。在电制动工况时，牵引电动机用作发电机运行，通过牵引电机将列车的动能转化为电能，并经牵引逆变器、高速断路器、受电弓等将电能反馈给电网；如果电能不能反馈给电网，则通过制动电阻以热量的形式散发到大气中。

# 项目二 主 电 路

我国地铁列车以六节编组为主，一般为四动二拖，主要采用交流电机作为牵引电机，所以本项目以六节车编组为例，介绍交流牵引控制系统（图3.2）。

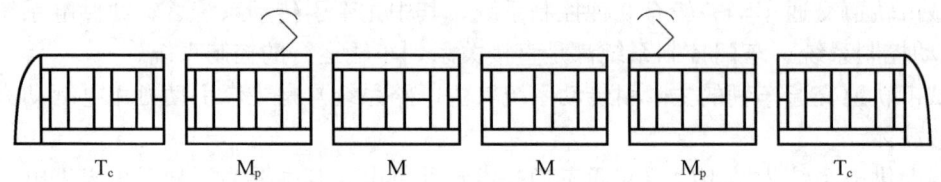

图 3.2 城市轨道交通车辆动力分配

$T_c$（A车）—带司机室的拖车；$M_p$（B车）—带受电弓的动车；M（C车）—动车。

## 任务一 交流牵引电路控制系统设备作用

城市轨道交通列车一般 6 节编组，3 节车为一个单元，两个单位列车设备对称放置，图 3.2.1.1 为一个单元车的整体控制图。

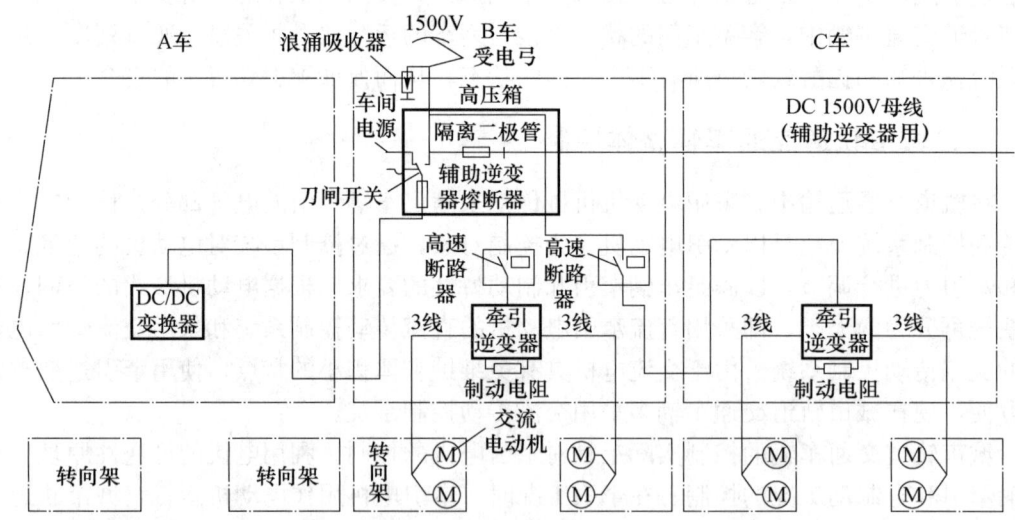

图 3.2.1.1 城市轨道交通车辆单元车总体控制

### 一、交流牵引传动电路作用

城市轨道交通车辆交流牵引传动电路种类有很多，图 3.2.1.2 是最常见的主传动电路，下面主要介绍此电路的主要功能：

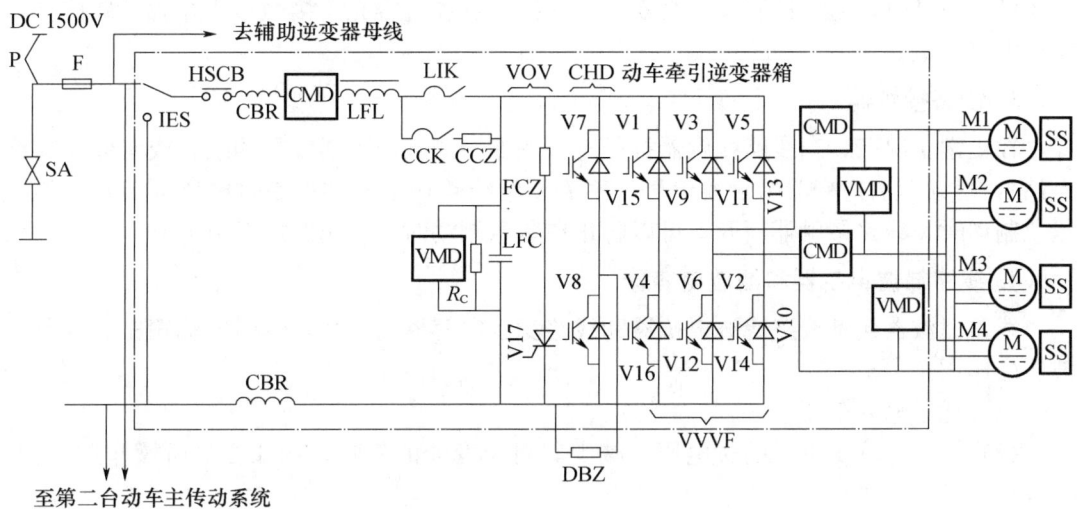

图 3.2.1.2 主牵引传动电路

P—受电弓；F—主熔断器；SA—浪涌吸收器；IES—高压电源供电开关；HSCB—高速断路器；LFL—滤波电抗器；LFC—滤波电容器构成线路滤波器；CCZ—充电电阻；CCK—充电接触器；LIK—线路接触器；VOV—硬撬杠模块；CHD—软撬杠模块；V1~V16—IGBT；V17—晶闸管；VMD—电压传感器；CMD—电流传感器；SS—速度传感器；DBZ—制动电阻；M1~M4—交流电动机；CBR—差动电流保护器；FCZ—过压保护电阻

**1. 高压电源供电开关和车间电源插座**

B 车上的高压供电开关是一个三位置开关。打到"受电弓"位时，这个开关通过受电弓从接触网上受电，并给牵引逆变器供电和通过高压列车线给辅助逆变器供电。当高压供电开关打到"车间电源"位的时候，高压供电开关通过车间电源插座能使车间电源通过高压列车线给辅助逆变器供电。当高压供电开关处于"车间电源"位时，辅助二极管被短路，也防止了回流，车间电源仅给辅助系统供电。当高压供电开关打到"接地"位的时候，这个高压供电开关将牵引设备与接触网隔离开来。当这个高压供电开关处在"接地"位的时候，滤波电容器将通过电容充电电阻放电。

C 车上的高压供电开关是一个双位置开关。打到"受电弓"位时，这个高压供电开关通过受电弓从接触网上受电，给牵引逆变器供电并通过 1500V 列车线给辅助逆变器供电。当高压供电开关打到"接地"位的时候，这个高压供电开关将牵引设备与接触网隔离开来。当这个高压供电开关处在"接地"位的时候，滤波电容器将通过电容充电电阻放电。C 车的高压供电开关无"车间电源"位或车间电源插座。

**2. 高速断路器（HSCB）**

每一个高速断路器控制一个牵引逆变器供电电路。高速断路器可以通过司机台上的高速断路器按钮手动控制，也可以通过过流和短路保护起到自动控制主牵引传动电路的作用。

如果发生了网压过压或欠压、牵引系统过流、列车运行过程中超速、牵引系统设备故障等故障，高速断路器会迅速地将牵引设备从供电系统中隔离出来。高速断路器可以是自动断开，也可以由牵引控制单元（DCU）来断开。当牵引控制单元探测到高速断路器已经断开时，牵引控制单元会断开线路接触器和电容充电接触器，并激活软撬杠给滤波电容放电。

**3. 线路接触器**

在正常工况下，当线路接触器打开时（例如探测到牵引逆变器的故障或者停靠在终点站），封锁牵引逆变器的触发信号，不需要给线路接触器加抑制过电压的装置。施加紧急制动时，线路接触器断开，可以防止在紧急制动时对列车施加牵引力。

**4. 线路滤波电抗器和滤波电容器**

线路滤波器包括线路滤波电抗器和线路滤波电容器，安装在牵引变流箱中。线路滤波器的作用：

（1）滤平输入电压。

（2）抑制电网侧发生的过电压，减少其对逆变器的影响，例如变电所操作过电压、大气雷击过电压等。

（3）抑制逆变器因换流引起的尖峰过电压。

（4）抑制电网侧传输到逆变器直流环节的谐波电流，抑制逆变器产生的谐波电流对电网的影响。

（5）限制变流器的故障电流。

**5. 电容充放电**

每次重新启动牵引逆变器时（通常是在终点站停车后）它都有一个初始化的过程。线路接触器断开，牵引逆变器与接触网隔离。

牵引控制单元通过电容充电接触器和线路接触器来控制牵引逆变器的供电。电容充电接触器是一个单极电磁型接触器。它的辅助触点将有关该接触器主触点的信息传送给DCU（牵引电子控制单元）。

当电容充电接触器闭合时，初始有一个很大的充电电流给滤波电容器充电。电容充电电阻器起到了很好的限制电流的作用。

线路接触器闭合，牵引逆变器直接与供电电源相连接。电容充电接触器断开，以防止牵引电流通过电容充电电阻器，该电阻器仅能用于电容器充电和放电。

在牵引和制动时，也为牵引控制单元提供过压和欠压保护信息。

在维护保养之前，滤波电容器通过电容充电电阻器和搭在接地位的高压供电开关放电。

**6. 牵引逆变器**

牵引逆变器箱以微机为基础实施闭环控制。其作用是在牵引工况将接触网直流电能逆变成电压和频率可调的三相交流电供牵引电机使用。在电制动工况时，牵引逆变器以整流方式将牵引电机发出的交流电变成直流电反馈给电网或消耗到制动电阻上。

牵引逆变器开关元件是6个绝缘栅双极型晶体管IGBT。这些IGBT和反向并联的续流二极管集成在一起。电阻制动斩波器开关元件是4个IGBT（集成安装），作为两套并联装置。脉宽调制控制策略依次开关IGBT，将直流输入电压逆变成正弦交流输出。因此，输出电压的频率和幅值均可控。牵引逆变器模块将直流电逆变成三相交流电供给牵引电机。

在电制动工况时，牵引逆变器以整流方式将牵引电机发出的交流电变成直流电反馈给电网，当接触网不能吸收能量，不能实现再生制动，启动制动电阻斩波器模块。因此，列车制动能量在制动电阻中以热量的形式散发到空气中。当滤波电压高出设定的门槛值时，也会启动电阻斩波器，可以防止牵引设备受到瞬时过电压的损害。

每一个功率模块都有一个散热片。这些散热片安装在 IGBT 上面。这个模块的散热片由独立的三相风机强迫通风冷却。

### 7. 软撬杠

软撬杠模块中含有斩波器和制动电阻，主要是用于电阻制动，用它来调节制动电流的大小，另一个功能是过压保护。

牵引工况，如果在逆变器的直流电路中有短时过电压，则斩波器工作，通过它对制动电阻放电，待过电压消除后斩波器截止。这种过压保护环节也叫"软撬杠"。电制动工况，接触网不能吸收再生制动反馈回来的能量的时候，软撬杠模块将提供电阻制动。

### 8. 硬撬杠

硬撬杠模块由晶闸管和过压保护电阻组成。晶闸管为牵引逆变器提供过压和浪涌保护。

撬杠晶闸管、触发板和散热片均安装在一块绝缘板上。当线路过压时，经软撬杠环节起动后仍不能消除，则触发撬棒模块。因为晶闸管只能触发导通而不能用门极触发方式关断，因此，V17 触发后必须立即断开高速断路器，否则会造成直流电路持续放电。这种过电压保护环节也叫"硬撬杠"。

当撬杠电路被触发，撬杠电流继电器会向牵引控制单元发送一个信号，这个继电器和 HSCB 联锁。这一点确保了硬撬杠触发的时候牵引设备和供电线路是断开的，避免短路带来的大电流。

另外，软撬杠还给滤波电容器放电。当 HSCB 打开的时候，触发软撬杠确保牵引系统快速对地放电。电容放电电阻器给撬杠放电提供了备份放电方案，它可以在 5min 内将电容电压降至 50V 以下。

### 9. 监控装置 VMD 和 CMD

相间电压监控装置 ABVMD 和 ACVMD 测量逆变器的输出电压。相电流监控设备 ACMD 和 BCMD 测量逆变器的输出电流。牵引控制单元监控来自这些装置上的信号，利用这些信号实现逆变器过载保护和逆变器控制。

## 二、动车驱动设备

动车驱动设备由交流牵引电机（M1～M4）、联轴节、齿轮箱和配套的速度传感器组成。

传感器是一种测量装置，它能感受相应的被测量，并按照一定规律转换成可用输电量，以满足信息的传输、处理、储存、记录、显示和控制的要求。

微电子技术和微处理技术的发展，使传感器出现了新的突破，从实时处理发展到信息储存、数据处理和控制。近年来，在传感器智能方面获得了较大的进展。随着轨道交通车辆的控制系统越来越复杂，自动化的程度也越来越高。为了满足控制系统的功能要求,需要检测有关部件、系统或整车的有关量,如温度、压力、应力、力矩、转速、加速度、风速、空气流量、真空度、振动以及噪声等。因此,传感器在轨道交通车辆上得到了广泛的应用。

速度传感器安装于车辆轮轴上,它提供控制系统信号的选取、转换和传输。装于城市轨道交通车辆上的速度传感器要求性能可靠、精度高、抗干扰性强。每台牵引电机安装有一个速度传感器。这是一个霍尔效应电磁装置,安装在电机的非驱动端,它探测电机的转速。牵引控制单元利用速度传感器输出的信号来控制逆变器。牵引控制单元还利用这些信号来监测车轮是否出现了滑行和空转。为了防止灰尘和潮气进入,速度传感器被密封起来。

### 三、其他辅助功能

主传动电路的控制还具有以下功能,如图3.2.1.3所示。

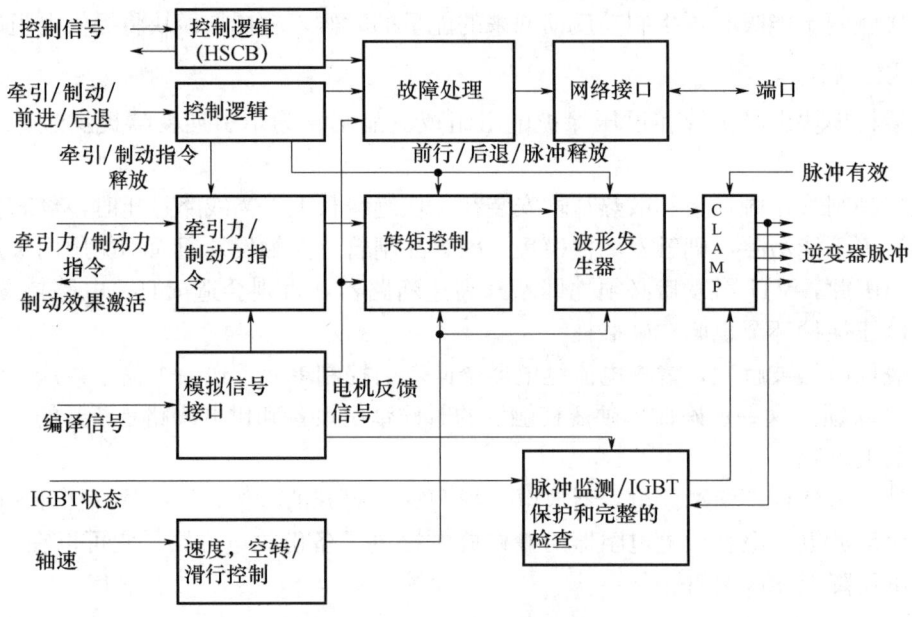

图3.2.1.3 控制指令流程图

**1. 中止模式**

如果故障出现,PCE就进入该模式,可以确保逆变器安全工作。

在这种模式下,逆变器就被永久隔离了。PCE将其所有的输出设为低电平。它将一直保持这种模式,直到用维护PC做了复位或供电电源做了复位。

**2. 牵引力/制动力指令**

根据列车自动驾驶(ATO)/司机指令,考虑到载荷信息、列车速度信息和线路电流值的限制,该功能将牵引力/制动力需求值设定给转矩控制器。

**3. ATO/司机指令**

列车自动驾驶(ATO)/司机指令发出的牵引力/制动力指令由两根专用列车线传

送牵引力/制动力脉宽调制（PWM）信号。

解码后的所需牵引力代表了要达到最大牵引加速度时所需牵引力的百分比。为了在低速时达到平稳控制，PCE 得到的最小牵引力信号是最大牵引力的 10%。

解码后的所需制动力代表了要达到最大制动减速度时所需牵引力的百分比。当速度下降到 5km/h 时，电制动消失。

### 4. 对限速/洗车模式的调整指令

PCE 从输入中探测限速/洗车模式。当列车在限速/洗车模式时，列车的运行速度由 PCE 来限制。

### 5. 冲击极限限制

牵引力的任何改变都受到冲击极限的限制。在载荷补偿前就已经有考虑。
制动力的任何改变都受到冲击极限的限制。在载荷补偿前就已经有考虑。

### 6. 载荷补偿

传给转矩控制器的牵引/制动力需求值已做了载荷补偿。6 辆车编组载荷补偿考虑 50% 的拖车的载荷。PCE 通过一根硬连线 PWM 信号传送的动车载重量信号和通过 TC-MS 传送的拖车载重量信号做载荷补偿。对于 6 辆车编组的列车，修正后的总载重量是动车重量加上一半拖车的重量。

### 7. 力/速度限制

传给转矩控制器的牵引力和制动力从属于某限定值。这些限定值是依据列车速度、滤波电压和设定的冲击极限率计算出来的。

### 8. 线路电流和电压限制

每一列车的电流限制和牵引制动期间的滤波电压限制在事先都已设定好了。

### 9. 高速牵引力限制

当逆变器输出定子频率接近它的最大值时，牵引力将被降低。

### 10. 车轮空转（牵引）

当 PCE 探测到了空转现象，牵引力逐渐减小到 0。

当空转被修正时，牵引力分两个阶段修正。首先，以接近冲击极限的速率回升，直到牵引力已经达到设定门槛值。然后，牵引力逐渐回升到空转出现时的牵引力值。到达这一点时，空转修正就完成了。

这个空转修正的参数系统能达到优化系统控制的目的，并将反复出现空转的可能性降到最小。

### 11. 车轮滑行（制动）

在正常情况下，较小的滑行（小于 15%）由 PCE 控制，较大的滑行（大于 15%）由空气制动单元（BCU）控制。如果出现较大的滑行，制动控制单元将发送给 PCE 的 L_DISEB 信号设为高电平。当 PCE 探测到这个输入信号正在变为高电平，制动力就迅速降为 0。制动力保持为 0（也就是说电制动失效），同时 L_DISEB 输入高电平。当 L_DISEB 输入信号再次设为低电平时，制动力就会逐渐恢复。

当滑行现象被修正后，制动力分两个阶段逐渐回升。首先，以接近冲击极限的速率回升，直到制动力已经达到设定门槛值。然后，制动力逐渐回升到滑行出现时的制动力值。到达这一点时，滑行修正就完成了。

这个滑行修正的参数能达到优化系统控制的目的，并将反复出现滑行的可能性降到最小。

### 12. 转矩控制器

转矩控制器根据牵引力指令/制动力指令计算出电机运行转矩，计算出波形发生器所需的值。

当脉冲释放信号是高电平时，转矩控制器为牵引电机计算出所需转矩。由转矩控制器产生规定速率下的列车加速/减速转矩指令。

转矩控制器要维持控制，需考虑车轮直径、系统效率、供电电压、断电区和受电弓跳跃、车轮滑行和空转参数。

### 13. 波形发生器

编译转矩控制器的频率和将需求调制成绝缘栅双极型晶体管（IGBT）的触发脉冲波形发生器为驱动 IGBT 提供脉冲信号。首先对这个信号进行放大，然后传送给 IGBT 门极驱动面板，这个门极驱动信号用一段光纤电缆传播。给这个面板供电的低电压变压器是光电隔离的。

### 14. 方向控制/相位旋转

IGBT 脉冲波形的相位旋转要依据控制逻辑块产生的前行和后退信号设定。如果方向向前，逆变器相位旋转方向是 ABC。当电机未运行时，方向才可改变。

### 15. 逆变器脉冲发生器

只有当脉冲释放信号是高电平时，才会有脉冲的产生。通常，逆变器在冲击极限限制内将牵引力/制动力减小到零以后，脉冲释放信号才设定为低电平。

### 16. 牵引电机负载分配

每台逆变器驱动 4 台牵引电机。只有当车轮轮径相同时，电机负载才可以平均分配。如果轮径明显不同，4 根轴的转速就不相等。这将导致电机之间承担的负载不相等，并且逆变器不能有效地控制电机。

PCE 计算了轮径差别，当轮径差小于 1.0% 时，逆变器功能是正常的。超出 1.0% 时，PCE 将记录为一个故障，同时禁止逆变器工作。

## 任务二　主牵引控制系统作用

### 一、牵引逆变器与牵引电机的配置

一台 VVVF 逆变器给同一辆车 4 台并联的牵引电机供电，这种逆变器与电机的配置方式称为"车控"方式，如广州地铁、沈阳地铁采用的就是车控供电方式。也有一种配置是1台逆变器给同一转向架上2台并联的牵引电机供电，称为"架控"方式，如天津滨海地铁就采用了架控方式。供电方式的选择取决于牵引、制动特性要求，以及逆变器与电机的容量。如果一台逆变器仅给一台牵引电机供电，称为"轴控"方式。在城轨动车中，由于牵引电机功率较小，没有必要采用轴控方式。

## 二、主电路原理

图3.2.2.1所示为牵引系统组成。

牵引工况时：受电弓将接触网的直流电引入列车，通过主断路器、高速断路器和电抗器输入牵引逆变器内，牵引逆变器将直流电能变换为电压和频率可调的交流电能供给牵引电机。

电制动工况时：牵引逆变器将牵引电机发出的交流电整流成直流电，并将直流电通过电抗器、高速断路器、主断路器和受电弓反馈给电网（再生制动）；当电网不能再吸收电能时，牵引逆变器将直流电消耗到制动电阻上（电阻制动）。

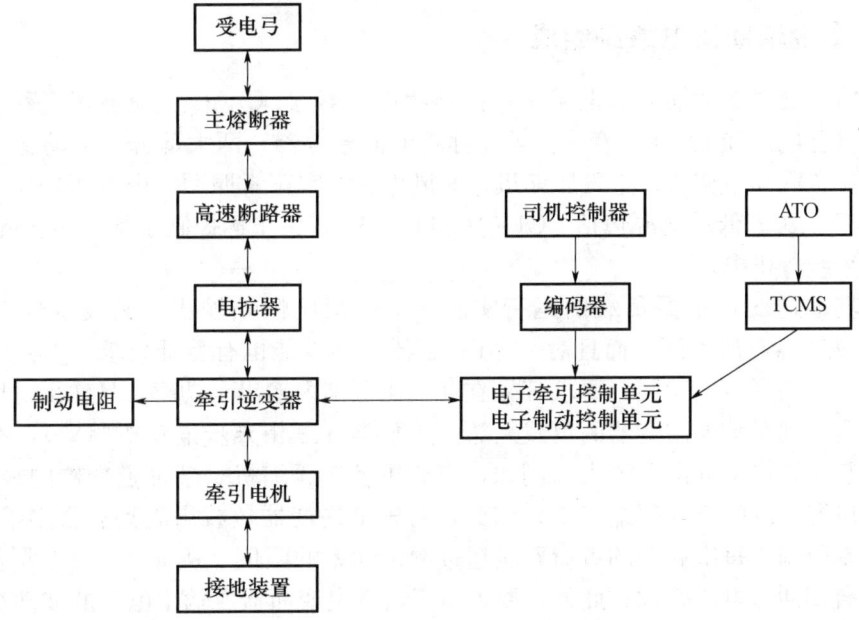

图3.2.2.1　牵引系统组成示意

# 项目三　辅助控制系统

## 任务一　辅助逆变器控制

### 一、辅助供电系统作用

辅助供电系统将接触网的高压直流电逆变成低压交流电和斩波成低压直流电的设备。辅助电路正常工作与否直接影响到主电路的工作状态，是列车稳定、安全运行的关键。

### 二、车辆辅助供电系统组成

城市轨道交通车辆辅助供电系统包括辅助逆变器（DC/AC变流器，简称SIV）和低压电源（蓄电池和DC/DC变流器，简称蓄电池充电器）两大部分。辅助逆变器给车辆上的交流负载如空调机、空气压缩机、通风机、客室正常照明、电暖等提供AC380V及AC220V电源。低压电源包括DC110V和DC24V，为车辆控制系统、应急负载供电、车门控制系统等供电。

列车辅助逆变器根据负载的运行实际，采用恒压恒频输出，其技术性能要求与VVVF主逆变器有所不同，而且对DC/DC变流器的性能也有特殊要求。如供电电压波动范围为$-33.3\%\sim+20\%$，要求SIV在此电压范围内输出全功率，且输出电压脉动在规定范围内。列车辅助逆变器的负载大部分是泵类（三相异步电动机驱动），不需要调速，直接起动，启动冲击电流大。例如，空调机及其压缩机是辅助逆变器的最大负载，其他还有风源系统的空气压缩机等。因此，对辅助逆变器负载启起动有很多限制要求，如起动功率限制，每次启动的负荷不能超过额定功率的限值（例如40%），要求顺序启动以避免启动冲击电流叠加；此外，要求由于负载突变而造成输出电压的波动在限制值之内（一般是$\pm15\%\sim\pm20\%$）并且在规定的时间内（一般100～300ms）输出电压恢复至正常值。因此，在辅助逆变器的型式试验中要经受负载突变、网压突变、重复启动、过载能力等种种考验。辅助逆变器的短时过载能力以能达到其额定容量的倍数及时间来表示，不同公司的产品过载能力相差较大，这主要取决于逆变器所用的功率半导体器件（IGBT）的电流冗余。

低压电源包括DC/DC变流器和蓄电池。DC/DC变流器输出DC110V和DC24V电压。正常情况下列车运行时，车上所有的DC110V负载全由DC/DC变流器供电，蓄电池处于浮充电状态。一台变流器供列车一半辅助负载供电，如果有一台变流器发生故障，则另一台变流器要给全列车的负载供电，因此DC/DC变流器的容量在设计时要考虑有足够的冗余。只有当主供电系统发生故障时（例如电网供电中断），蓄电池才向紧急负载供电。紧急负载是指紧急照明、紧急通风设备、车门设备等，其中最大的负载是紧急通风设备。紧急时的通风量是正常情况空调通风量的一半，但要求持续工作时间较长，一般规定在隧道中运行的车辆要保证供电 45min，地面或高架运行的车辆要保证供电 30min，蓄电池容量就是根据这一要求确定的。有的系统配置一台应急通风用逆变器（根据风量正比于通风机电源频率，通风机取用功率正比于电源频率的 3 次方。紧急风量比正常工作时减半，则通风机取用功率仅为正常工作时的 1/8），只是应急通风用逆变器的容量并不大。

### 三、辅助供电系统电路的基本类型

随着电力电子器件的发展，城市轨道交通车辆静止式逆变电源的辅助供电系统也经历了不同时期的发展过程。IGBT 器件的迅速发展，使得 20 世纪 90 年代中后期，欧洲与日本等地的城轨车辆辅助供电系统的逆变器大都由 IGBT 构成。

**1. 辅助供电系统的构成方案**

(1) 斩波器稳压再逆变，变压器降压隔离；
(2) 三点式逆变器逆变，变压器降压隔离；
(3) 电容分压双重逆变，隔离变压器构成 12 脉冲；
(4) 点式逆变器逆变，滤波器与变压器降压隔离；
(5) 直-直变换，高频变压器隔离再逆变。

这些方案各有其特点，都能满足城市轨道车辆的技术要求。

**2. DC110V 控制电源构成方案**

目前城市轨道交通车辆辅助供电系统中，获得 DC110V 控制电源主要有两种不同的途径。

(1) 通过静止逆变器、50Hz 隔离降压变压器降压再整流滤波来实现。
(2) 通过直-直变换器直接接入电网，经高频变压器隔离，再整流滤波得到 DC110V 控制电源。

比较两者，后者是独立的，与静止逆变器无关，也就不受逆变器的影响，这在供电功能方面有一定的好处，但是因为需要独立的直流电源，增加了辅助系统的成本。

**3. 变压器隔离方案**

为了人身及设备安全，低压系统及控制电源必须实现与高压系统电气电位上的隔离，最佳和最实用的隔离方式就是采用变压器隔离。一般常用的有 50Hz 变压器隔离和高频变压器隔离两种方式。其中，50Hz 变压器的体积与质量较大；高频变压器的体积与质量较小，但必须采用性能好的高频磁芯（铁芯），目前大都采用进口的铁氧体磁芯或铁基微晶合金的磁芯（铁芯）。

DC110V 控制电源，容量不大，约 25kW。一般将 AC380V 通过整流器整流输出 DC110V 电源，现今也有的采用直-直变换及高频变压器隔离，这也是成熟的方式。

### 四、城市轨道交通车辆 AC380V 和 DC110V 供电分配

**1. 城市轨道交通车辆辅助供电方式**

城市轨道交通车辆辅助供电有分散供电和集中供电两种供电方式。集中供电和分散

供电根据一个单元配置辅助逆变器的数量区分。在2M1T（3节车辆）构成单元的地铁车辆（整列车由两个单元，即6节编组构成）中，若每节车辆均配备一台辅助辅助逆变器，每单元共用一台DC110V控制电源，则这种供电方式为分散供电。若每单元只配一台辅助逆变器，一台直流110V控制电源，则这种供电方式为集中供电。轻轨车辆大都采用1M1T（2节车辆）构成单元，由两个单元构成一列车（即所谓的4节编组），每单元配备一台辅助逆变器的集中供电方式。

分散供电和集中供电这两种供电方式各有优缺点。分散供电冗余度大，均衡轴重好配置，但造价要大些，且总重也会高些。而集中供电冗余度小，每轴配重难以一致，但相对而言，总重会轻些，成本也低一些。除我国早期引进的列车每节车均设有辅助逆变器外，现在的列车都采用集中供电的方式。

我国早期引进的地铁车辆辅助供电多采用分散供电方式，例如上海地铁1、2号线车辆，如图3.3.1.1所示；广州地铁1号线车辆，如图3.3.1.2所示。

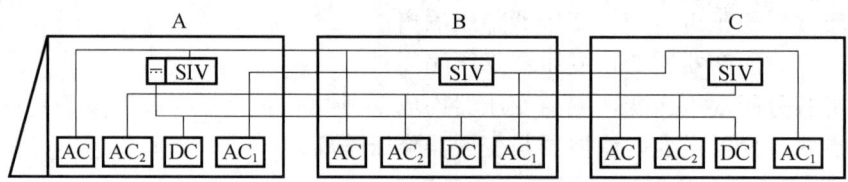

图3.3.1.1　上海地铁1、2号线车辆辅助供电框图

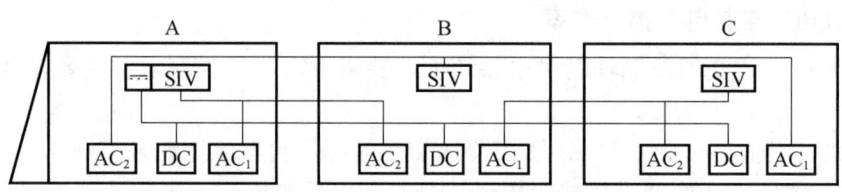

图3.3.1.2　广州地铁1号线车辆辅助供电框图

图3.3.1.1中，每节车配置1台"SIV"辅助逆变器，A车的"SIV"提供三节车辆共用的"DC"直流设备用电和每节车的"AC"其他交流设备用电；B车的SIV提供三节车辆每节的"$AC_1$"空调、空气压缩机和风机交流负载用电；C车的SIV提供三节车辆每节的"$AC_2$"空调、空气压缩机和风机交流负载用电。

图3.3.1.2中，"SIV"为辅助逆变器。A车的"SIV"提供共用的"DC"直流设备——DC/DC变流器用电，DC/DC变流器采用半桥高频逆变降压后整流输出。"$AC_1$"和"$AC_2$"为每节车的空调、空气压缩机和风机交流负载。在每单元车中，A车电气柜内的AC220V交流插座的电源由B车的DC/AC提供，B车电气柜内的AC220V交流插座的电源由A车的DC/AC提供，C车电气柜内的AC220V交流插座的电源由自身的DC/AC提供。

我国上海地铁2号线后引进的车辆中，其辅助供电多采用集中供电方式，即每个单元由一台辅助逆变器供电。图3.3.1.3为广州地铁2号线车辆辅助供电方式，辅助逆变器配置在C车与主逆变器一起，DC/DC设备配置在A车上采用直接变换方式。图3.3.1.4为上海地铁4号线车辆辅助供电方式，辅助逆变器在A车上，DC/DC采用间接变换方式与辅助逆变器在一起。

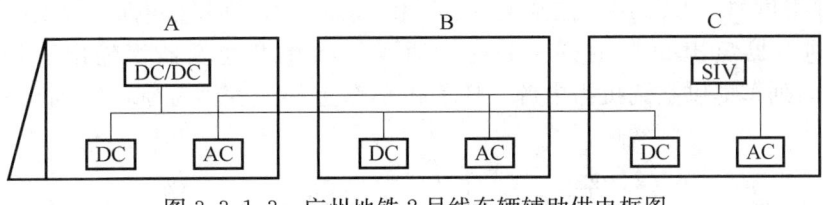

图 3.3.1.3　广州地铁 2 号线车辆辅助供电框图

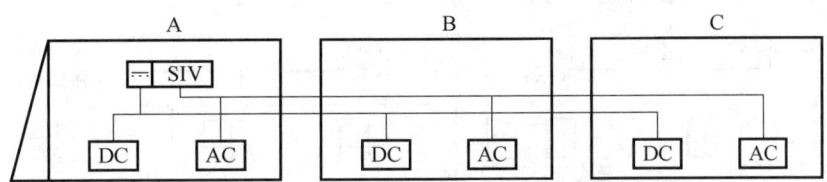

图 3.3.1.4　上海地铁 4 号线车辆辅助供电框图

广州地铁 3 号线车辆采用两动一拖组成一列车，A 车为带驾驶室的动车，B 车为拖车，两台辅助逆变器（在一个箱体中）配置在 B 车上，DC/DC 设备作为辅助逆变器的组件共两个，同时为整个 3 节编组列车内的直流负载供电，同时对蓄电池充电。图 3.3.1.5 所示为广州地铁 3 号线车辆的辅助供电方式，正常运行时两个辅助逆变器系统相互独立工作，一个辅助逆变器的三相交流输出可以为一节 A 车和半节 B 车供电。当一个辅助逆变器故障时，通过断开相应输出接触器将故障辅助逆变器与三相配电回路隔离。10s 后耦合接触器闭合，原来被隔离的三相回路将被组合到一个系统中，由另一个有效辅助逆变器供电，此时需降载使用，即每节车关闭一个空调单元，关闭故障辅助逆变器供电的空气压缩机。

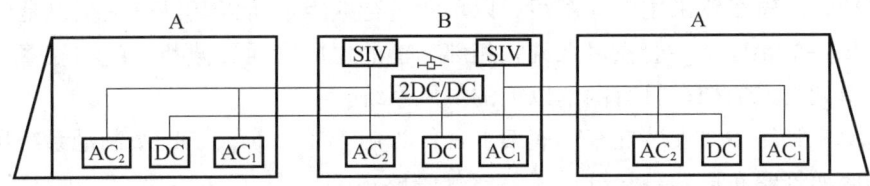

图 3.3.1.5　广州地铁 3 号线车辆辅助供电框图

**2. 城市轨道交通车辆负载分配实例**

我国早期进口的西门子公司生产的地铁车辆中，整个辅助电路由逆变器、蓄电池及相应的部件组成，在 A、B、C 三种车型中都有辅助供电电路，其工作状态正常与否直接影响整列车的功能，特别是当数辆车发生辅助供电电路故障时，会导致整个运行线路的中断，因此学习和掌握电动列车辅助供电电路对保障高效、可靠、安全的运行体系是极为必要的。考虑到逆变器系统在辅助供电电路中的重要性和复杂性，对逆变器系统有必要进行详细的了解。

以上海地铁 1 号线车辆（直流传动）为例，其辅助供电系统回路如图 3.3.1.6 所示。

DC1500V 接触网电流经受电弓、列车导线和隔离二极管向每节车的静止逆变器馈电。静止逆变器按车辆类型分为 A 车（拖车）——14.3 型，B、C 车（动车）——14.4

型。14.3型逆变器输出为DC110V和三相AC380V，50Hz。DC110V向A车上的蓄电池充电，并提供列车DC110V控制用电。三相AC380V，50Hz向列车提供照明及通风，每个A车逆变器负担50%的列车照明和通风。14.4型逆变器仅输出三相AC380V，50Hz它们向列车提供空调机组电源。B车和C车上的逆变器分别向全列车一半的空调机组供电。

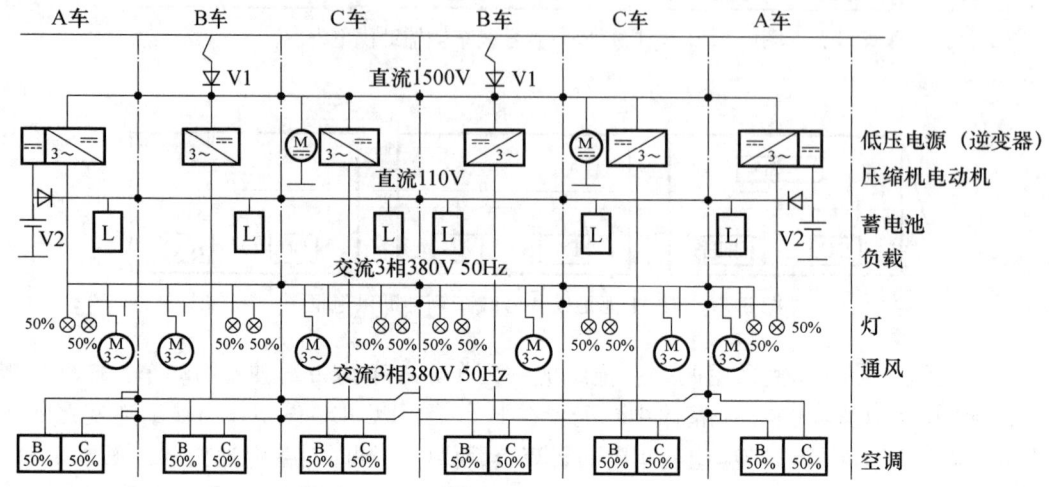

图3.3.1.6 辅助供电系统原理图（6节车编组）

## 任务二 空气压缩机控制

一般地，城轨车辆采用电动车组，以单元进行编组，所以其供风系统也是以单元来供气的。每一单元设置一套供风系统，相邻车辆的主风管通过截断塞门和软管相连。由两个以上单元组成的列车具有两套以上的供风系统。

压缩空气管路主要安装在车辆底架上，作为用于 $T_c$、$M_p$、$M_2$ 车制动系统和空气悬挂装置的底架管路布局的一部分，压缩空气管路还为位于 $T_c$ 车一端的轮喷系统、空气压力表等提供压缩空气。全自动及半自动车钩的解钩用风、受电弓气动控制设备也是通过压缩空气管路，由空气软管连接到相应管路上。

供风系统及空气管路部件为制动系统、空气悬挂和辅助系统解决一切压缩空气问题。

### 一、供风系统作用原理

空气压缩机组是产生压缩空气的装置，它产生的压缩空气紧接着进入干燥器净化，净化后的压缩空气进入总风联管，进而通过车钩气路装置（W组部件）向相邻车辆传输；列车中的每节车均从总风联管获取本车所需使用的压缩空气，储存在总风缸中的压缩空气同时供本车用风系统使用。压力控制包括空气压缩机管理、压力限制、压力调整等内容。压力开关设定两台空气压缩机同时工作的压力转换点，配套的测试头用于调整压力开关设定值时外接压力表显示。安全阀限定总风管的最高压力。

## 二、空气压缩机启停控制

对供风系统输出的压缩空气进行压力的控制，也称为调压。调压是通过调压器输出的控制信号控制空气压缩机的启动与停止的。调压器是空气压力开关，即压力继电器。在采用计算机控制技术后，空气压缩机的启停是由网络计算机或制动计算机来控制的。

总风系统的压力范围在不同的产品中有所不同，常用的压力范围大致有以下几种控制规律：

650～800kPa；750～900kPa；850～1000kPa。

为了保证列车上两套空气供给单元工作时间的均衡，空气压缩机组的启停按主-辅模式进行。空气压缩机组的控制采用"单双日"启动控制策略和"激活端"空压机起动控制策略。"单双日"启动控制即两台空气压缩机根据"单双日"交替设定主辅空压机。"激活端"空压机起动控制即激活端的空气压缩机交替设定主辅空压机。空气压缩机的启停根据由安装在制动控制装置中的压力传感器检测总风管的压力，将该压力信号通过车辆总线 MVB 送给车辆控制单元，车辆控制单元综合考虑总风管的压力和"单双日""激活端"信号发出空气压缩机启停命令。以总风系统压力 750～900kPa 范围为例，空气压缩机启停控制模块设有 5 个压力极限值。

安全极限值：它是启动安全阀的压力（950kPa），此时安全阀动作。

停机极限值：它是空气压缩机在所有模式下停机的压力（900kPa）。

启动极限值：它是空气压缩机在正常模式下启动的压力（750kPa）。

辅助极限值：当总风管中的压力达到此压力极限值时，第二空气压缩机启动，以帮助正在工作的空气压缩机给列车充气，直至压力达到停机极限值。它是辅助模式 700kPa。

紧急极限值：当总风缸管中的压力达到此压力极限值时，启动紧急制动以停止列车。断开值为 550kPa（600kPa），而闭合值为 700kPa。

空气压缩机的启动模式包括正常模式和辅助模式。

正常模式：处于正常模式下的空气压缩机在压力低于启动压力极限值（750kPa）时启动，当压力超过停机压力极限值（900kPa）时停止。压力在启动压力极限和停机压力极限之间调整。

辅助模式：处于辅助模式下的空气压缩机，当压力低于辅助启动压力极限值（700kPa）时启动，当压力超过停机压力极限值时停机。压力在辅助启动压力极限和停机压力极限之间调整。

此外，在司机操纵台上设置强迫泵风按钮（自锁型）。按下强迫泵风按钮，空气压缩机启动。压力开关（700～900kPa）作为空气压缩机启动的硬线备份，空气压缩机启动接触器得电，空气压缩机启动。空压机启动时，干燥器同时启动。车间供风时，操作截断塞门，它的辅助触点信号传递给车辆控制单元封锁牵引。同时，截断塞门的触点信息给空气干燥控制单元，启动空气干燥器。

## 任务三  通风冷却控制

列车上电器设备一般安置在电气设备箱，如斩波器箱、逆变器箱、制动电阻箱和电子电器设备柜等都装有 GTO（门极可关断晶闸管）器件、制动电阻等发热元件，因此，必须对它们进行通风冷却，以保证各种电气设备的正常工作。通风冷却的基本方法是在设备箱内装备通风机。通风机由三相异步电动机驱动，其电源来自辅助逆变器的三相交流输出。

通风方式有以下三种。

（1）电阻制动箱、电感电抗器箱中热量直接由通风机吹出箱外。

（2）斩波器箱中进行循环对流，热量通过热交换器导出，再用冷却风机吹出。

（3）逆变器箱中三个轴流风机进行循环对流，热量通过箱体及箱盖上的散热片散发出来。另外，还有一个通风机通过风管将逆变器箱内的热量吹出箱外。

## 任务四  空调控制

城市轨道交通车辆每节车有两台空调，空调配置如图 3.3.4.1 所示。

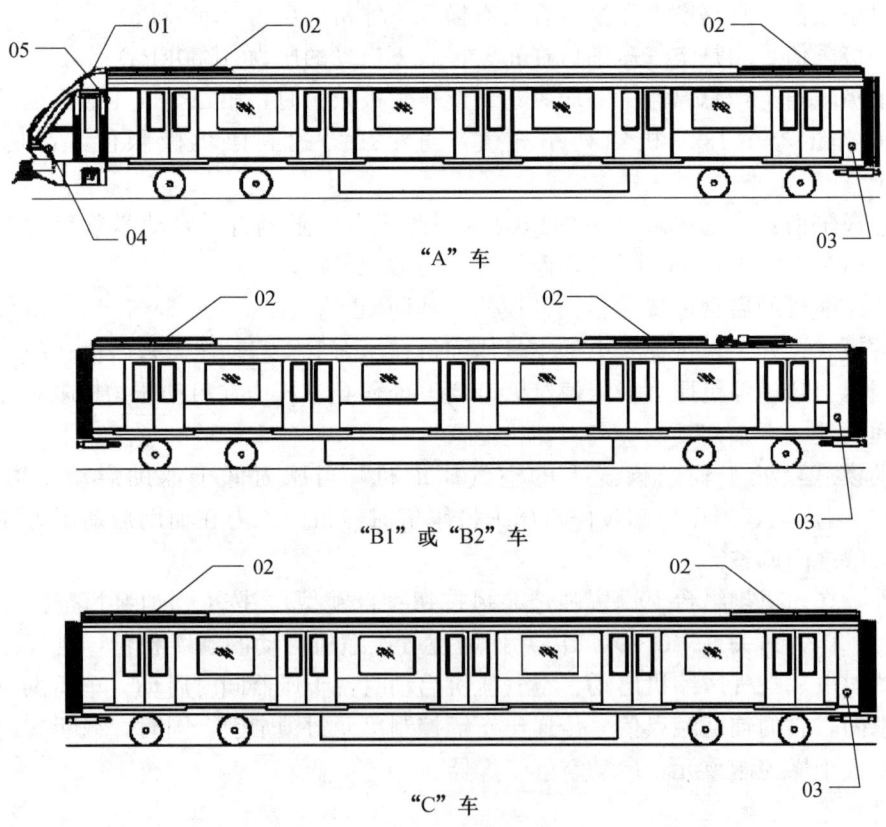

图 3.3.4.1  空调配置

空调系统的主要作用是确保空气环境和空气质量：

(1) 01 表示司机室空调单元：安装在司机室顶部，它的设计应满足室内空气的制冷、制热以及紧急通风。

(2) 02 表示客室空调单元：安装在每辆车两端车顶空调槽内，每个完整的空调机组包括蒸发器腔、压缩机腔和冷凝器腔，能够根据热负荷情况如乘客数、各种电气设备、照明设备等自动控制客室内部温度。

(3) 03 表示紧急逆变器：将电池能量转化为交流电，供电给蒸发器风机。

(4) 04 表示空调通风单元：通过与车辆信息管理系统接口实现控制和监测。

(5) 05 表示控制盘：空调的控制中心。

## 一、客室空调系统

### 1. 客室空调系统的组成

两个完全相同的车顶单元式空调机组：分别安装在车辆的端部。

一个控制盘：控制空调系统的运行。

一个紧急逆变器：DC/AC，在紧急通风模式下运行时为空调机组通风机供电。新风通过位于机组中心的顶盖隔栅进入空调机组内部，客室内循环风通过位于机组前端两侧底部的回风口进入机组内；新风与循环风混合后，经过空调过滤冷却，然后从机组前端吹出，通过分配风道吹入客室内。

控制盘是中央处理单元，带有两个扩展模块：数字量扩展模块和模拟量扩展模块，利用热电阻模块采集车内温度信号，通过与 PLC 内部设定温度比较后，实现通风、制冷各工况。

本控制盘使用 CPU 224 及其扩展模块面板上自带的小灯来提示运行和故障情况。

每个控制盘均连接到列车"车载监控系统"。

### 2. 空调控制

(1) 每车包括一个单独的控制盘。每两个空调机组由单独的微处理器控制，具有下列功能：预调节、通风、制冷、紧急通风等。

根据相应传感器测得的内部和外部温度，电气控制器执行相应的要求来运行最适宜的元件。这样，在预定的时间内对车内空气进行调节以提供舒适的环境。

除了温度控制外，控制盘还可进行下列额外的控制：通风机、冷凝风机和空气压缩机之间延时启动，最后，为了方便维修，温度和空调机组所有必要的信息均进行存储记录。

控制盘还包括控制空调设备运行的必要元件：接触器、继电器、断路器以及控制盘和不同空调元件进行通信所必要的连接器。

(2) 紧急逆变器。

此逆变器安装在车内，在紧急运行时将 DC110V 电池电源逆变为交流电源，为蒸发风机供电。

外部蓄电池的电压接通，控制电源首先得电工作，控制部分对系统进行自检。自检完成后电源开始检测外部信号（允许启动信号、风机运转信号和外部主回路电压），当外部要求有交流电压输出时,电源主电路预充电,预充电完成后,斩波电路开始工作使中间直流环节达到一个稳定的直流电压,然后逆变部分开始工作,输出稳定的变频变压电源。

电源具有过压、欠压、过流、缺相、短路、过热等保护功能。另外,电源采用全密封、自然冷却的结构形式,使电源不易因积灰等原因而引起故障。

## 二、司机室空调机组

空调系统安装在司机室顶部。司机室具有单独的空调机组,与客室空调无关。空调的所有部件均安装在一个不锈钢机箱内。控制盘为空调的控制中心,可手动或自动控制整个空调系统正常的通风、制冷或加热运行。

**1. 司机室空调系统主要部件**

包括一个带减振器的空调机组,一个选择开关和一个按钮开关,机组和出风口及回风栅之间的连接风道,出风口,回风隔栅,一个控制盘(图3.3.4.2)。

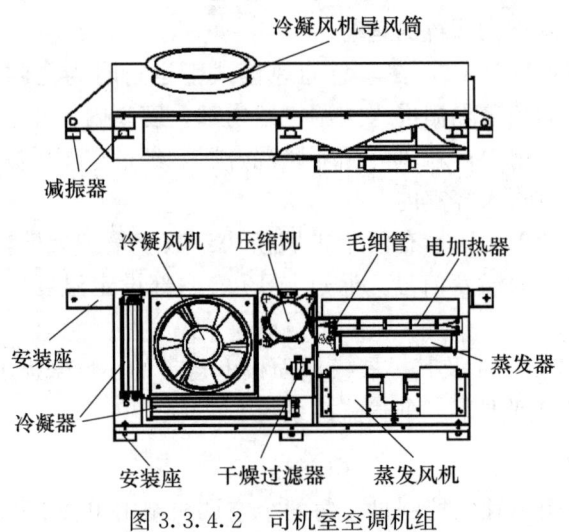

图 3.3.4.2 司机室空调机组

**2. 空调机组控制**

空调机组可通过"ON/OFF"开关来控制。此信号发送到各车。
"启动"命令:信号为高电平。
"停止"命令:信号为低电平。
当车辆信息管理系统失效时,空调机组仍能运行。"允许启动"信号将用来控制空调机组的启动顺序。此信号由车辆信息管理系统供电。

## 三、空调机组电源

空调系统由中间电压供电,紧急模式下由低电压供电。每车的两个空调机组由一个控制单元控制。每节车厢的两个空调机组由两个不同的中间电压电源供电。

如果一个空调机组的中间电压失效,另一个机组仍旧能够正常供电,第一个机组切断后,另一个机组将继续正常运行。

司机启动列车时，空调机组将等待中间电压供电和"启动"命令。收到命令后，将进行系统检测并发送"自检成功"信号。"自检成功"后，一个空调机组将发送"要求启动"信号，并等待车辆信息管理系统发出"允许启动"信号。每个电源回路具有短路和过流保护。

### 四、紧急通风

当主回路电源失电后，DC110V蓄电池和紧急逆变器开始提供45min的紧急通风电源。

当控制盘启动后，并发送"允许启动"信号给逆变器。

当紧急通风模式持续45min后，紧急逆变器将自动切断其主回路，停止紧急通风。微处理器将切断所有电机触点直到紧急通风信号消失。

如微处理器控制器发生故障，则无论两个辅助逆变器正常与否，紧急逆变器均会启动，执行紧急通风。新风口打开，回风口关闭，紧急通风结束。

## 任务五  照明控制

城市轨道车辆的照明种类有很多，功能也不同，主要分为内部照明和外部照明。

### 一、内部照明

内部照明包括客室正常照明、客室紧急照明、驾驶室照明和车内设备柜照明。

（1）客室正常照明由列车的A车逆变器交流输出供电，每节A车逆变器负担列车的50%客室照明。当一台A车逆变器故障时，另一台A车逆变器仍可保证客室有一半照明。两条照明主线路的荧光灯在客室顶上交叉排列，保证即使某条主线路故障，照明仍能均匀分布。客室照明正常工作时座位席上水平面的照度达到300lx。荧光灯电源为AC220V。驾驶室驾驶台上的复位旋转开关"客室照明"控制客室的全部照明灯具的开/关（包括紧急照明）。图3.3.5.1所示为地铁车辆一个单元车辆的内部照明布置。

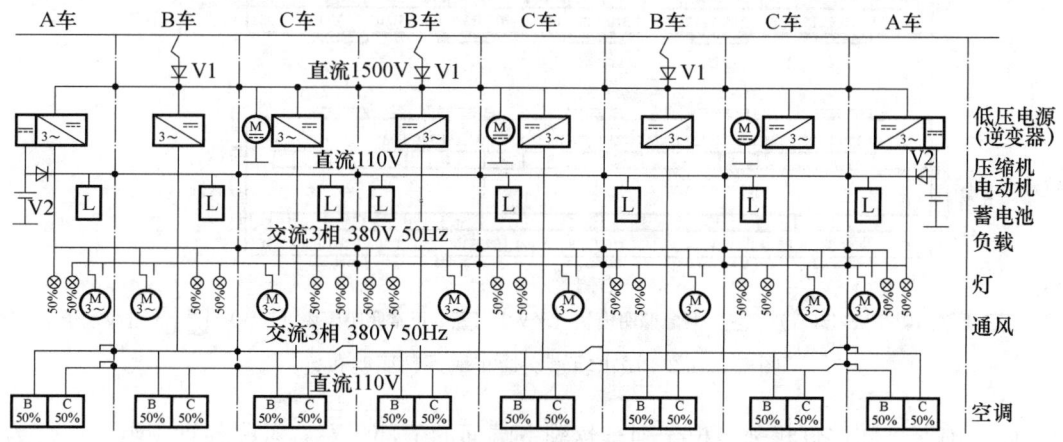

图3.3.5.1  辅助供电系统原理图（8辆车编组）

（2）驾驶室照明采用 DC110V 电源，3 个驾驶室顶棚灯安装在驾驶室的天花板上，驾驶台"驾驶室"灯旋转开关控制驾驶室灯的开/关。驾驶台上还安装有阅读灯，帮助驾驶员操纵驾驶控制台面上的控制仪表及控制部件。驾驶台上的各种仪表，例如速度表和双针压力表，列车激活后将在驾驶台上保持点亮。

驾驶室指示灯位于正、副驾驶台以及驾驶室侧墙上，包括 20 多个不同的指示灯和 1 个故障显示板。驾驶室指示灯向驾驶员提供各种列车信息，如故障信息、车门开关信息、制动牵引信息、受电升弓还是降弓信息等，便于驾驶员正确全面地掌握列车的状态。

（3）紧急照明用于列车在无网压情况下的客室照明。紧急照明使用专门线路，由 DC110V 供电，紧急情况下使用蓄电池电源。紧急照明灯在客室与一般客室灯交叉排放，使照明尽量均匀。

（4）车内设备柜照明也由 DC110V 供电。照明开关与柜门相联，柜门打开时照明接通，柜门关闭时照明断开。

## 二、外部照明

外部照明如图 3.3.5.2 所示，起到运行照明、标识方向、标示运行状态的作用。外部照明包括前照灯（头灯）、尾灯、运行灯、标志灯和列车号显示灯。其中，前照灯、标志灯和运行灯受驾驶控制器钥匙、方向手柄等的控制，由 D110V 供电。

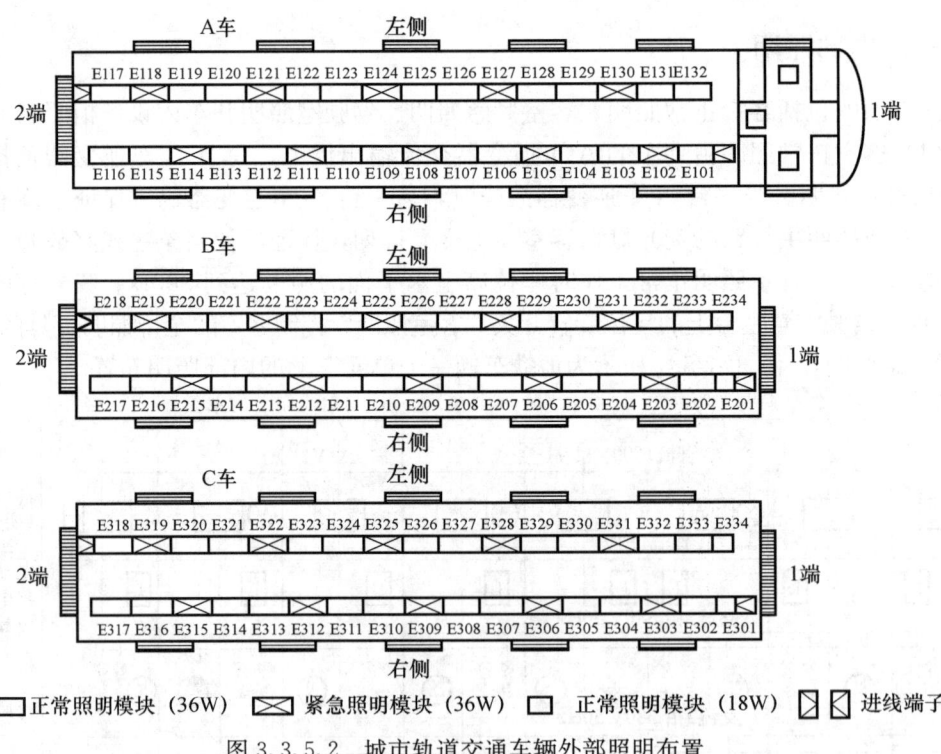

图 3.3.5.2 城市轨道交通车辆外部照明布置

（1）前照灯和尾灯相邻，位于列车驾驶室端面的下部，左右对称各有一组。头灯为白色，尾灯为红色。运行灯在车顶线处也是左右各一组，红白两色，用于显示列车的状态。前照灯电源为 DC24V 或者 DC110V，采用聚焦灯，分亮、暗两种灯泡，前照灯"亮、暗"的选择旋钮设置在驾驶室主操纵台，可在驾驶台上进行控制。当前照灯为亮位即远光照明时，前照灯前方 190m 处的照度为 1.6lx；暗位即近光照明。尾灯、运行灯采用非聚焦灯，电源为 DC110V。列车主控制器打开后，标志灯和列车号显示灯自动接通。

前照灯、尾灯、运行灯之间的控制由驾驶员操作驾驶控制器手柄进行控制。当驾驶室激活且方向手柄在"向前"位时，应点亮的灯有：

① 在列车"前"端的前照灯和白色运行灯。

② 在列车"后"端的标志灯和运行灯。

当驾驶室激活，且方式/方向手柄在"向后"位时，应点亮的灯有：

①"前"和"尾"两端的前照灯和白色运行灯。

②"前"和"尾"两端的标志灯和红色运行灯。

当驾驶室激活，且方式/方向手柄在"0"位时，"前"和"尾"两端的尾灯亮。

(2) 车门指示灯。车门指示灯用于显示客室车门的状态。每个客室车门有三个指示灯，在每扇客室门内侧和外侧的上方均安装有橙色的门解锁，图 3.3.5.3 所示为地铁单元车辆连接端的指示灯显示灯，其中门内侧上方还安装有红色的门切除指示灯。车门内侧解锁和切除指示灯车内位置如图 3.3.5.4 所示。

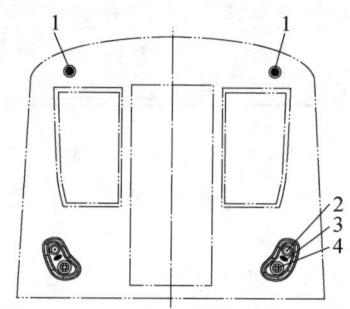

图 3.3.5.3　A 车驾驶室端正面图

1—运行灯（红白双色）；2—前照灯（头灯，暗）；3—标志灯（尾灯红色）；
4—前照灯（头灯，亮）

门解锁指示灯指示相应车门的状态，显示方式及意义如下：

① 无显示（灭灯）：当相应车门的检测电路检测到车门关好时，该指示灯无显示。

② 固定显示（橙色灯亮）：当车门通过任何方式打开时（列车处于激活状态），此时门解锁指示灯为固定显示。

③ 闪烁显示（橙色灯闪烁）：一侧列车的客室门是通过驾驶室内的开门按钮开启的，则按关门按钮时将触发兼有声响的关门报警，此时门解锁指示灯闪烁显示（只有当所有客室门关好后，灯闪烁报警才能停止），以提示乘客车门即将关闭。一般情况下，从触发关门报警的时刻计起，约 4s 后，两门叶才动作。

门切除指示灯有两种显示方式：无显示和固定显示红色。正常情况下，该指示灯不显示，当该指示灯显示时，表示相应车门的控制电路切除，在这种情况下，该车门不能通过电控方式开、关。

车门解锁（外墙）指示灯位置，设置于车体外侧的每个门上方。每个单元的 3 节车对应于相同位置的门都有相同的代码。仅以 A 车为例加以说明，橙色指示灯指示为：当门叶打开时，门叶上方的"解锁"指示灯亮；操作"左门关"按钮，该指示灯开始闪烁，直到门关上并锁闭；门控电源被切除后，该指示灯不再闪烁。

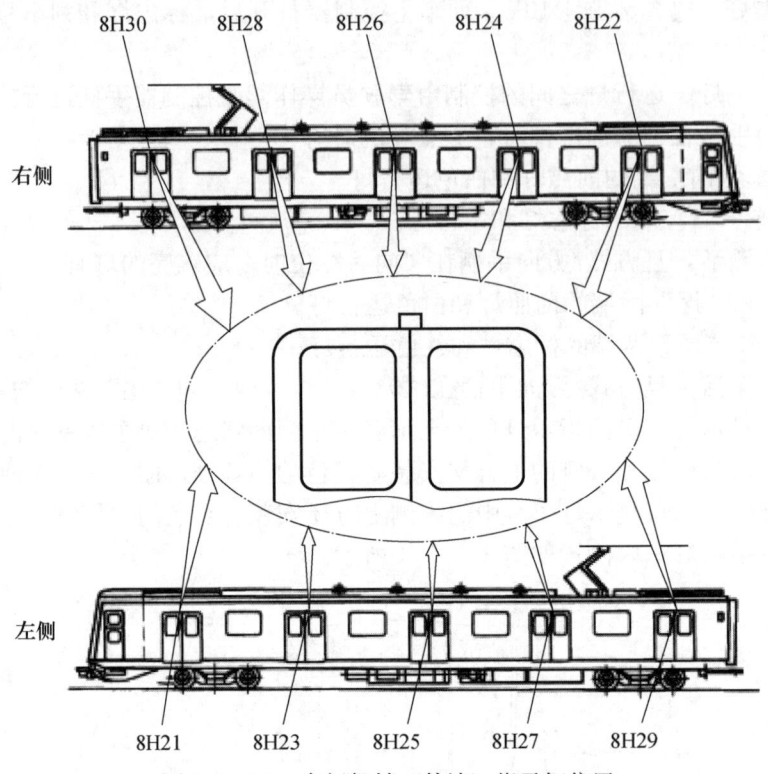

图 3.3.5.4 车门解锁（外墙）指示灯位置

# 项目四 牵引制动控制系统

## 任务一 电动列车电气控制系统电路识读

### 一、常用电气设备符号及其说明

在城市轨道交通车辆控制线路中,要用到大量的电器元件,如电磁继电器、时间继电器、电磁阀、各类开关和按钮等,为便于识图,本书将线路图中通用的符号按现行国家标准进行汇总,见表3.4.1.1。由于各城轨车辆电气控制采用的技术不同,电气线路的作图标准也有所不同,因此表3.4.1.1仅就采用国家标准的城市轨道电气线路的电气设备符号加以说明。

表3.4.1.1 常用电气设备图形符号及其说明

| 序号 | 图形符号 | 说明 | 序号 | 图形符号 | 说明 |
|---|---|---|---|---|---|
| 1 |   | 受电弓 | 9 | 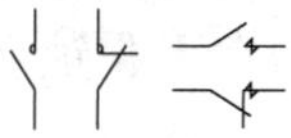  | 接触器主触头 |
| 2 |   | 接地 接机壳 | 10 |   | 断路器 |
| 3 |   | 插头和插座 | 11 | 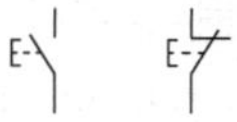  | 动合按钮 动断按钮 |
| 4 |  | 避雷器,火花间隙 | 12 |   | 双绕组变压器 |
| 5 |   | 扼流圈 电抗器 | 13 |   | 熔断器 |
| 6 | 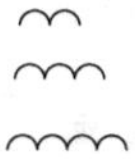  | 换向或补偿绕组 串励绕组 并励或他励绕组 | 14 | 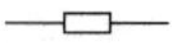  | 电阻 |
| 7 | 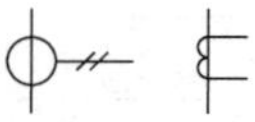  | 电流互感器 脉冲变压器 | 15 | 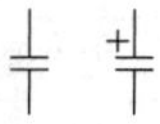  | 电容 |
| 8 | 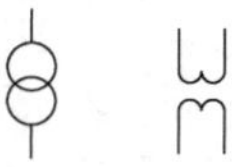  | 电压互感器 | 16 | 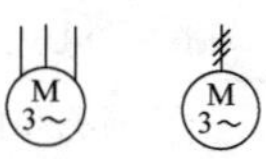  | 三相鼠笼型异步电动机 |

续表

| 序号 | 图形符号 | 说明 | 序号 | 图形符号 | 说明 |
|---|---|---|---|---|---|
| 17 | 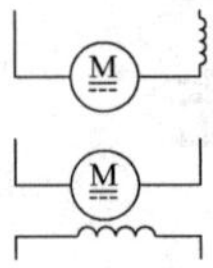 | 直流串励电动机 直流他励电动机 | 20 | 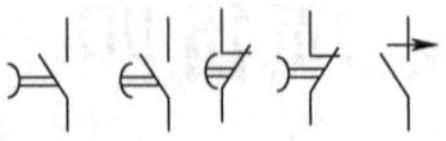 | 延时联锁 |
| 18 | 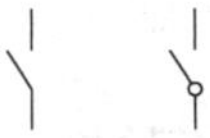 | 常开联锁 一般开关 | 21 |  | 具有自动释放的负荷开关 |
| 19 |  | 常闭联锁 | 22 | 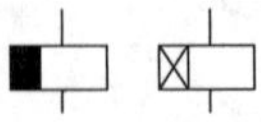 | 时间继电器线圈 |

（1）各电气设备在电气线路图中除按表内符号表示外，在符号旁边还应标明相应电气设备在电路中的标注，且在所有该设备的各联锁旁边也标同一标注，说明是同一电器在电路中不同位置的控制关系，或在该电器线圈图形符号的下方，给出该电器所有联锁及其位置，如图3.4.1.1所示，2K07线圈下方列出了2K07的8组联锁及位置。

（2）导线也是电气线路图中的一部分，特别是一些重要的导线应在电路图中标明导线标注，不同类型和不同作用的导线可用不同字母或汉字表示，如图3.4.1.1所示，"20100"就是直流正端线的线号。

（3）常开联锁、常闭联锁（也称正联锁、反联锁）是对电器的工作线圈未通电、电器处于释放状态时的联锁位置而言的，若其联锁是打开的即为常开联锁（正联锁），若其联锁是闭合的即为常闭联锁（反联锁）。当电器工作线圈通电、电器动作后，常开联锁闭合，常闭联锁则打开。

（4）所有的电器联锁不是都有常开、常闭的概念。对于某些组合电器的联锁，除标出其所属电器的代号外，还应标明该联锁的接通位置，此类联锁又称位置联锁，如蓄电池开关。

（5）对于凸轮控制器或鼓形控制器，在电路图中将这类触头闭合次序沿轴向展开为一个平面的触头闭合电路图，简称展开图。在某工作位置联锁是接通的，则在该位置相应的导线下方以黑点（或黑线段）表示。

## 二、电路图识图

**1. 电路类型标注**

在城市轨道交通车辆的电路图中，一般分为九类电路，为了区分不同电路，通常采用两位数字编号进行分类，见表3.4.1.2。

表3.4.1.2 城市轨道交通车辆控制系统电路图电路类型标号

| 数字编号 | 电路类型 | 数字编号 | 电路类型 |
|---|---|---|---|
| 01 | 主电路（高压电路） | 06 | 空调电路 |
| 02 | 牵引/制动控制电路 | 07 | 辅助设备电路 |
| 03 | 辅助供电电路与辅助电路 | 08 | 车门控制电路 |
| 04 | 检测和信息电路 | 09 | 特殊设备电路 |
| 05 | 照明电路 | | |

## 2. 设备及元器件的标注

城市轨道交通车辆设备和元器件的标注采用流水号的标注方法。一般为三位，用数字与字母组合而成。第一位是数字，表示电路类型；第二位是字母，表示设备及元器件类型，表3.4.1.3列出了电路设备及元器件常用符号的含义；第三位是数字，表示该设备及元器件的序号。例如，2A01中，"2"表示设备属于牵引/制动控制电路；"A"表示主控制器；"01"表示该类设备的第一个设备。

表3.4.1.3 城市轨道交通车辆电路设备及元器件常用符号的含义

| 常用符号 | 含义 | 常用符号 | 含义 |
| --- | --- | --- | --- |
| A | 主控制器 | P | 压力继电器 |
| B | 传感器 | R | 电阻 |
| F | 自动空气开关、熔断器 | S | 按钮、转换开关 |
| H | 指示灯 | V | 二极管 |
| K | 接触器、继电器 | Y | 车钩电气接线盒 |

## 3. 电气联锁标注

同一电气设备可能有多对联锁，为了区别同一设备的不同联锁，电气联锁也有标注。一般情况下，继电器、接触器、按钮等电气设备符合以下规律：第一位表示联锁顺序；第二位则成对出现，"3、4"表示常开联锁的两个节点，"1、2"表示常闭联锁的两个节点。例如，图3.4.1.1中继电器"2K07"线圈下部有所有联锁的标注，共有8对联锁，其中6对常开，2对常闭。"13-14"表示继电器第1对为常开联锁，"61-62"表示继电器第6对为常闭联锁。但是，时间继电器等特殊设备不适用以上规律。

## 4. 设备联锁及元器件位置标注

电气设备和导线的位置用带括号的五位数字标注。前两位表示其所在电路的类型，中间两位表示处于该类电路的第几张图样，最后一位表示其处在该张图样中的第几区。例如，图3.4.1.1中（02102）表示该导线来源于牵引/制动控制电路第10张图样的第2区。

## 5. 导线的来源与去向标注

导线线号也采用五位数字标注。第一位数字表示电路类型，第二、三位表示该类电路的第几张图样，最后两位表示该导线的编号。例如，图3.4.1.1中20100表示该导线线号是牵引/制动控制电路第1张图样的第0条导线。

## 6. 车钩装置的触点标注

自动车钩与永久车钩不同。永久车钩（永久牵引杆）采用弹性触点连接形式，自动车钩为了保证可靠连接，采用弹性触点并联连接形式。图3.4.1.2（a）中的9Y06为C车2位端车钩电气接线盒的连接，63与64为不可伸缩触点，263与264为可伸缩弹性触点，在另一单元的C车2位端车

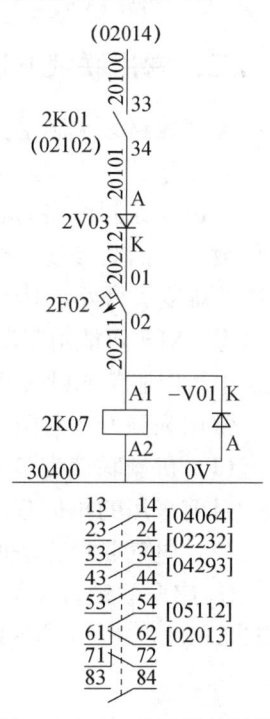

图3.4.1.1 导线线号示例

钩电气接线盒与之相连接的分别是可伸缩触点和不可伸缩触点，这样保证列车过曲线横向振动时每对触点都能够可靠连接。

**7. 压力开关标注**

压力开关主要用于检测气路中的气压。压力开关在电路图中的标注符号如图 3.4.1.2（b）所示。压力开关符号上下的参数为其动作整定值，当气压大于 7.0bar[①] 时，节点"01—04"闭合；当气压小于 6.0bar 时，节点"01—02"闭合；当气压处于 6.0~7.0bar 时，节点保持上一状态，图中箭头方向即为节点分合的方向。

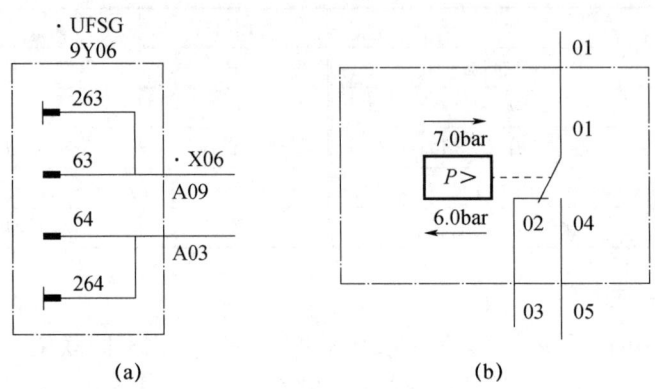

图 3.4.1.2　触点标注符号

为了查找方便，将电路图进行分区，城市轨道交通车辆电路图借用平面坐标形式定位。横向用数字"1、2、3、4、5、6、7、8"均分；纵向用字母"A、B、C、D、E、F"均分。每张电路图有文字区描述电路功能，说明电路的类型、代号和页码。

### 三、常用联锁方法

控制线路必须满足主电路、辅线电路的控制需求，如电器按一定次序动作，驾驶员按一定顺序操作，因此必须设置一些联锁来满足控制线路的逻辑要求。

在设置控制线路的联锁时，首先必须满足线路的控制要求，在此前提下应尽量减少联锁数目，因为多设一个联锁就增加了线路发生故障的可能性，同时也增加了分析处理故障的难度。另外，对于需要在列车有故障时维持运行的线路，同样要在控制线路中作相应考虑。对于可能由于误操作造成事故或检测设备出故障而导致的不能动车现象，也应在线路中予以避免或设法补救。因此，在设置控制线路的联锁时应统筹考虑，综合处理。

常用联锁方法有两大类，即机械联锁与电气联锁。

（1）机械联锁为避免因驾驶员的误操作造成人身及设备不安全，需设置一些机械联锁。目前采用的机械联锁主要是司机控制器的联锁。

（2）电气联锁方法的种类较多，下面仅介绍几种常用的联锁方法。

① 串联联锁。在某电器的工作线圈前串联若干其他电器的联锁，称为串联联锁。如图 3.4.1.3 所示，在继电器 K 的线圈电路中串有 a、b、c 三个电器的联锁，其中 a、

---

① 1bar=100kPa

b 为常开联锁，c 为常闭联锁。该电路要求串联联锁 a、b 两电器处于得电吸合状态而 c 电器处于释放状态时继电器 K 才能吸合，而 a、b、c 三个电器中任意一个不符合上述工作状态时，继电器 K 失电释放。

串联联锁用多个条件使一个电器通电，而不满足其中任一条件就使电器线圈失电。在电路中凡要求同时满足多个条件才能接通电路的环节一般采用串联联锁电路。但串联联锁越多，可靠性越低，因此，应尽量减少串联联锁的数量。

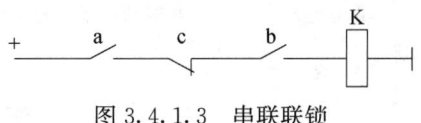

图 3.4.1.3　串联联锁

② 并联联锁。在某个电器工作线圈前并联若干其他电器的联锁，称为并联联锁。如图 3.4.1.4 所示，在继电器 K 的线圈前并联有 a、b、c 三个电器的联锁，其中 a、b 为常开联锁，c 为常闭联锁。该电路要求在 a、b 两个电器处于释放状态而 c 电器处于吸合状态时，继电器 K 的线圈不通电处于释放状态，而 a、b、c 三个电器中任意一个不符合上述工作状态时，继电器 K 即得电吸合。

并联联锁是指多个条件中的任一条件成立则该电器线圈得电，只有不满足全部条件时，该电器线圈才失电。这种联锁方法对电器的动作顺序没有固定要求。

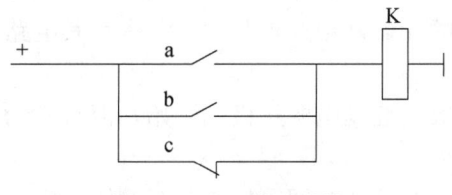

图 3.4.1.4　并联联锁

③ 自持联锁。在某电器工作线圈前的电路中并联有该电器本身的常开联锁，称为自持联锁。如图 3.4.1.5 所示，在继电器 K 的线圈电路中并联有 a、k 两个联锁，当 a 电器处于吸合状态时其常开联锁闭合，继电器 K 的线圈得电。该继电器吸合，其本身的常开联锁也闭合，此后即使 a 电器释放，继电器 K 的线圈仍可由自身的常开联锁供电保持吸合状态。只有在其常开联锁以外的其他部分断开时，才能使该电器线圈失电。这种电路的特点是：电器吸合时需要一定条件，在电器吸合后这种条件消失，但电器此时仍能保持吸合状态，只有在电路的其他部分断开时，才能使该电器释放。

自持电路常用于电器工作的条件可能构成后又消失，但又需要在构成条件消失后必须保持该电器持续工作的场合。例如，列车启动继电器控制电路中继电器 2K01 的 (14－13) 联锁即为自持联锁。

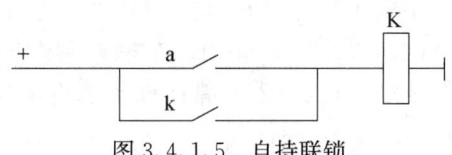

图 3.4.1.5　自持联锁

④ 延时联锁。延时联锁是指某电器的线圈得失电与其联锁动作不同步。一般分为通电延时和断电延时。通电延时：电器吸合，延时一段时间，常开联锁闭合，常闭联锁断开，电器断电时一般没有延时；断电延时：电器释放，延时一段时间，常开联锁断开，常闭联锁闭合。时间继电器分为电磁式时间继电器、机械式时间电器和电子式时间继电器。值得指出的是，现在城市轨道交通车辆上采用的延时电器一般都是电子的，时间可调，精确性好（图 3.4.1.6）。

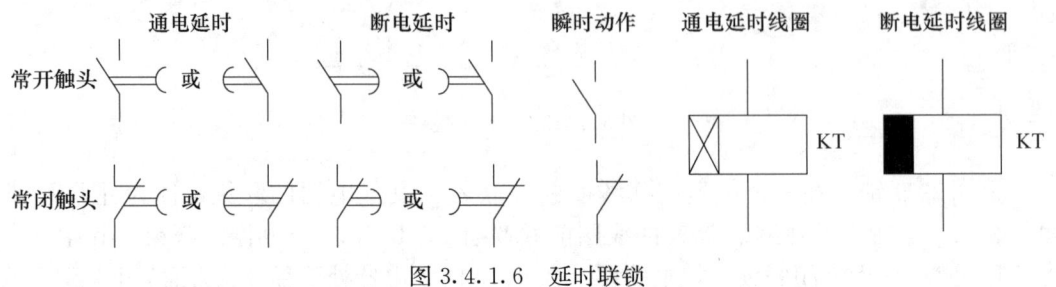

图 3.4.1.6　延时联锁

### 四、电路的结构及逻辑顺序

借用逻辑函数方法来描述电路的结构及逻辑顺序。

（1）电路中有关导线、开关、联锁和电器工作线圈一律用该电器的各车辆规定标注表示。

（2）电路中串联连接的元器件用逻辑与"·"表示其电路结构，并联连接的元器件用逻辑或"＋"表示。

（3）描述控制电路一般从控制电源正极端开始，但有时为了简明和叙述方便，可从重要导线开始和到导线结束。

（4）继电器、接触器、开关、按钮等的常开联锁用该电器的标注书写，常闭联锁在该电器的代号上加一短直线表示逻辑非。

（5）电磁线圈用该电器的标注外加方框表示。

# 任务二　电动列车的激活控制

### 一、电动列车的激活控制

城市轨道交通车辆的控制电路电源电压为 DC110V，在升弓前由蓄电池提供 DC110V，升弓后由辅助供电系统 DC/DC 模块提供。蓄电池供电开关有蓄电池开关和列车激活旋钮两种。本书以蓄电池开关为例。起动或激活列车时，必须先接通列车蓄电池，其控制电路如图 3.4.2.1 所示。操纵蓄电池开关 3S01 置接通（ON）位置。列车控制继电器 3K11 的线圈经 3S01（23—24）联锁、车辆控制继电器 3K12（61—62）常闭联锁、车辆分断激活继电器 3K13（22—21）常闭联锁而得电，逻辑关系为：

30412 · 3S01（23—24）· $\overline{3K12（61-62）}$ · $\overline{3K13（21-22）}$ · 3K11 · 30400

3K11 得电动作，接通牵引/制动控制电路的紧急制动回路和零速继电器 2K11（速度监控继电器）回路，受电弓才能升弓取流。3K11 的自持电路得电逻辑为：

30412 · 3S01（23—24）· 3K11（13—14）· $\overline{3K13}$（21—22）· $\boxed{3K11}$ · 30400

同时，一组列车控制继电器联锁 3K11（33—34），通过 3S01（13—14）联锁使列车线 30612 激活。该线通过车钩传递，使图 3.4.2.2 中 C 车激活继电器 3K14 得电。图 3.4.2.2 中，列车 6 节车编组或 3 节车编组时，车辆车钩连挂继电器 9K01、所有车钩都连挂好继电器 9K02 和半自动车钩解钩继电器 9K03 连挂正常时，车辆激活列车线 30632 通过 3K14（13—14）联锁接通。

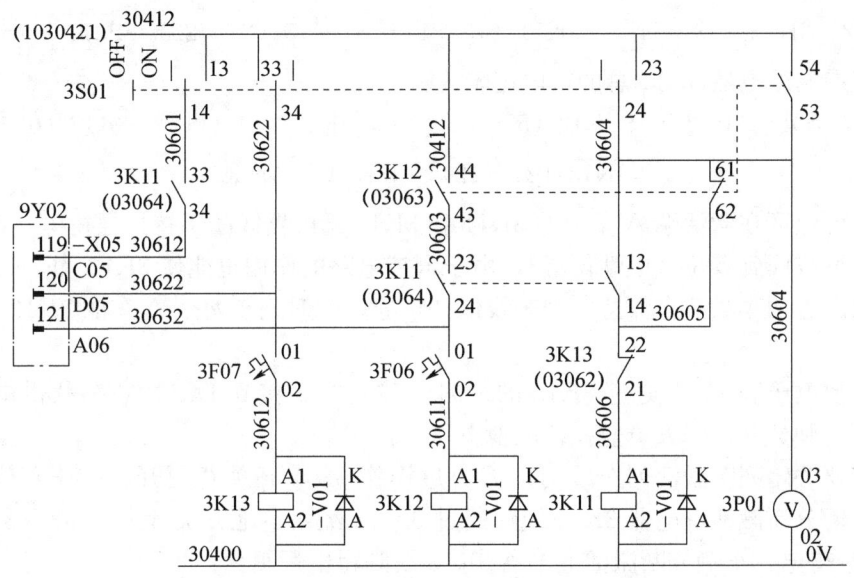

图 3.4.2.1　电动列车的激活控制（一）

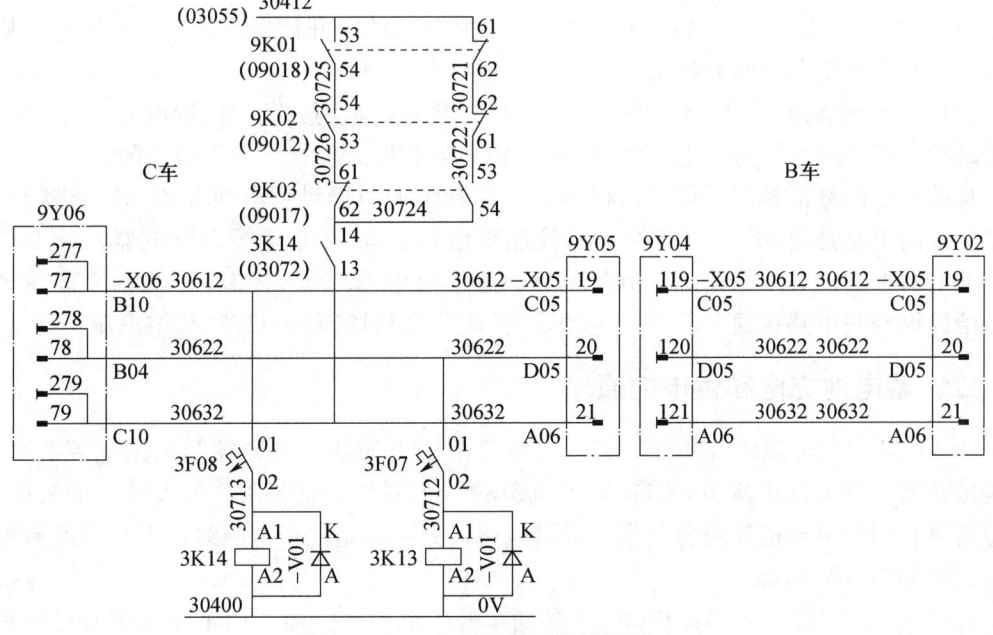

图 3.4.2.2　电动列车的激活控制（二）

车辆激活列车线 30632 得电后通过车钩传递回 A 车，使 A 车的车辆控制继电器 3K12 被激活。得电逻辑为：

$$9Y02 \cdot 30632 \cdot 3F06（01-02）\cdot \boxed{3K12} \cdot 30400$$

3K12 得电吸合，并保持自持。自持得电逻辑为：

$$30412 \cdot 3K12（44-43）\cdot 3K11（23-24）\cdot 3F06（01-02）\cdot \boxed{3K12} \cdot 30400$$

3K12 得电后，即使松开蓄电池旋钮 3S01，3S01（23-24）断开，3K11 通过 3K12（53-54）得电，得电逻辑为：

$$30412 \cdot 3K12（53-54）\cdot 3K11（13-14）\cdot \overline{3K13}（21-22）\cdot \boxed{3K11} \cdot 30400$$

列车控制继电器 3K11 总的得电逻辑为：

$$30412 \cdot [3S01（23-24）+3K12（53-54）] \cdot [3K11（13-14）+\overline{3K12}（61-62）] \cdot \overline{3K13}（21-22）\cdot \boxed{3K11} \cdot 30400$$

这样可保证在激活端 A 车内的 3K11 和 3K12 继电器线圈保持接通得电，即使 3S01 按钮被缓解或回到零位（中性位置），由于自持电路的作用也能使 3K12 和 3K11 继续保持得电状态。列车激活自保持，列车线保持接通，此时列车两个 A 车的 3K12 继电器都被激活。

蓄电池电压表 3P01 通过 3K12 的（54-53）联锁接到 DC110V 车载供电系统中，这样方便驾驶员和检修人员监控蓄电池电压。

当需要关闭列车激活列车线时，需通过操作 3S01 开关置断开（OFF）位置进行。此时，车辆分断激活继电器 3K13 线圈通过 30412 经蓄电池开关 3S01（33-34）、3F07（01-02）得电，车辆分断激活继电器 3K13 线圈得电逻辑为：

$$30412 \cdot 3S01（33-34）\cdot 3F07（01-02）\cdot \boxed{3K13} \cdot 30400$$

车辆分断激活继电器 3K13 得电动作，其一组联锁（22-21）断开使 3K11 线圈失电。3K11 失电，则（13-14）和（23-24）两组联锁断开使继电器 3K12 失电，从而使列车的蓄电池电源被断开连接。

松开蓄电池旋钮 3S01，使 3S01（33-34）断开，车辆分断激活继电器 3K13 失电。列车激活自保持列车线将失电，所有 3K12 继电器将断开连接，列车被关闭。

总结列车的激活控制，可以这样理解：驾驶员通过操纵蓄电池开关 3S01 进行激活控制。激活电路是由 3K11 列车线激活控制继电器、3K12 车辆控制继电器、3K14C 车激活继电器控制。关闭电路则是由车辆分断激活继电器 3K13 控制。"激活"简单理解就是给操纵控制电路接通 DC110V 电源，"关闭"则是切断 DC110V 供电电源。

## 二、蓄电池充电和供电的原理

DC110V 控制电源线有两种类型：一种是电磁电源线（联锁控制电路电源线），为车辆接触器、继电器线路和 DC110V 供电负载（主要是紧急照明、列车两端的头尾灯、紧急通风和门控电动机等应急负载）提供电源；另一种是电子电源线，为车辆所有电子设备提供 DC110V 电源。

如图 3.4.2.3 所示，电路中 3G02 是列车低压电源变换器，用于在列车升弓后将接触网电源转换为 DC110V 电源；3G03 是蓄电池组；3K05 是蓄电池低压继电器；3K06 是蓄电池接触器；3F05、3F04 是自动空气开关。

图中，直流变换器输出的 DC110V 电源一方面通过蓄电池充电器 3Q03－F03（－F03 为蓄电池熔丝）给 3G03 蓄电池组充电；另一方面通过蓄电池充电器 3Q03－F01 和 3Q03－F02 向列车提供车载电压 DC110V，即通过 3Q03－F01、3V02 将 DC110V 电源送到列车线 30410，为所有电子设备提供 DC110V；通过 3Q03－F02、3K06 常开联锁（01－02）和 3V03 将 DC110V 电源送到列车线 30420，为接触器、继电器电路和 DC110V 供电负载提供电源。

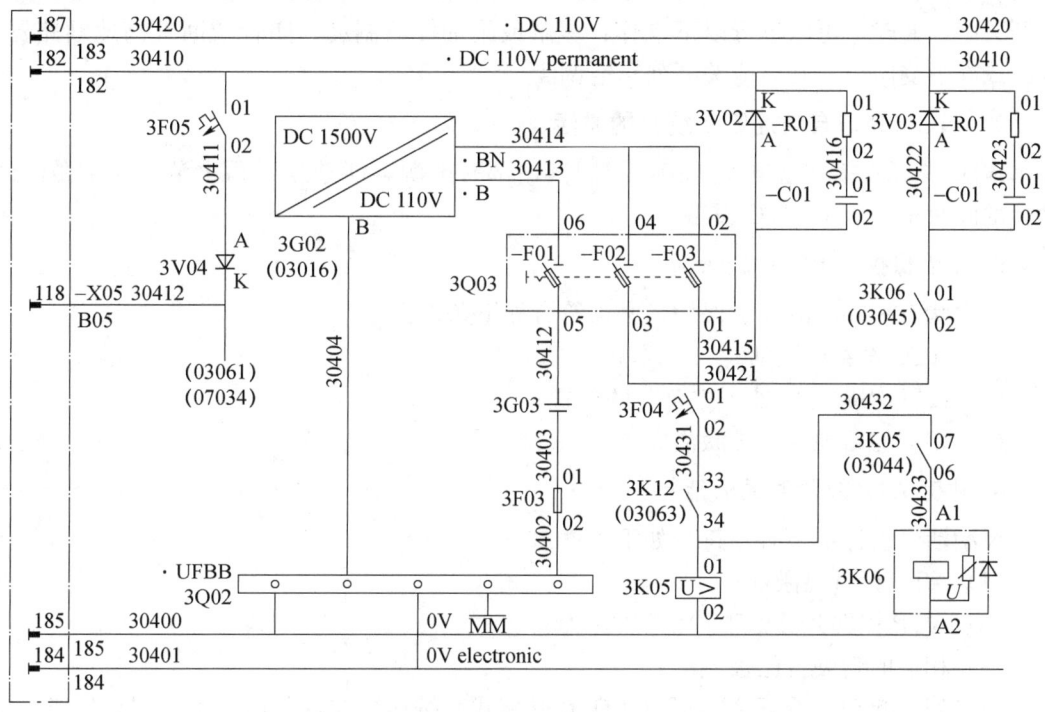

图 3.4.2.3　蓄电池充电和供电的原理

当蓄电池充电器断开，则由蓄电池为电磁电源线提供 DC110V 供电电源。图 3.4.2.3 中的 DC110V 电源就是由蓄电池正端线 30412 提供，而电子电源线 30410 经自动空气开关 3F05、二极管 3V04 将变换器的 DC110V 电源也送到列车线 30412，为列车激活电路提供控制电源。

激活车载主要用电设备的供电源，即给列车线 30420 供电，受制于蓄电池接触器（3K06）的得失电状态。列车激活蓄电池电源通过空气开关 3F04、车辆控制继电器 2K12 的（33－34）联锁、蓄电池低压继电器 3K05 线圈得电，当蓄电池电源大于 85V 时，继电器 3K05（07－06）联锁闭合，使蓄电池接触器 3K06 线圈得电，其常开联锁（01－02）闭合，蓄电池电源经该联锁传送到电源列车线 30420，这样列车才真正激活，车辆电路有 DC110V 电源。如果蓄电池电压下降至低于限值时，则蓄电池低压继电器 3K05 失电打开，蓄电池接触器 3K06 失电断开连接，列车线无电源。

图中二极管 3V02 和 3V03 隔离位于 A 车的两个蓄电池供电单元。3Q02 是蓄电池阴极电路的基极星形配电盘。30400 是列车线 30420 供电的用电设备的蓄电池阴极（电源负端）线。30401 是列车线 30410 供电的用电设备的蓄电池阴极（电源负端）线。

### 三、列车驾驶台激活控制

**1. 驾驶台的激活**

城市轨道交通列车有两个驾驶室，为了便于管理和有序的控制，当一个有效激活后另一个则为无效。用司机控制器钥匙插入驾驶台侧的钥匙开关中（2A01－S01），逆时针旋转至位置"合"位，该端的列车驾驶台便被激活。列车被激活后，钥匙被锁死在钥匙开关中，此时，可以进行以下操作：缓解或施加停放制动、闭合或断开高速断路器、升起或降下受电弓、开启或关断列车空调。

**2. ATC（列车自动控制系统）的激活**

ATC 单元直接和蓄电池连接，但因其内部有电源，能独立于蓄电池工作。激活驾驶台的同时也激活了 ATC 设备。

**3. 牵引保护（ATP）的激活**

正常状态下要激活牵引保护，必须符合如下条件：

（1）ATC 设备已激活；

（2）ATP 钥匙开关处于"合"的位置；

（3）相应的驾驶台已被激活。

**4. 轨旁 ATP 故障时的激活**

要激活牵引保护，必须符合如下条件：

（1）ATC 设备已激活；

（2）ATP 钥匙开关处于"合"的位置；

（3）相应的驾驶台已被激活；

（4）列车起动前按下"RM"（人工驾驶模式）按钮。在这种情况下，列车只能人工驾驶（RM 模式）。

**5. 库内动车保护的条件**

必须符合如下条件：

（1）ATC 设备已激活；

（2）ATP 钥匙开关处于"合"的位置。

库内只能人工驾驶，如果轨旁 ATP 和车载 ATP 之间没有数据传输，系统将自动转为 RM 模式，这种情况下，无需去按"RM"按钮。若列车在正线运营时出现轨旁 ATP 故障，列车将实行在库内一样的保护。

列车从正线进入库内的过程中，需要转换成 RM 模式。在离开正线之前，显示屏会提醒驾驶员按下"RM"按钮。进入 RM 模式，列车才能够进库。

如果 ATP 发现有危险的操作状态，它会立刻触发紧急制动，直到列车完全停止。如果 ATP 触发了紧急制动，必须在列车停止后按下"RM"按钮，以解除列车的紧急制动状态。

**6. 列车启动继电器控制**

如图 3.4.2.4 所示，列车启动继电器控制由列车电源线正端线 30420 提供 DC110V，经过列车控制空气自动开关 2F01 提供给列车线 20100，为后续的列车运行方向、制动控制电路和列车牵引控制电路供电。操作驾驶台主控制器钥匙开关，转至启动位，使 2A01 的 S01 行程开关闭合，电源通过二极管 2V01、车辆控制启动继电器 2K07 常闭联锁（62－61），使 2K01－2K03 列车启动继电器得电，得电逻辑为：

$$30420 \cdot 2F01\ (01-02) \cdot 2A01-S01 \cdot 2V01 \cdot \overline{2K07}\ (62-61) \cdot$$
$$(\boxed{2K01} + \boxed{2K02} + \boxed{2K03}) \cdot 30400$$

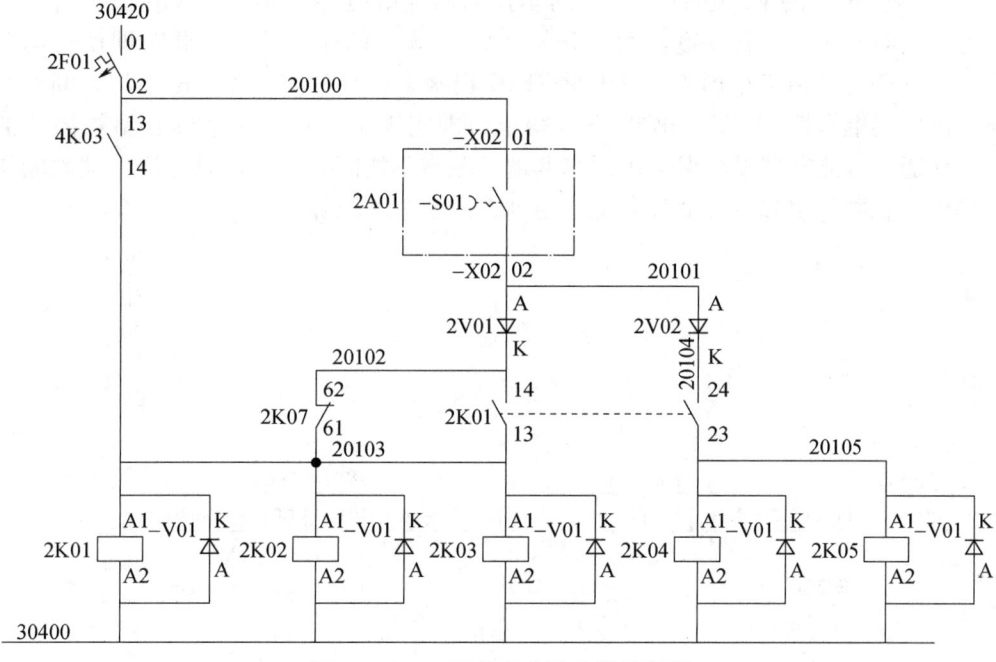

图 3.4.2.4 列车启动继电器控制图

2K01 得电后其一组常开联锁（14－13）使上述控制电路自待，得电逻辑为：

$$30420 \cdot 2F01\ (01-02) \cdot 2A01-S01 \cdot 2V01 \cdot 2K01\ (14-13) \cdot$$
$$(\boxed{2K01} + \boxed{2K02} + \boxed{2K03}) \cdot 30400$$

2K01－2K03 总的得电逻辑为：

$$30420 \cdot 2F01\ (01-02) \cdot 2A01-S01 \cdot 2V01 \cdot [\overline{2K07}\ (62-61) + 2K01\ (14-13)] \cdot$$
$$[\boxed{2K01} + \boxed{2K02} + \boxed{2K03}] \cdot 30400$$

2K01 另一处常开联锁（24－23）闭合，电源由二极管 2V02、继电器 2K01 常开联锁，使列车控制启动继电器 2K04、2K05 得电，控制电路逻辑为：

$$30420 \cdot 2F01\ (01-02) \cdot 2A01-S01 \cdot 2V02 \cdot 2K01\ (23-24) \cdot$$
$$(\boxed{2K04} + \boxed{2K05}) \cdot 30400$$

此时，由于驾驶台被激活，车辆显示屏、信号显示屏被激活，同样驾驶台的指示灯也被置亮，显示设备状态，如受电弓、HSCB、车门等。

车辆起动继电器控制。随着驾驶台被激活，驾驶台的开关按钮就可以操作，但每辆车的控制操作还需要本节车的车辆控制启动继电器 2K07 得电才行，控制电路如图 3.4.2.5 所示。通过 2K01 的常开联锁（33－34）闭合，电源线 20100 经过二极管 2V03、空气自动开关 2F02 使得 A 车的 2K07 得电，控制电路逻辑为：

$$20100 \cdot 2K01(33-34) \cdot 2V03 \cdot 2F02(01-02) \cdot \boxed{2K07} \cdot 30400$$

空气自动开关 2F02 用于对该环节进行过电流保护。

**7. 驾驶台互锁控制**

当驾驶员在一端驾驶室钥匙开关 2A01－S01 已合，控制的 A 车 2K07 的常闭联锁（62－61）被 2K01 的常开联锁旁路，列车控制启动继电器 2K01－2K05 处于自持及吸合状态。此时在另一端驾驶室，钥匙开关 2A01－S01 的作用无效，此时即使钥匙开关 2A01－S01 闭合，由于车辆控制继电器 2K07 已吸合，其常闭联锁（62－61）断开，各列车控制启动继电器 2K01－2K05 不能得电，即实现了防止另一个驾驶室被激活的功能。这样通过线路联锁设计保证了列车两端驾驶室不能同时使用，只允许一端驾驶室可得电操作，否则将引起电气动作紊乱，使列车安全失去保障。

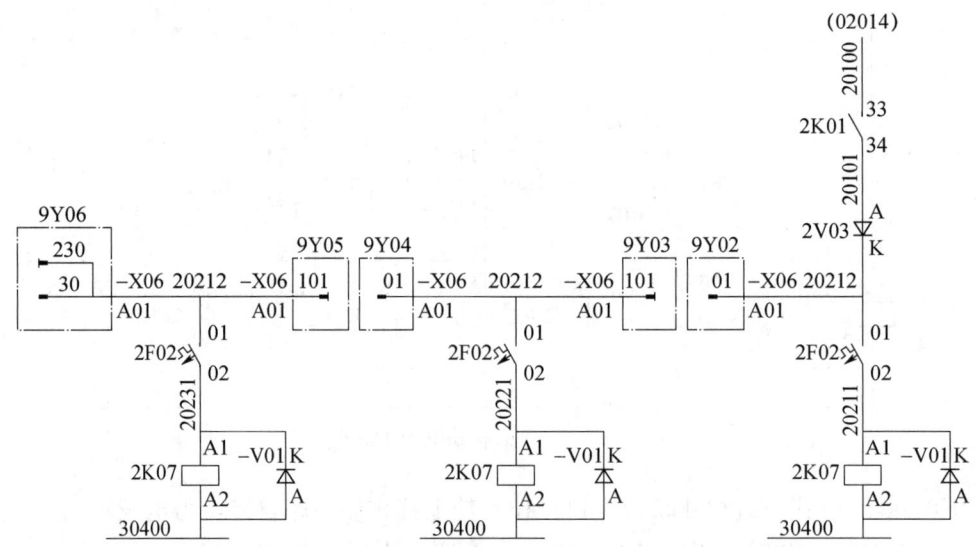

图 3.4.2.5　车辆启动继电器控制

在特殊运行模式（自动运行时的折返）时，前面提到的驾驶钥匙开关功能被 4K03（13－14）联锁所取代，在这时只有 2K01、2K02、2K03 三组列车控制继电器被接通，从而保证车辆的基本运行控制操作和运行保护功能。

# 任务三　列车初始条件控制

## 一、列车方向控制

只有当车辆处于静止时才能预先选择车辆的运行方向，如果列车在运行过程中换向则会施加紧急制动，如果驾驶员需要设置列车方向，主控制手柄要放到惰行位。

在驾驶台被激活（使用 2A01－S01 钥匙开关）、2K01－2K05 列车控制启动继电器得电后，可以通过操作主控制器 2A01 中的方式/方向手柄带动相应的行程开关（S12－S14）闭合，便可预先选择车辆的运行方向。方向继电器的控制系统与车辆控制系统一起通过 2F01 由列车电源（DC110V）正极供电。

如果设定为"F"（前行）位，则行程开关 S12 闭合，电源经由空气保护开关 2F03，"向前"继电器 2K14 得电，"向前"列车控制线 20312 被接通，"向前"继电器 2K14 得电逻辑为：

20100・2K04（83－84）・2A01－S12（－$\overline{S13}$）・2F03（01－02）・ 2K14 ・30400

如果设定为"R"（后退）位，则行程开关 S13 闭合，电源经由空气保护开关 2F06，"后退"继电器 2K12 得电或被激活，"后退"列车控制线 20322 被接通，"向后"接触继电器 2K12 得电逻辑为：

20100・2K04（83－84）・2A01－$\overline{S12}$（－S13）・2F06（01－02）・ 2K12 ・30400

在非头车的 A 车中，由于位于 C 车端部半自动车钩处的列车控制线交叉布置，因此与之相对应的反向列车控制线和方向继电器被接通，并将相应的信息通过列车线传递给牵引控制单元 DCU 和电子制动单元 BECU。

在 B、C 车的每个驱动控制回路中，有一对速度继电器的反联锁使牵引控制单元（DCU）无动作，该联锁防止列车在运行过程中发生换向动作。因此，只有在列车完全停稳后，零速度继电器确认失电状态下，才能改变列车方向。

在手动方式或 ATC 方式下，"向前"指令通过向前方向控制继电器传送到工作端的 A 车 ATC 单元。

在特殊操作模式（自动运行时的折返）情况下，非头车 A 车运行方向是由 ATC 系统通过 4K03 常开联锁（23－24）闭合和 4K04 常开联锁（13－14）闭合预先设定的（图 3.4.3.1）。

## 二、受电弓控制

受电弓控制分为气路控制和电路控制。要求总风缸风压大于 4bar，蓄电池电压大于 85V 才能升弓。当车辆有压缩空气，但气压不足（低于 4bar）时，也需操作升弓按钮，使风路打开，此时使用 B 车车厢设备柜中的脚踏泵，人工踩压脚踏泵打风，至风压足以升起受电弓为止，这是有电无气的升弓方法；如果总风缸风压大于 4bar，但是蓄电池电压小于 85V，需要手动使用 B 车车厢设备柜中的控制电磁阀开通风路，至升起受电弓为止，这是有气无电的升弓方法；如果无气无电，既需要人工操作脚踏风泵，也需要人工操作电磁阀。

受电弓电路控制如图 3.4.3.2 所示。由列车电源线（DC110V）正端 30420 提供电源，由受电弓和高速断路器控制保护空气开关 2F30 进行过电流保护。

当列车激活后，列车控制系统进入工作准备状态，列车控制起动继电器 2K04 和紧急制动继电器 2K10 分别得电工作，驾驶员可以操作升弓开关 2S01 来执行"升弓"指令，操作降弓控制开关 2S02 来执行"降弓"指令。

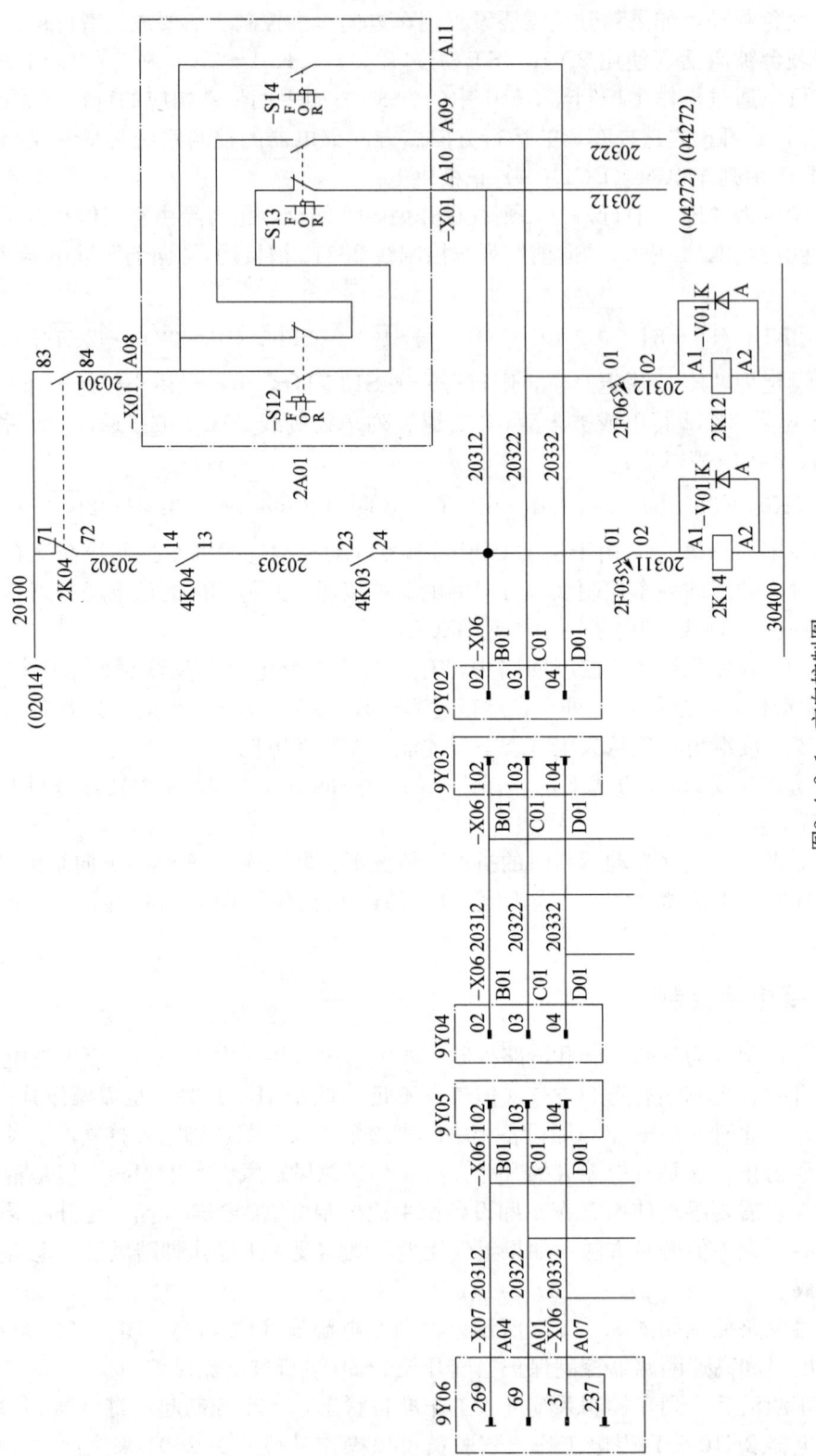

图3.4.3.1 方向控制图

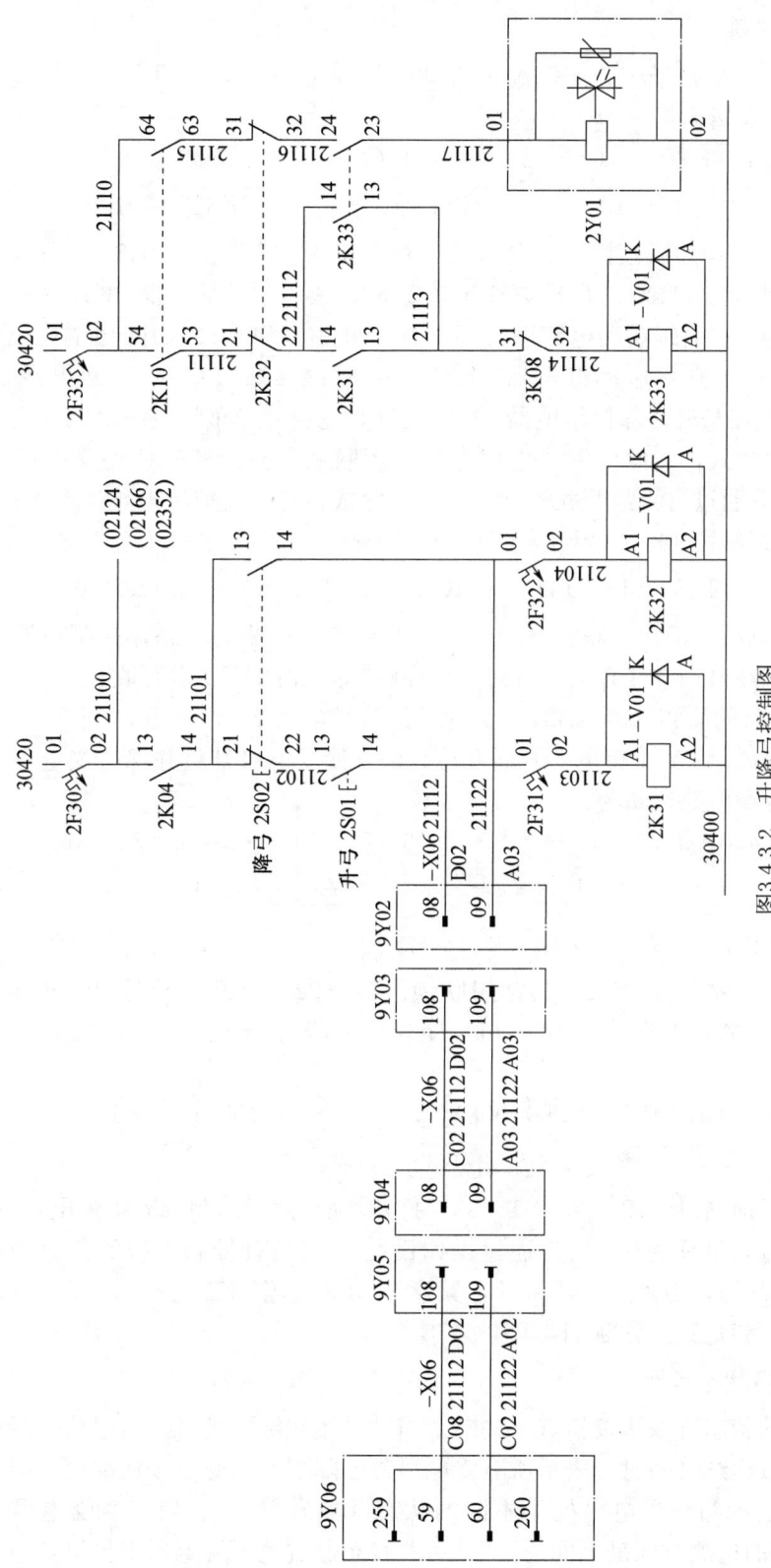

图3.4.3.2 升降弓控制图

**1. 升弓控制**

当按下升弓开关 2S01，电源经由自动空气开关 2F31，使升弓启动继电器 2K31 得电，控制电路逻辑为：

$$30420 \cdot 2F30 (01-02) \cdot 2K04 (13-14) \cdot \overline{2S02 (21-22)} \cdot$$
$$2S01 (13-14) \cdot 2F31 (01-02) \cdot \boxed{2K31} \cdot 30400$$

2K31（14-13）联锁控制各自单元车辆受电弓保持继电器 2K33 得电吸合。具体电路为：电源列车线 30420 经自动空气开关 2F33、紧急制动继电器 2K10（此继电器失电启动紧急制动，在后续制动电路图分析，常开联锁（54-53）、降弓继电器 2K32 常闭联锁（21-22）、升弓启动继电器 2K31 常开联锁（14-13）、车间电源供电继电器 3K08（此继电器与升弓保持继电器 2K33 互锁，完成列车车间电源供电和受电弓供电方式的单一供电形式，车间电源供电优先）常闭联锁（31-32）使得受电弓保持继电器 2K33 得电，并通过自身常开联锁（14-13）完成自持。其控制电路逻辑为：

$$30420 \cdot 2F33 (01-02) \cdot 2K10 (53-54) \cdot \overline{2K32 (21-22)} \cdot [2K31 (13-14) +$$
$$2K33 (13-14)] \cdot \overline{3K08 (31-32)} \cdot \boxed{2K33} \cdot 30400$$

2K33 得电后一组常开联锁（24-23）开启受电弓驱动电路，控制电源由控制电源列车线 30420 经自动空气开关 2F33、紧急制动继电器 2K10 常开联锁（64-63）、降弓继电器 2K32 常闭联锁（31-32）、受电弓保持继电器 2K33 常开联锁（24-23）闭合，控制受电弓电磁阀 2Y01 得电，开通升弓气路，使受电弓升弓并保持受电弓处在合适工作位置。其控制电路逻辑为：

$$30420 \cdot 2F33 (01-02) \cdot 2K10 (63-64) \cdot \overline{2K32 (31-32)} \cdot$$
$$2K33 (23-24) \cdot \boxed{2Y01} \cdot 30400$$

**2. 降弓控制**

按下降弓控制开关 2S02，其常闭联锁（21-22）分断，升弓启动继电器 2K31 失电，同时 2S02 的常开联锁（13-14）闭合，使降弓继电器 2K32 得电，控制电路逻辑为：

$$30420 \cdot 2F30 (01-02) \cdot 2K04 (13-14) \cdot 2S02 (13-14) \cdot 2F32 (01-02) \cdot$$
$$\boxed{2K32} \cdot 30400$$

其常闭联锁（21-22）和（31-32）打开，使得 2K33 和 2Y01 失电，受电弓落弓。在紧急情况时，单只受电弓可以通过操作设在 A 车驾驶控制面板的紧急制动开关使受电弓降弓（双弓），当该开关被激活，紧急制动继电器 2K10 失电，其常开联锁（54-53）和（64-63）直接分断 2K33 和 2Y01。

**3. 受电弓状态检测**

受电弓的状态可以从按钮灯上判断。当升弓按钮绿灯亮时，表示所有受电弓都已升起；当降弓按钮红灯亮时，表示所有受电弓都已降下；当升弓按钮绿灯和降弓按钮红灯都不亮时，表示两个受电弓处于不同的状态（如升单弓）。列车对受电弓"升弓"和"降弓"状态的检测方式是不同的，"升弓"状态通过电压继电器来检测，它把接触网的高电压按一定比例变换成低电压。在继电器 7U01 的内部，1U01 是变压器，它把接触网的高电压按一定比例变换成低电压。在继电器 7U01 的内部，该低电压的大小决定触头 1.01－1.02 和 2.01－2.02 的状态。触头 2.01－2.02 串联在受电弓升弓检测电路中，当 $U>1000V$ 时，触头 2.01－2.02 闭合，受电弓升弓按钮绿灯亮，表示受电弓升起。降弓状态通过位置传感器来检测，当受电弓物理位移接近位置传感器时，受电弓降弓按钮红灯亮，表示受电弓降下（图 3.4.3.3）。

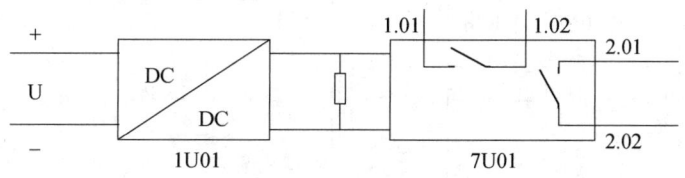

图 3.4.3.3　受电弓检测控制

### 三、高速断路器控制

高速断路器启动控制电路如图 3.4.3.4 所示，高速断路器控制原理如图 3.4.3.5 所示。高速断路器启动控制由列车电源线（DC110V）正端 30420 供电，由受电弓和高速断路器控制自动空气开关 3F30 进行过电流保护，受电弓控制电路如图 3.4.3.3 所示。

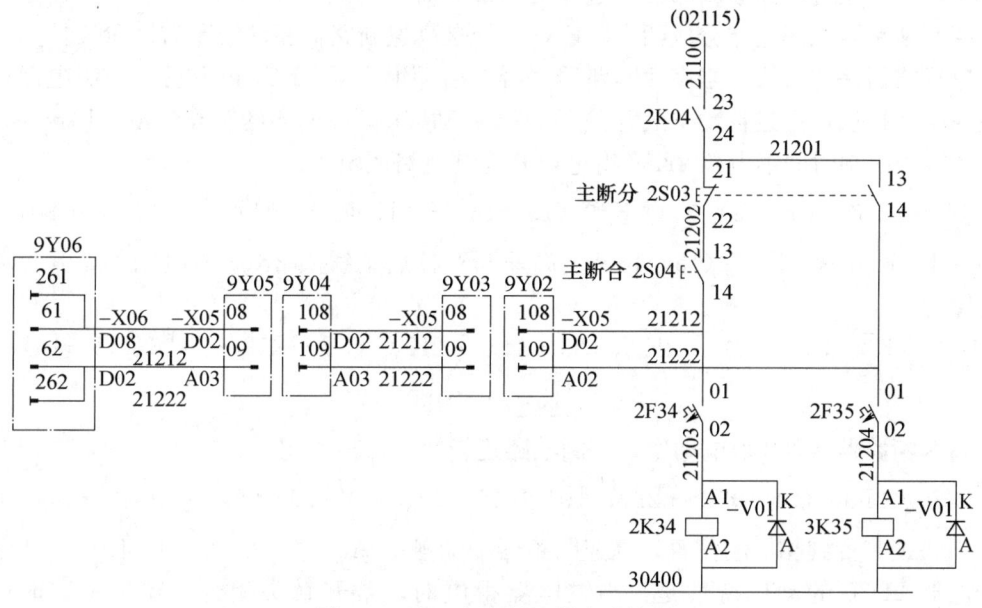

图 3.4.3.4　高速断路器启动控制

**1. 合闸控制**

用高速断路器"合"按钮开关 2S04 来吸合高速断路器（HSCB）1Q02。当该开关置"合"位，通过 2S04 的常开联锁（13－14）施加于列车导线 21203，使高速断路器"合"起动继电器 2K34 得电吸合，控制电路逻辑为：

21100・2K04（23－24）・$\overline{2S03}$（21－22）・2S04（13－14）・2F34（01－02）・ $\boxed{2K34}$ ・30400

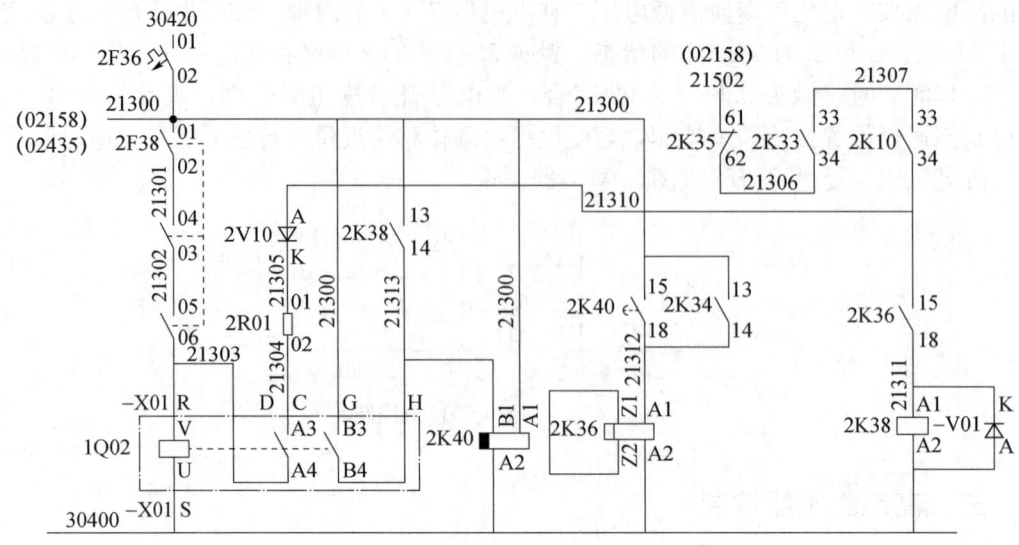

图 3.4.3.5 高速断路器控制原理

2K34 得电后，高速断路器启动"合"列车线 21212 被激活，并通过车钩传递到另一单元，激活相应的高速断路器"合"启动继电器。

高速断路器控制电路分成两个阶段，一个是高速断路器驱动线圈启动阶段，另一个是高速断路器保持阶段。当高速断路器"合"启动继电器 2K34 得电后，控制电源由列车线 30420 提供，经过自动空气开关 2F36、启动继电器 2K34 的常开联锁（13－14）使 HSCB 启动限制时间继电器 2K36 得电，其控制电路逻辑为：

30420・2F36（01－02）・[2K40（15－18）＋2K34（13－14）]・ 2K36 ・30400

一组 2K36 常开联锁（15－18）使高速断路器启动线圈 2K38 得电动作，其控制电路逻辑为：

21502・$\overline{2K35}$（61－62）・2K33（33－34）・2K10（33－34）・2K36（15－18）・

2K38 ・30400

高速断路器 1Q02 得电动作，控制电路逻辑为：

30420・2F36（01－02）・2F38（01－02）（03－04）（05－06）・ 1Q02 ・30400

当联锁装置到相应的位置，高速断路器辅助触头 A3－A4 和 B3－B4 闭合。由于时间继电器 2K36 的动作特性是：当继电器得电时，常开触头闭合，经过一定时间后（1s），常开触头又断开，因此，2K38 在得电 1s 后又失电，而高速断路器线圈继续由串接了限流电阻 2R01 的电路供电。其控制电路逻辑为：

21502・$\overline{2K35}$（61－62）・2K33（33－34）・2K10（33－34）・2V10・2R01・

1Q02（A3－A4）・ 1Q02 ・30400

这样就保护了高速断路器线圈不会因长时间得电而造成烧损。

**2. 分闸控制**

当要分断高速断路器时，可以用高速断路器"分"按钮开关 2S03 来人为分断高速断路器（HSCB）1Q02。当该开关在"分"位置，通过2S03联锁（21-22）先断开高速断路器"合"启动继电器2K34回路，然后通过2S03的（13-14）常开联锁接通列车导线21204，使高速断路器"分"启动继电器2K35得电吸合，其控制电路逻辑为：

21100 • 2K04（23-24）• 2S03（13-14）• 2F35（01-02）• 2K35 • 30400

2K35得电后，高速断路器启动"分"列车线21222被激活，通过车钩传递到另一单元激活相应的高速断路器"分"启动继电器。一组2K35常闭联锁（61-62）断开，高速断路器线圈失电，高速断路器主触头断开。

高速断路器作为主电路总的电源开关和保护电器，分断的电流大、电压高，故在实际运用中不能频繁地合闸操作，一般高速断路器重复合闸之间至少要保证相隔30s，不然会影响高速断路器的使用寿命。电路中2K40是HSCB启动封锁继电器，与2K36共同作用保护高速断路器。当高速断路器线圈1Q02未能成功起动时，再按下2S04后，高速断路器线圈驱动继电器2K38无法得电，因为2K36在上次起动后没有失电，靠2K40（其得电是由前一次起动时2K38的常开联锁13-14使得2K40得电工作）的延时断开联锁（15-18），一直保持2K36线圈得电，这样就由2K36的通电延时联锁（15-18）切断了2K38线圈回路，高速断路器线圈无法得电闭合。

由于高速断路器在合闸时需要的转矩较大，而在合上后保持转矩较小，因此在启动时1Q02线圈接通的是DC110V电压，在保持时线圈串接了限流电阻2R01工作，起到保护高速断路器的作用。

在启动时，由2K38的三个常开联锁（01-02）、（04-03）和（05-06）串联供电，这样可以提高可靠性，减少误动作的可能性。

高速断路器1Q02分断或跳闸有两类情况：

（1）手动操作。

通过按下高速断路器"分"按钮开关2S03，2S03的（13-14）联锁经列车控制线21204使高速断路器"分"继电器2K35得电，2K35分断高速断路器1Q02线圈的供电回路，使高速断路器跳闸。

（2）保护性分闸。

如图3.4.3.6所示，主回路过电流超过高速断路器设定的电流值会造成跳闸。主回路短路时，形成快速自动跳闸，其最大分断电流为35kA，由牵引控制单元DCV进行控制。电路图3.4.3.6中的列车线21502是由牵引控制单元DCU（2A03）和主牵引逆变器1A01（VVVF箱）外部的接口引出的，没有对其内部的连接进行标注。为了能够更清晰地掌握高速断路器的保护，下面将对电路图作一些补充说明。

以B车为例，其内部的连接如图3.4.3.6中点画线框所示。图中DCU内的触头实际上是A328电子板的一个小继电器，当DCU通电时该触头闭合，K2的触头在差动电流不大于50A时闭合。因此，正常情况下，激活驾驶台后，这两对触头都是闭合的。当列车处于牵引状态时，K1是得电动作的，它的常闭触头断开，电流只能通过DCU和K2的常开触头，使高速断路器保持闭合。若DCU检测到某种严重故障，需要断开高速断路器时，其内部的小继电器常开触头就会断开，从而导致高速断路器失电跳闸，因此，DCU也能断开高速断路器。另外，若差动电流大于50A，K2的常开触头断开，也会导致高速断路器失电跳闸。

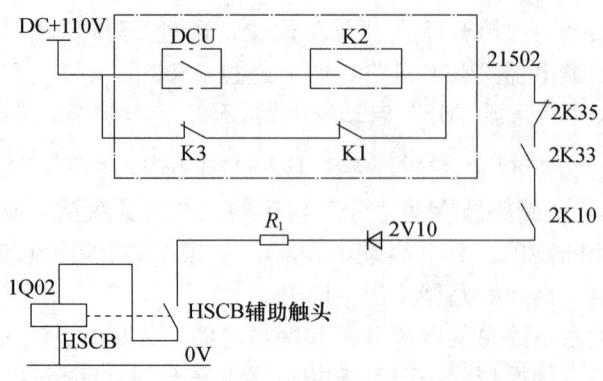

图 3.4.3.6 牵引控制系统对 HSCB 的控制

**3. 断路器状态显示**

高速断路器的状态可以从按钮灯上判断。当主断"合"按钮绿灯亮时，表示所有高速断路器已处于闭合状态；当主断"分"按钮红灯亮时，表示所有高速断路器已处于断开状态。若主断"合"按钮绿灯和主断"分"按钮红灯都不亮，则表示所有高速断路器不处于同一状态（比如有 1~3 个发生跳闸）。

# 任务四 牵引控制

## 一、牵引/制动控制设备

牵引/制动控制设备主要包括司机控制器、ATO/ATP、RVC、BCU 和 DCU。这些设备在列车上的分布如图 3.4.4.1 所示。

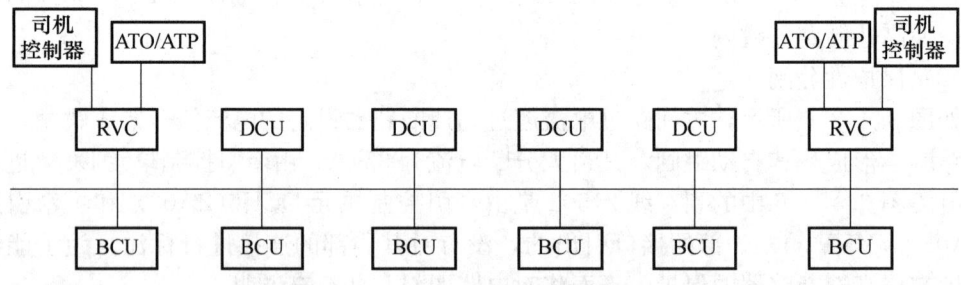

图 3.4.4.1 牵引/制动控制设备的分布

驾驶控制器是驾驶员用来控制列车牵引或制动的设备，安装在驾驶台上。驾驶控制器主要由钥匙开关、方向手柄和控制手柄组成。钥匙开关有两个位置："0"和"1"分别表示"关断"和"开启"。方向手柄有三个位置："F"（向前）、"0"（零位）和"R"（向后）。

控制手柄有四个位置："牵引""零位""制动"和"快速制动"。方向手柄和控制手柄间有机械联锁，只有当控制手柄在"零位"时方向手柄才能回"零位"，只有当方向手柄确定运行方向后控制手柄才能离开"零位"。控制手柄顶端有一个警惕按钮，在人工驾驶时，只有按下警惕按钮并推动控制手柄，列车才能起动。在列车牵引过程中，若松开警惕按钮超过 3s，列车会产生紧急制动。控制手柄底部连接有一个电位器，当控制手柄从"零位"移向"100％牵引位"或"100％制动位"时，该电位器相应地输出 0～20mA 的电流指令，送给 RVC（Reference Value Converter，参考值转换器）。

在列车牵引/制动过程中，驾驶控制器给出的是电流信号，而牵引控制单元 DCU 和制动控制单元 BCU 接收的是脉冲信号，RVC 就是把给定的电流信号转换成脉冲信号的器件。

RVC 输出的是 DC60V/400Hz 的脉宽调制信号，脉宽 $T_1$ 从给定值的 7.5％～45％，分别对应输入 0～20mA，如图 3.4.4.2 所示。

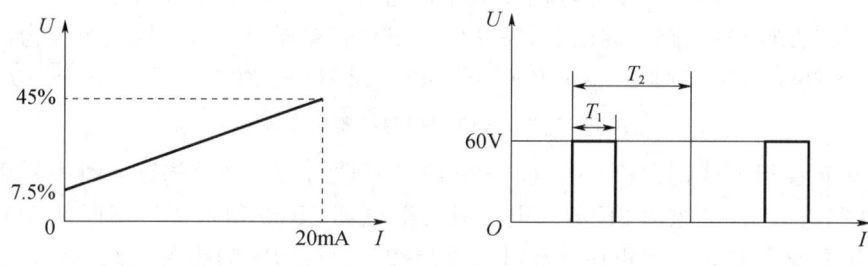

图 3.4.4.2 RVC 输入/输出关系

## 二、警惕按钮控制

列车通过牵引控制保护电路输出牵引指令，列车牵引指令控制主要包括驾驶控制器警惕按钮控制（图 3.4.4.2）和牵引起动联锁控制。

警惕按钮就是驾驶控制器主手柄头上的蘑菇形按钮。

设置警惕按钮控制环节，主要是用来防止驾驶员在驾驶途中精神不集中，失去意识、神志不清。它是通过警惕按钮 2A01－S02，由警惕继电器 2K09 来防止发生事故。在牵引过程中一旦松开警惕按钮，3～5s 未重新按下，列车将立即起动紧急制动停放并鸣笛报警。

因此，要求驾驶员在驾驶过程中必须每隔几秒钟按一下，或者一直按着。该控制环节电路如图 3.4.4.3 所示。

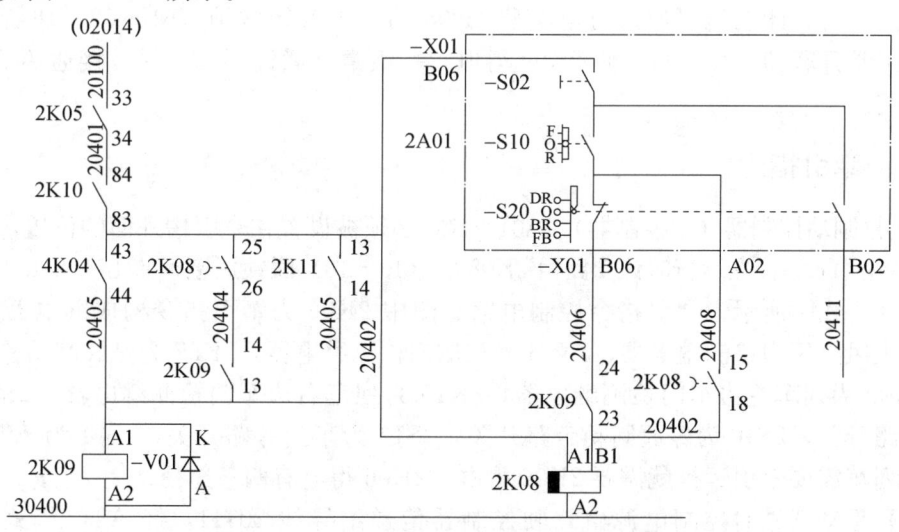

图 3.4.4.3 驾驶控制器警惕按钮控制电路

**1. 人工驾驶状态**

在人工驾驶状态下，随着列车激活，列车安全回路正常且列车处于静止状态，警惕继电器 2K09 得电，控制电路为：

20100・2K05（33—34）・2K10（83—84）・［4K04（43—44）+2K08（25—26）・

2K09（14—13）+2K11（13—14）］・ 2K09 ・30400

因为启动列车前，必须预先选择运行方向（2A01—S10），并需要一直操作警惕按钮 2A01—S02，这样牵引控制才能构成回路，通过一组 2K09 常开联锁（24—23）接通 2K08 警惕延时继电器电路，并由 2K08（15—18）联锁保持自持，控制逻辑为：

20100・2K05（33—34）・2K10（83—84）・2A01—S02（—S10）（—S20）・

2K09（23—24）・ 2K08 ・30400

当列车正在运行或正在移动时（—S20 离开零位），2K08 警惕延时继电器由自持供电，2K11 打开，2K09 改由 2K08 供电。只有继电器 2K09 得电或接通时才能使紧急制动无效。但列车正在运行或正在移动时，警惕按钮只被短时间缓解（3～5s），如果接近整定时间就能立即听到信号（鸣笛）声，此时驾驶员只要及时地按下警惕按钮就可以缓解报警声并维持牵引状态；如果超过了由 2K08 警惕延时继电器设置的时间限制，则 2K08 延时断电联锁（25—28）断开，2K09 失电，列车施加快速紧急制动直到列车完全停止。

人工驾驶起动时，控制电源由列车起动继电器 2K05 的一组常开联锁（33—34）、紧急制动继电器 2K10 的一组常开联锁（84—83）、经零速继电器 2K11（车速为零得电）的一组联锁（13—14）使继电器 2K09 得电。也就是说，2K09 的得电起动需要三个条件：①列车已激活；②紧急继电器被激活（没有中断列车安全回路，紧急制动未施加）；③列车处于静止状态。

**2. 自动驾驶模式**

在自动驾驶模式下，警惕按钮不起作用，被 ATC 旁路。由电路图 3.4.4.4 可知，在自动运行时，此功能可以通过继电器 4K04 的一组常闭联锁（61—62）切断手动回路，一组常开联锁（43—44）使 2K09 得电，一组常开联锁（53—54）接通 ATO 自动驾驶回路。

### 三、牵引指令

牵引/制动控制器（主控制器）2A01—S20 必须被设置在牵引槽外面的位置，在列车起动时激活 2K08，在运行时该支路由 2K08 的（15—18）联锁短接，如图 3.4.4.3 所示。

图 3.4.4.4 所示为牵引指令控制电路。图中 2K06 为牵引指令构成继电器，2K56 为列车主风缸压力检测继电器，7K06 为疏散门检测继电器，2K57 为停放制动检测继电器，8K09 为列车左边车门检测继电器，8K10 为列车右边车门检测继电器，2S09 为疏散门旁路开关，2S10 为停放制动旁路开关，2S13 为车门旁路开关，4S01 为 ATP 切除开关。列车需要牵引运行就需要 2K06 得电，2K06 得电有两条途径：

（1）手动驾驶时控制电源由驾驶控制器传递给导线 20411，经 ATO 模式继电器 4K04 的一组常闭联锁（61—62）送到 2K06 线圈，电路为：

项目四　牵引制动控制系统

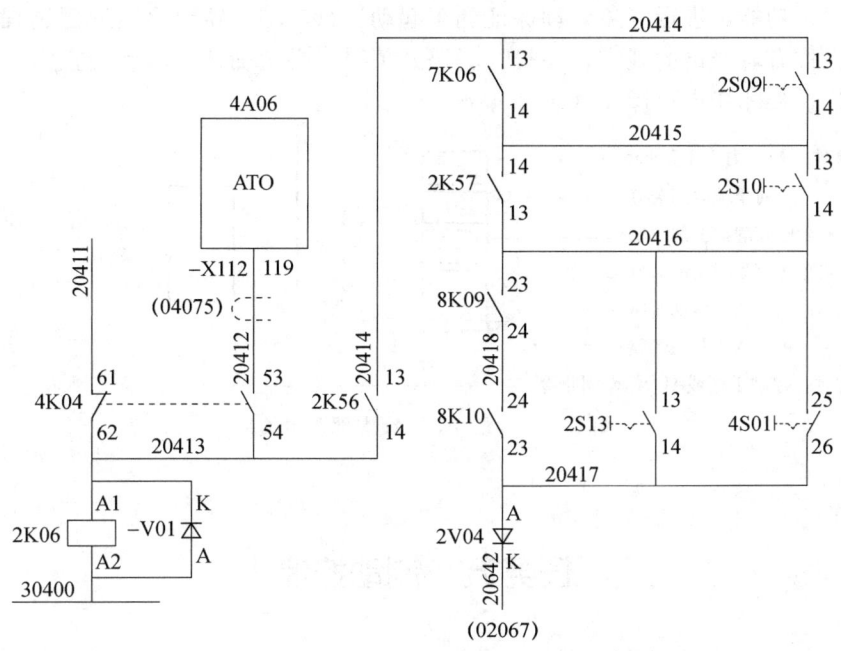

图 3.4.4.4　牵引指令控制电路

$$20411 \cdot \overline{4K04}\,(61-62) \cdot \boxed{2K06} \cdot 30400$$

（2）自动驾驶时控制电源由 4A06（ATC 系统的自动运行控制 ATO）功能模块传递给导线 20412，经 ATO 模式继电器 4K04 的一组常开联锁（53—54）送到 2K06 线圈，控制电路逻辑为：

$$4A06 \cdot 20412 \cdot 4K04\,(53-54) \cdot \boxed{2K06} \cdot 30400$$

在自动驾驶模式时，ATO 驾驶模式激活后 4K04 线圈得电动作，因此 4K04 的（53—54）联锁闭合。

从图 3.4.4.4 中可看出，列车牵引指令的发出，需经过 4 个联锁：列车主风缸压力继电器 2K56 联锁，当主风缸压力大于 7.0bar 时吸合；停放制动检测继电器 2K57 联锁，当检测到所有列车的停放制动均已缓解时闭合；7K06 检测列车疏散门已关好时闭合；8K09、8K10 检测所有列车车门已关好时闭合。

牵引指令发出的控制电路逻辑为：

$$20413 \cdot 2K56\,(13-14) \cdot 7K06\,(13-14) \cdot 2K57\,(13-14) \cdot 8K09\,(23-24) \cdot$$
$$8K10\,(23-24) \cdot 2V04 \cdot 20642$$

列车牵引指令通过牵引指令线 20642 将信号送到车辆的电子制动控制单元（EBCU）和牵引控制单元（DCU），牵引回路构成。牵引力的大小则由驾驶控制器通过参考值转换器（RVC）转换后传输给牵引控制单元，并由牵引控制单元传递到逆变器输出转矩，进行列车牵引。

在故障情况下，如各监测继电器出现故障烧损不能正确传递检测信息，而列车实际上处于正常状态时，为了避免对列车正常运营造成影响（如晚点、清客、救援等），列车设置了 4 个旁路开关，分别对疏散门、停放制动、车门、气制动进行旁路，可以取消起动联锁保护功能,进行应急处理保证列车起动运行。城市轨道交通运营过程中对于旁路开关的操作有着严格的规定,在打开旁路开关时,必须确认列车状态正常,必须得到行车调度的授权才能进行操作(图 3.4.4.5)。

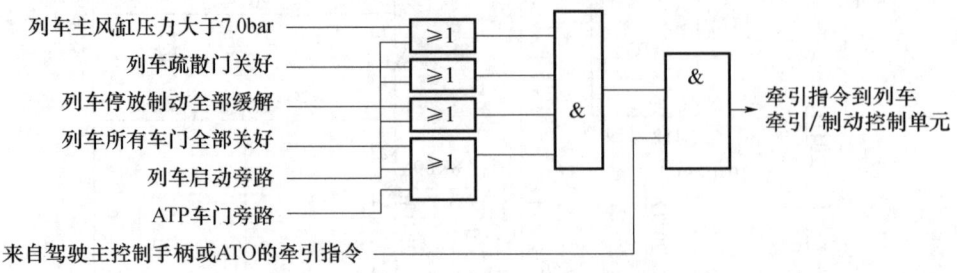

图 3.4.4.5  启动联锁内部逻辑关系

## 任务五  制动控制

列车制动分为电制动、气制动和机械制动,气制动和机械制动共称为摩擦制动,正常情况下,电制动优先。常用的制动方式有常用制动、快速制动、紧急制动、保压制动和停放制动,制动方式和制动类型的对应关系如图 3.4.5.1 所示。

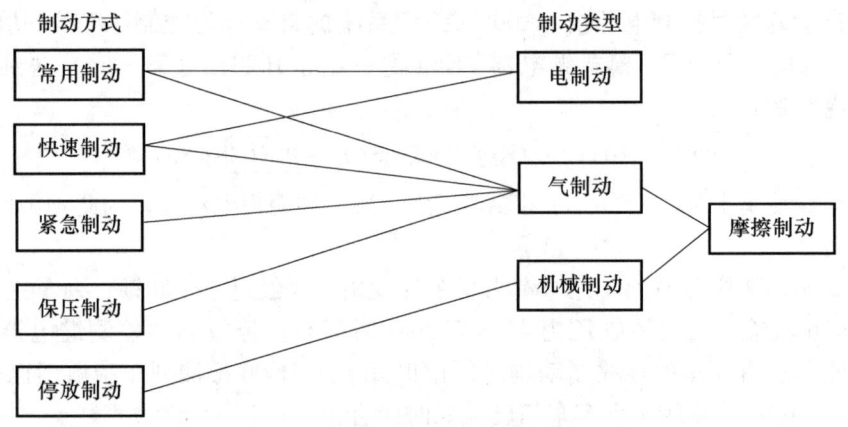

图 3.4.5.1  制动方式和制动类型的对应关系

主风缸压力检测控制图 3.4.5.2 表示列车主风缸压力检测控制电路。6 节车主风缸压力检测通过 6 个压力开关进行。各车辆的压力检测开关检测的是列车风管压力,其动作值为:当主风缸压力大于 7.0bar 时闭合,小于 6.0bar 时断开。由于主风管检测列车线相互连通,因此 6 节车的主风缸压力检测开关相互并联,形成"或"的关系,即只要有一节车的主风缸压力检测开关闭合,主风缸压力检测继电器 2K56 即得电吸合。该启动联锁主要是监测主风缸压力,一旦列车主风缸压力小于 6.0bar,6 节车的主风缸压力检测开关都断开,当主风缸压力检测继电器 2K56 失电打开后,列车施加紧急制动。

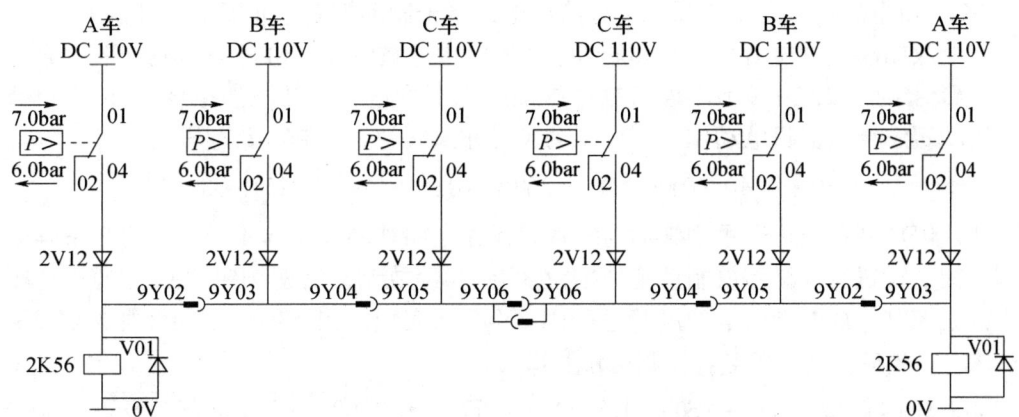

图 3.4.5.2 列车主风缸压力检测控制电路

## 一、停放制动联锁控制

停放制动是列车在库内停放时为防止在非正常情况下的滑动而施加的一种机械制动。停放制动采用弹簧制动方式，停放制动气缸充气缓解、排气施加。只有在 6 节车的停放制动全部缓解后，列车才能进行牵引。因此，列车通过检测停放制动气缸压力来检测停放制动的状态。

（1）单节车停放制动检测控制环节如图 3.4.5.3 所示。图中 2K51 为每节车停放制动缓解继电器，2K50 为每节车停放制动施加继电器，停放制动气缸压力检测开关在 2Y02 中，其动作值为停放制动气缸压力大于 4.5bar 时闭合，小于 3.5bar 时断开。检测控制过程分析如下。

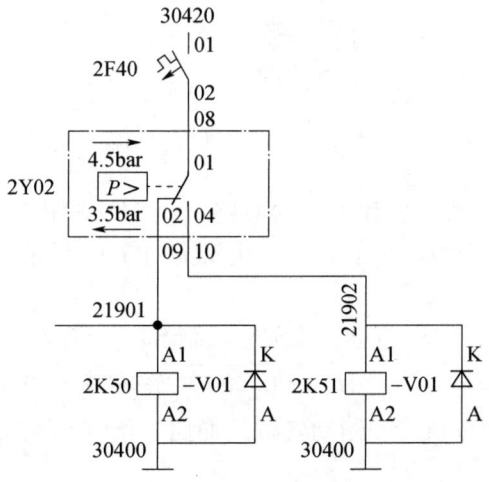

图 3.4.5.3 单节车停放制动检测电路

当停放制动气缸气压小于 3.0bar 时，2Y02 中停放制动气缸压力检测开关打开，即（01－02）接通，2K50 单节车停放制动施加继电器得电动作，控制电路逻辑为：

30420・2F40（01－02）・2Y02（01－02）・ 2K50 ・30400

2K50 得电后通过列车线 21901 将信息送到电子制动控制单元 EBCU 中。

当停放制动气缸压力大于 4.5bar 时，2Y02 中停放制动气缸压力检测开关闭合，即 (01-04) 接通，2K50 单节车停放制动施加继电器失电，断开施加指令，2K51 单节车停放制动缓解继电器得电动作，停放制动风缸充风缓解，控制电路逻辑为：

30420・2F40（01-02）・2Y02（01-04）・ 2K51 ・30400

（2）停放制动也可以手动施加与缓解，操作电路如图 3.4.5.4 所示。驾驶室驾驶员控制面板上设置有操纵停放制动施加按钮 2S06 和停放制动缓解按钮 2S05，通过驾驶室操作按钮控制停放制动气缸的风管电磁阀 2Y02 来实现。按下停放制动施加按钮 2S06，电磁阀 2Y02 制动线圈得电，控制电路逻辑为：

21100・2K04（33-34）・2S06（13-14）・2F39（01-02）・ 2Y02 制动线圈 ・30400

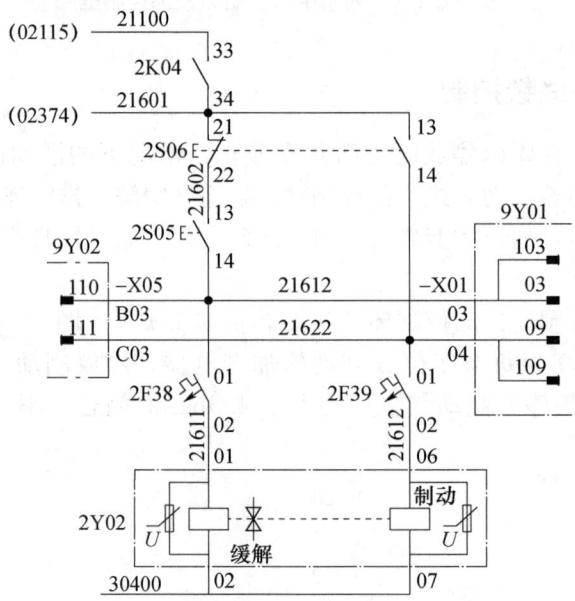

图 3.4.5.4 单节车停放制动缓解与施加控制电路

电磁阀 2Y02 开通制动气缸和大气的通路，制动气缸排气，在弹簧作用下停车制动施加。按下停车制动缓解按钮 2S05，电磁阀 2Y02 缓解线圈得电，控制电路逻辑为：

21100・2K04（33-34）・$\overline{2S06}$（21-22）・2S05（13-14）・

2F38（01-02）・ 2Y02 缓解线圈 ・30400

电磁阀 2Y02 开通列车风管和制动气缸的通路，给气缸充气，压缩空气克服弹簧作用缓解停车制动。

另外，还有一种应急缓解停车制动的操作，是通过拉动停车制动气缸的手动缓解拉杆，进行人工缓解。

（3）列车停车制动的检测。当列车在激活端操纵停车制动施加和缓解按钮时，通过停车制动缓解列车线 21612、车钩将电源传递至各个车辆的 2Y02，控制本节车的四个停车制动器缓解；同理，通过停车制动施加列车线 21622、车钩将电源传递至各个车辆的 2Y02，控制本节车的四个停车制动器施加，从而实现整个列车同时进行施加和缓解的动作。通过 9Y01 可以在连挂时将信息传递给相互连挂的列车或车辆。电路如图 3.4.5.5 所示。

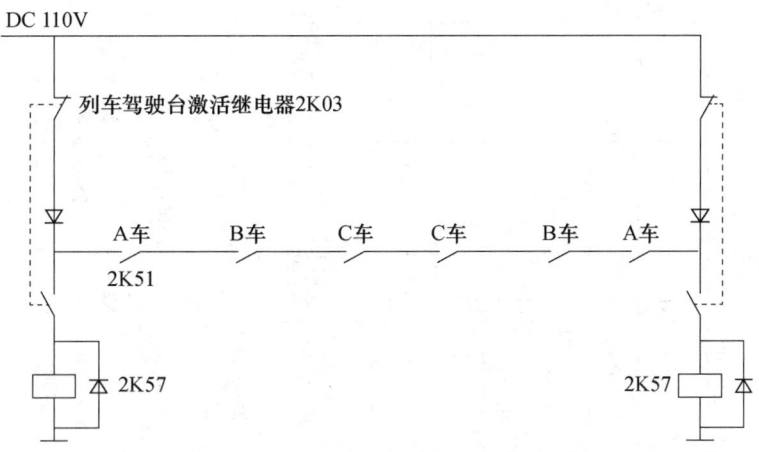

图 3.4.5.5　列车停放制动检测控制电路

停车制动缓解按钮 2S05 和停车制动施加按钮 2S06 是带指示灯的按钮，在驾驶控制面板上的指示灯反映列车停车制动的状态。列车停车制动检测控制电路如图 3.4.5.6 所示。当全列车施加停车制动时，各车辆的 2K50 都得电，此时停车制动指示灯亮，控制电路逻辑为：

9Y06・23604・2K50（34—33）・9Y05—9Y04・2K50（33—34）・9Y03—9Y02・
　2K50（34—33）・2K03（14—13）・2S06—R02・2S06—R01・2S06・30400

只有在 6 节车的停车制动全部缓解，即每节车的 2K51 均得电，列车停车制动缓解继电器 2K57 才能得电，各节车辆之间的停车制动缓解继电器的常开联锁通过列车线串联形成"与"的关系，对停车制动状态指示灯和列车停放制动缓解继电器进行控制，控制电路逻辑为：

9Y06・23602・2K51（34—33）・9Y05—9Y04・2K51（33—34）・
　9Y03—9Y02・2K51（34—33）・2K03（24—23）・ 2K57 ・30400

全列车停车制动缓解到位。同时，缓解指示灯亮，控制电路逻辑为：

23501・2K03（24—23）・2V23・2S05—R02・2S05—R01・2S05・30400

按钮 2S12 是车辆驾驶控制面板上的试灯按钮，用于检测指示灯的好坏，控制电路逻辑为：

21100・2V15・23500・2S12・23510・（2V17・2S06—R02・2S06—R01・2S06
　　　　　　+2V16・2S05—R02・2S05—R1・2S05）・30400

继电器 9K04 在需要对单元车辆动车时得电工作，保证单元车辆的列车线能够形成回路。

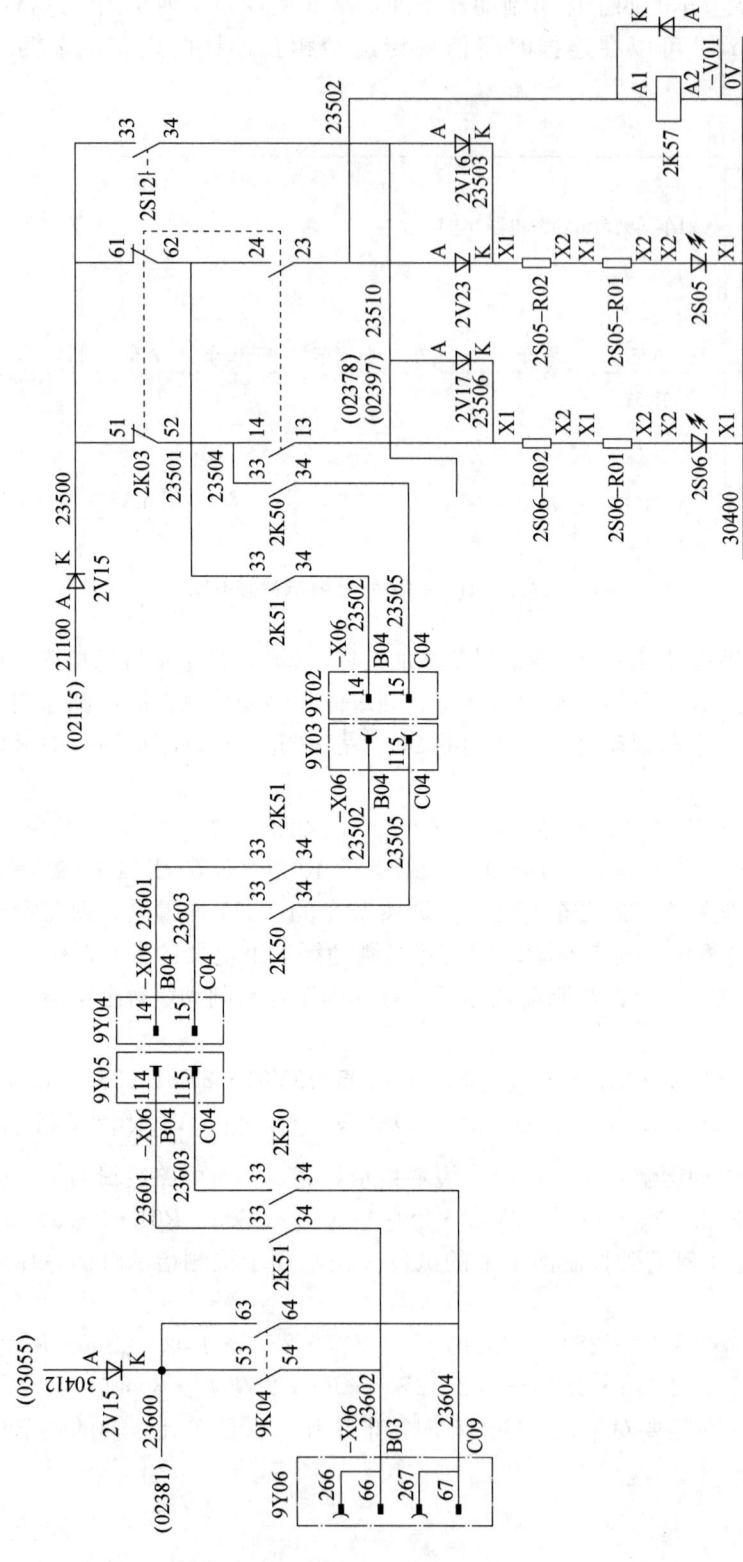

图3.4.5.6 列车停车制动检测控制电路

## 二、空气制动检测控制

城市轨道交通列车制动系统包括电制动和气制动,其中常用制动以电制动为主,在电制动力不足或低速停车(8km/h)时,才施加气制动。为了防止在列车牵引时气制动不能缓解而对轮对造成危害,必须对列车气制动状态随时进行检测。图 3.4.5.7 所示为单节车气制动检测控制电路。图中 2B02、2B03 分别为一节车两个转向架的气制动压力检测开关,其动作值为:当气制动压力大于 1.2bar 时断开,小于 0.8bar 时闭合。2K52 为气制动监控继电器(第一转向架气制动缓解),得电逻辑为:

$$21900 \cdot 2B02(01-02) \cdot \boxed{2K52} \cdot 30400$$

2K54 为本节车气制动缓解继电器,得电逻辑为:

$$21900 \cdot 2B03(01-02) \cdot 2K52 \cdot \boxed{2K54} \cdot 30400$$

当两个转向架的气制动检测开关联锁(01—02)全部闭合时(即气制动全部缓解),气制动缓解继电器 2K54 才能得电吸合,通过 2B03 转向架气制动压力检测开关和 2K52 的常开联锁串联,组成"与"的关系,控制电路逻辑为:当两个转向架的气制动检测开关一组联锁(01—04)中任意一个或两个闭合时(即气制动施加),本节车气制动施加继电器 2K53 就能得电吸合,通过 2B02、2B03 气制动压力检测开关的联锁(01—04)与二极管 2V13、2V14 组合形成"或"的关系,2K53 为单节车气制动施加继电器,控制电路逻辑为:

$$21900 \cdot [2B02(01-04) \cdot 2V13 + 2B03(01-04) \cdot 2V14] \cdot \boxed{2K53} \cdot 30400$$

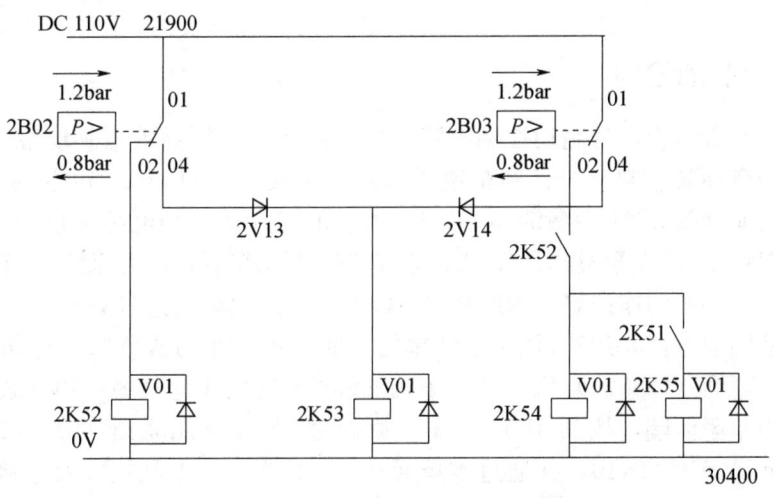

图 3.4.5.7 单节车气制动检测控制电路

通过"与"和"或"的关系,反映气制动的原理,即只要有气制动施加就认为车辆气制动施加,必须所有气制动缓解才能认为车辆气制动缓解,同理也能够推广到整列车。当本节车气制动缓解继电器 2K54 满足得电条件时,本节车的停车制动缓解继电器 2K51 得电吸合后,本节车所有摩擦制动缓解监控继电器 2K55 才能得电,这样通过 2K55 的状态就能知道车辆的气制动情况。摩擦制动缓解监控继电器 2K55 得电的控制电路逻辑为:

21900·2B03（01—02）·2K52·2K51·2K55·30400

通过对图3.4.5.7分析并结合图3.4.5.8可以看出，只有当6节车的气制动全部缓解，或者操作气制动旁路开关，列车气制动缓解信号才能有效。列车气制动缓解MBG信号如图3.4.5.8所示。列车牵引控制单元在列车起动后，发出气制动缓解指令，如果在列车起动后5s内，牵引控制单元不能接收到列车气制动缓解信号，则马上封锁牵引指令，列车起动失败。此保护功能由牵引控制单元软件实现。

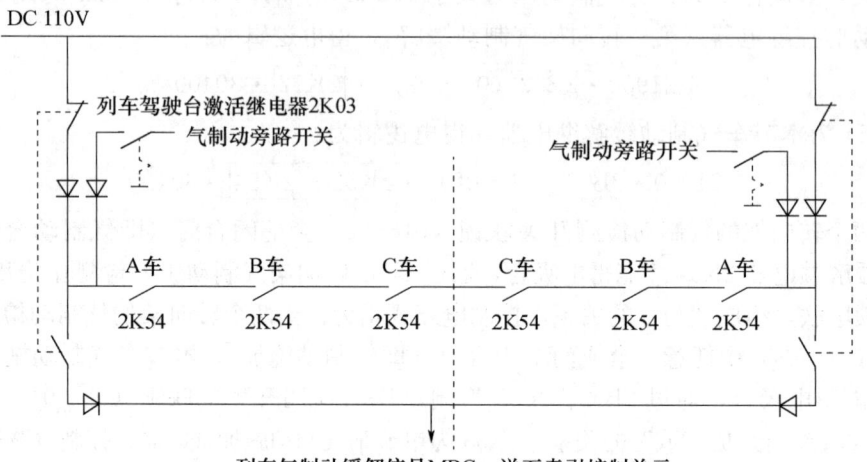

图3.4.5.8 列车气制动缓解MBG信号

### 三、紧急制动控制

图3.4.5.9所示为紧急制动控制电路，列车在运行中只要紧急制动继电器2K10失电，列车就会启动紧急制动，直到车速为零后才能缓解。而2K10得电的控制电路是：列车合上蓄电池开关3S01后激活端3K11得电，DC110V控制电源经过3K11常开联锁（54—53）、驾驶控制台的蘑菇形按钮2S07和2S08（联锁串联增加可靠性）、车钩9Y02—05电气接线盒、全部车钩连挂好检测继电器9K02（半自动车钩连挂好后得电）常开联锁（83—84）、解钩继电器9K03（用于激活单元车时将单元车的紧急回路连通，按压3S02时得电）常闭联锁（72—71）后，通过车钩9Y06电气接线盒与另一单元连通，由于另一单元列车为非激活端，故其3K11失电，则经过3K11常闭联锁（61—62）将控制电源送给本单元A车的2K10，并通过本单元车钩9Y02—06电气接线盒连接送回到激活端，激活端通过车钩9Y06—02电气接线盒将控制电源送给2K10，从而激活整列车的紧急制动继电器2K10。其控制电路逻辑为：

20100·3K11（54—53）·$\overline{2S07}$（32—31）（11—12）·$\overline{2S08}$（11—12）（32—31）·9Y02—9Y03·9Y04—9Y05·9K02（83—84）·$\overline{9K03}$（71—72）·9Y06—9Y06·$\overline{9K03}$（71—72）·9K02（83—84）·9Y05—9Y04·9Y03—9Y02·$\overline{2S08}$（32—31）（11—12）·$\overline{2S07}$（11—12）（32—31）·$\overline{3K11}$（61—62）·9Y02—9Y03·9Y04—9Y05·9Y06—9Y06·9Y05—9Y04·9Y03—9Y02·2F04（01—02）·［2K11（24—23）＋2K10（14—13）］·2K10·30400

紧急制动继电器控制回路通过列车车钩形成一条贯穿整列车的安全监控环线，如果列车安全环线中任一个 2S07、2S08 紧急制动按钮断开或列车编组中断，那么 2K10 立即失电，通过紧急制动控制回路控制车辆一直保持紧急制动施加状态，受电弓降弓，直至列车停车。

在需要某个单元移动时必须在单元车的 C 车电气柜中按压 3S02 激活单元车，通过车钩连挂检测继电器和 C 车解钩继电器的配合，才能形成单元车的安全回路。紧急制动继电器 2K10 得电逻辑为：

20100・3K11（54—53）・$\overline{2S07}$（32—31）（11—12）・$\overline{2S08}$（11—12）（32—31）・9Y02—9Y03・9Y04—9Y05・$\overline{9K02}$（71—72）・9K03（83—84）・9Y05—9Y04・9Y03—9Y02・2F04（01—02）・［2K11（24—23）＋2K10（14—13）］・2K10・30400

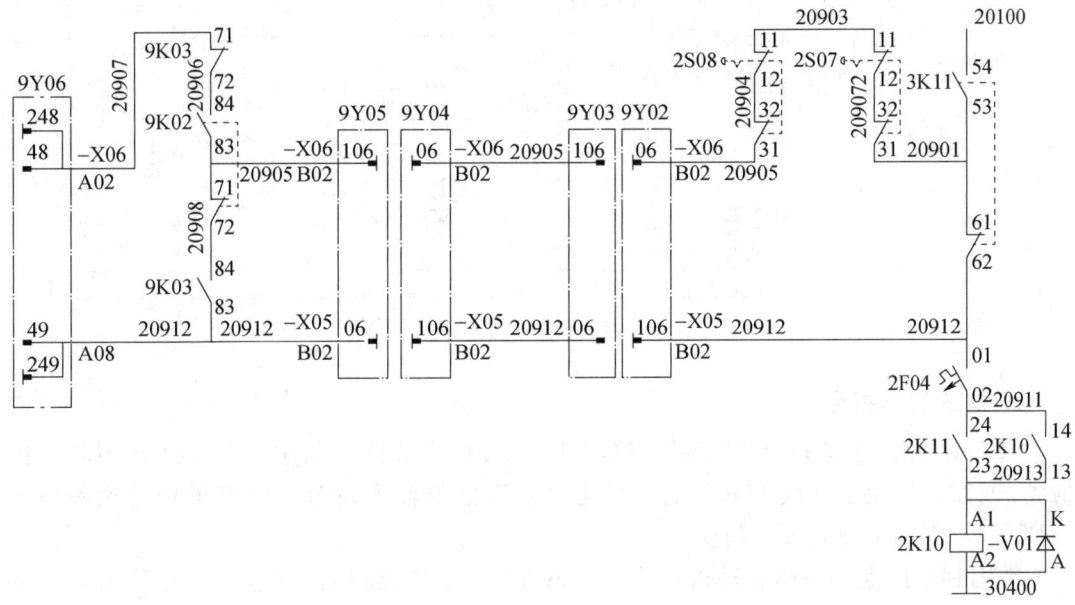

图 3.4.5.9　紧急制动控制电路图

## 四、制动指令控制

制动指令有常用制动指令、快速制动指令和紧急制动指令。每个制动指令都是低电平有效，图 3.4.5.10 所示为常用制动、快速制动、紧急制动控制指令电路。

### 1. 常用制动指令

当驾驶员将牵引/制动手柄拉到常用制动位，2K16 线圈失电，并导致常用制动控制列车线 20632 变为低电平，该信号输入每节车的电子制动控制单元（EBCU），则列车施加常用制动。

人工驾驶时，2K16 线圈得电逻辑为：

21100・2K01（43—44）・2K10（73—74）・7K04（13—14）・2K09（33—34）・2A01—S11 $\overline{(-S21)}$ $\overline{(-S22)}$・$\overline{4K05}$（21—22）・2K16・30400

人工驾驶时，2K17 线圈得电逻辑为：

21100・2K01（43—44）・2K10（73—74）・7K04（13—14）・2K09（33—34）・
2A01—S11（—S23）（—S24）・[2K17（23—24）+2K16（13—14）]・ 2K17 ・30400

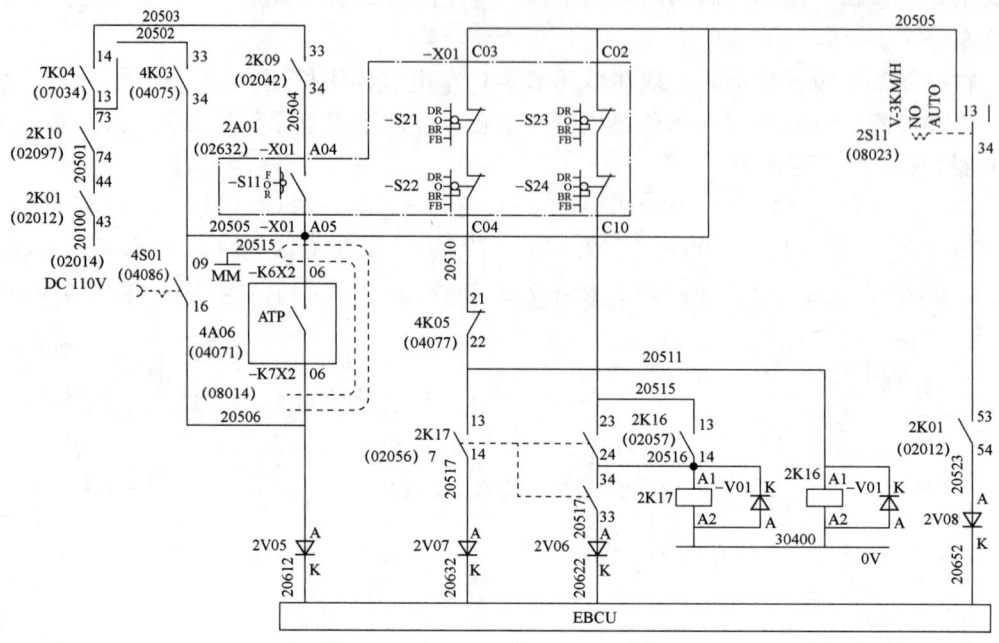

图 3.4.5.10　制动指令控制电路图

**2. 快速制动指令**

当牵引/制动手柄拉到快速制动位，2K16、2K17 线圈均失电，并导致常用制动控制线 20632、快速制动线 20622 变为低电平，该信号输入每节车的电子制动控制单元（EBCU），则列车施加快速制动。

常用制动指令和快速制动指令的发出必须在列车紧急制动未施加时才能有效，即无紧急制动列车线 20612 为高电平，该信号输入每节车的电子制动控制单元（EBCU），则列车才能通过操纵牵引/制动手柄完成常规制动和快速制动。列车激活后 2K01、2K10 继电器得电，手动驾驶时由 7K04（车间电源电器盒盖好后由受电弓供电时得电）、2K09（警惕按钮按下时得电）和方式方向手柄控制。自动驾驶时由 4K03（自动驾驶模式得电）控制，通过 ATP 防护单元（此时 4S01ATP 切除按钮旁路）激活无紧急制动列车线。

# 项目五　车门控制系统

在地铁运营中，车门是乘客直接接触的部件，它关系到乘客的人身安全问题。地铁车辆具有运载客流量大、乘客上下车频繁等特点，每列车的车门数量较多、开度大，开关门动作也比较频繁，因此车门也成为故障发生最多的部件，也是遭到乘客投诉最多的部件之一。因此，车门是一个与运营安全有着直接关系的、城轨交通车辆中的重要组成部件。

地铁车辆一般有4种车门，即客室侧门、驾驶室侧门、紧急疏散门、驾驶室隔间门，其中最复杂的是客室侧门，其也是运营时使用最频繁的部件。

我国生产的地铁车辆在每节车厢的两侧对称共设8个或10个客室侧门。客室侧门由驾驶员在驾驶室内集中控制。车辆运行过程中所有侧门处于关闭状态，车辆到站，驾驶员打开车辆某一侧的车门供乘客安全上下车。因此，地铁车辆的客室侧门系统是否符合"故障—安全"的原则显得尤为重要。要求客室侧门在列车运行过程中，当发生不可预知的情况时，车门系统应趋向关门操作或保持关门状态，最大限度地保障乘客的人身安全。为此，车门的所有设计应以乘客安全为本，车门控制系统应分别从地铁车辆客室车门系统与列车牵引的联锁、车门状态指示、关门到位指示、关门到位指示开关与动态关门控制、关门操作与列车的状态以及行车开门与列车制动等几个方面入手，强化安全设计，全面保障乘客安全。

地铁列车运营线路站距短，客室车门频繁开启和关闭，容易导致客室车门的门控电气元件和机械零部件的损坏，造成正线运营列车的客室车门故障频发。故障较轻则该车门被切除，故障较重则列车发生掉线、清客或救援。据地铁运营公司统计，客室车门的故障在整个运营故障中占有很大的比例，本项目将重点探究地铁车辆客室侧门及其故障的应急处理。

## 任务一　电控门的控制

### 一、电控门控制

电控电动门由电子门控单元EDCU进行控制，EDCU是车门系统中的关键电气部件，一般位于客室内侧，安装于防水保护部位。EDCU是可编程序控制器，电源采用DC110V，微处理器采用68332，RS232接口，继电器输出，具有零速保护和安全联锁电路，开关门有报警，控制原理如图3.5.1.1所示。

EDCU可编程序控制器由五部分组成：电源电路、输入电路、中央处理单元、输出电路、保护电路。

电源电路的输入为 DC110V，内部经直流变换给微处理单元及相关电路提供适用电源。输入电路接收输入信号，输入信号来自驾驶操作台，开门信号、关门信号、零速信号，经输入电路整形滤波后，送入中央处理单元。中央处理单元主要完成存储、逻辑运算、顺序控制、定时控制、延时控制及软件抗干扰等。中央处理单元能根据车门的实际工况确定的输入信号决定各输出信号，还可以下载储存信息如故障信息用于维护，可上载（如果需要）新的软件。

输出电路用光电隔离的方式实现高低电压的隔离和驱动功率放大，因而可以直接驱动电动机、断路器等各类负载。输出信号有车门开关状态信号、关好门/锁好门信号、电动机驱动信号、车门遇障碍及故障信号。保护电路则用于处理车门状态不到位的各种故障保护、信号显示、车门状态提示等，监控电路监控车门在故障情况下继电器不能输出。

车门电动机采用永久磁性直流电动机，EDCU 输出 PWM（脉冲宽度调制）信号稳定地控制电动机的转矩及速度，使门的运动快速、平稳。开关门均具有二级缓冲功能，门在接近全开或全关时转为低速，其余区段为高速运动。高、低速区段通过软件设定，正常开关门时间通过软件调节，电动机输出有过电流保护并能自动恢复。

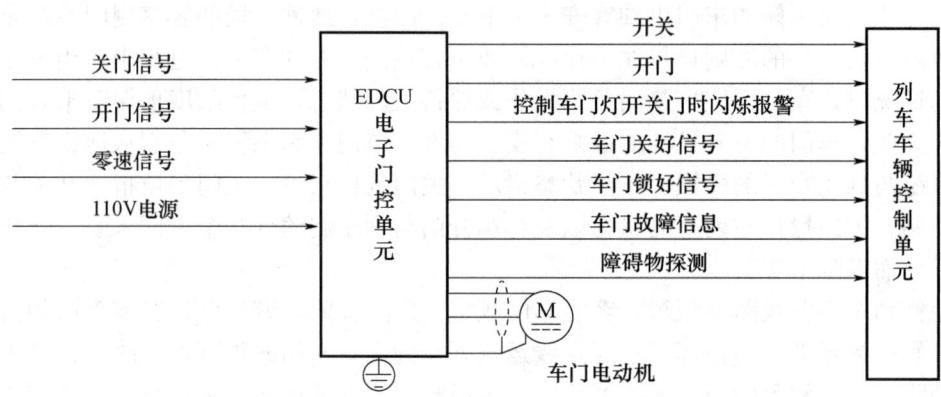

图 3.5.1.1　电动车门控制原理图

在初次通电时，EDCU 不能监控门的位置（门关闭位置除外）。因此，对于打开的门，将启动一次初始化程序，该程序将以较低的速度关门（在此运动中，具有障碍检测功能）。

## 二、电动门控制电路逻辑分析

城市轨道交通车辆电控电动门控制的实质是控制车门电动机的正反转。通过传动装置使车门进行开、关门的平移运动，结合车辆控制条件和车辆驾驶模式进行车辆运行过程中的操作。如图 3.5.1.2 所示，通过车辆状态、ATP 安全防护、开门模式（手动/自动）选择等输入的逻辑运算分析后，给门控列车线一个开门信号，所有与列车线相连的门控单元（EDCU）根据接收到的开门信号对车门电动机进行操作。关门与开门动作原理相同，是一个相反的过程。

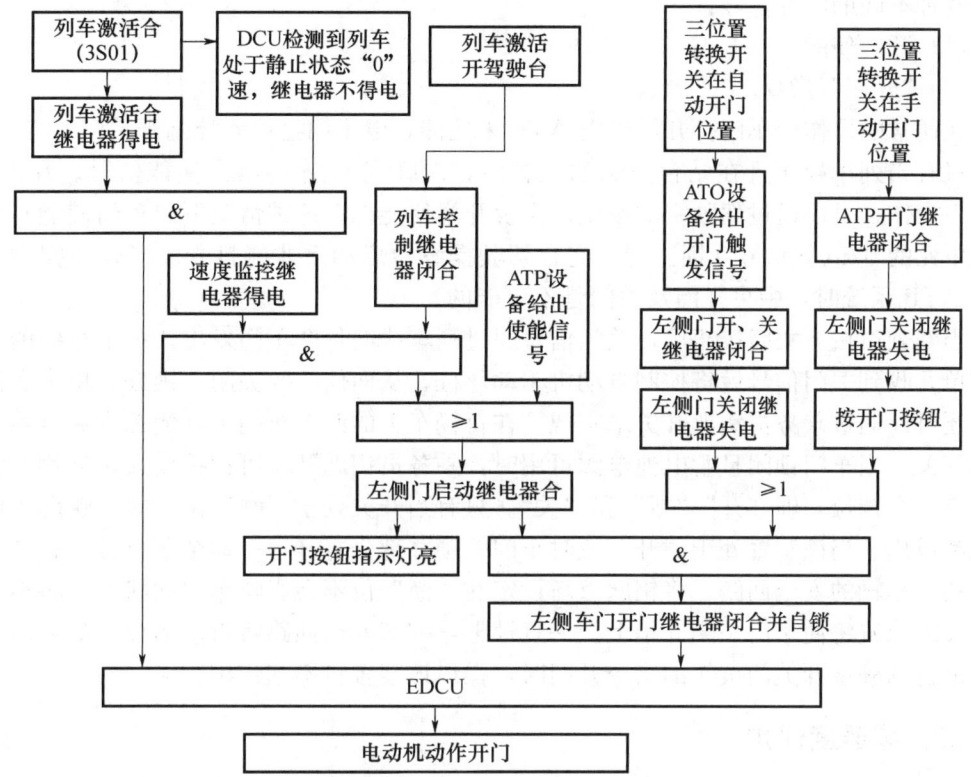

图 3.5.1.2　A 型庞巴迪地铁车辆左侧客室车门开门控制逻辑框图

## 任务二　电控门的操纵

操纵设在驾驶室的开关门按钮，同一侧所有的客室车门可同时打开和关闭。开门时，门叶先做朝向侧墙外侧的横向运动，再沿车辆侧墙进行纵向运动至完全打开的位置。车门关闭后与车体为同一平面。门叶四周安装的密封橡胶条在门叶与侧墙间起密封作用。

### 一、开关门

整个门系统的运动由电子门控单元（EDCU）控制，电动机驱动。电动机通过传动系统驱动丝杠螺母系统，丝杠上的螺母通过铰链与门叶相连，驱动门叶开关。丝杠螺母机构保证了门叶的同步性。

通常开关门是由驾驶员操纵开关门按钮实现的，开关安装在驾驶室内，驾驶室内每侧有一套开关门按钮，单独电路。当驾驶员用主控钥匙启动驾驶台时，开关门按钮得电。当所有车门关闭和锁闭时，关门按钮灯亮，若任一门保持在打开状态，所有关门按钮均不亮。这样就为驾驶员提供了车门的状态指示。

车门既可在 ATO 模式下自动开关，也可以由驾驶员操纵开关。考虑到安全因数，也有两种不同的门控信号：
(1) 开门使能；
(2) "开门"指令。

在通常的操作中车门打开可以由 ATP 来使能，电子门控单元控制开关门。

只有当列车静止且在站台正确的位置时，ATP 系统才能给出使能信号。在 URM 模式下操作，可以通过驾驶室的按钮来实现开门使能。在这种情况下，车门使能与牵引控制单元的 0km/h 信号互锁。门只有在驾驶操纵台启动下才能打开。当列车控制只连接着 ATP 系统时，中央开门及关门是不可能的。

当驾驶员按下关门按钮后，关门信号通过列车线向每个车门发出，每个车门的电子门控单元收到关门信号后将控制电动机驱动丝杠，从而使门叶关闭并锁好。单个车门的开关还可以通过乘务员钥匙开关来实现。在每辆车上的两个车门内外侧都安装有乘务员钥匙开关。当车门锁闭且蓄电池电源可用时，乘务员钥匙开关可被授权人员使用。钥匙开关有三个挡位，即"开""断"和"关"。只有当开关处于"断"位置时，钥匙才能被插入和拔出。当该装置处于"开"位时车门解锁并部分打开，手动全部打开。打开车门将会断开车辆的安全回路。将钥匙重新设定在"断"位不会影响车门的状态。将钥匙旋转至关闭位置将使车门关闭并锁上。一旦锁上，列车安全回路将重新形成。如果所有门接收来自驾驶室开关门按钮的指令开门时，操纵该装置将不起作用。

## 二、零速度保护

车速为"0"时，车门控制器得到"零速"信号，开门功能起作用。当车速大于 5km/h 时，车门若仍然开启，将起动自动关门。

## 三、安全回路

锁闭开关检测到车门完全关闭后，其常开触点闭合，同一节车同侧所有车门的锁闭开关常开触点串联，形成关门安全联锁电路。一列车的关门安全联锁电路形成环路，所有车门关好后，驾驶室内"门已锁闭"指示灯亮，列车方可起动。列车左右侧安全联锁电路相互隔离。由于车门状态关系到乘客及运营安全，为确保列车运行过程中车门正确锁闭，只要检测到有一个车门没有正确锁闭，列车将无法起动；而在运行过程中，如果有乘客将紧急解锁手柄拉下，安全回路断开，列车将可能触发紧急制动并停车。

## 四、紧急开门

在紧急状态下，乘客扳动某个车门的紧急开门手柄后，EDCU 根据"零速"监控回路的信息作出下述决定。

(1) 在列车速度＞3km/h 时车门关闭，锁闭线路不中断，车门无法打开。

(2) 列车速度＜3km/h 时，列车的"零速"监控回路被激活，"零速"信号直接激活 EDCU 的内部安全继电器，此时车门可手动开关。

(3) 若将紧急装置复位，门的开关恢复正常。内部紧急装置可通过手柄复位，外部紧急装置只能通过方孔钥匙复位。

## 五、车门的切除

当单个车门故障时，为了不影响列车的运行，通过专用钥匙将该车门进行电隔离，称为切除车门。切除车门后，安全回路将通过"门切除"行程开关组成安全回路。门切除后，该门将不再接受开关门指令控制；可以通过专用钥匙将该车门复位。

## 六、障碍物探测

如果关门时碰到障碍物，最大关门力最多持续 0.5s，然后车门可以重新打开一段距离，再重新关闭或保持这个位置进行一段时间的调节，再完全关上。如果障碍物一直存在，经过几次探测后，门将处于打开状态。障碍物探测的次数及障碍物的大小由电子门控单元设定。气动门的障碍物探测通过压力传感器测定关门阻力来实现；电动门的障碍物探测通过测定电动机电流值实现。关门时序中，每一时序的额定电动机电流曲线存储并可自动调整，如果电动机电流实际值超过额定值，则启动障碍物探测功能。

# 参考文献

[1] 翁富强. 电动机降压启动分析 [J]. 电脑迷, 2018 (06).

[2] 欧楚雄, 卢平. 汽轮机盘车装置电动机的功率选择 [J]. 东方汽轮机, 2018 (02).

[3] 马超飞. 大型电动机幅板轴焊接工艺的改进 [J]. 信息记录材料, 2018 (07).

[4] 董彦龙. 感应电动机在煤矿井下作业过程中的相关问题研究 [J]. 机械管理开发, 2018 (06).

[5] 吴冬玲. 用 PLC 改造 T68 镗床主轴电动机电气系统 [J]. 价值工程, 2018 (19).

[6] 崔永明. 农用电动机工作原理分析以及结构功能概述 [J]. 湖北农机化, 2018 (03).

[7] 黄永程, 杨斌, 王鹏程, 等. PLC 状态转移图在电动机正反转控制中的应用 [J]. 机电工程技术, 2018 (04).

[8] 于慎波, 钟双双, 赵海宁, 等. 降低永磁同步电动机噪声的方法 [J]. 电机与控制学报, 2018 (07).

[9] 夏永洪, 蒋华胜, 仪轩杏. 混合励磁同步电动机转矩脉动分析与优化 [J]. 微特电机, 2018 (05).

[10] 孔庆奕, 李艳超, 容烨, 等. 开关磁阻电动机结构参数优化设计研究 [J]. 微特电机, 2018 (05).

[11] 李建亮, 张文志, 李杰妮, 等. 基于有限元分析的开关磁阻电动机气隙研究 [J]. 微特电机, 2018 (06).

[12] 汪红兵, 李志荣, 孙春华. 一种基于压电叠堆的微型直线超声波电动机研究 [J]. 微特电机, 2018 (06).

[13] 郎梦梦, 曾劲松, 张西平. 新型旋转型行波超声波电动机定子的研究 [J]. 微特电机, 2018 (06).

[14] 王宝军, 王家军. 永磁同步电动机的速度指定位置跟踪控制 [J]. 微特电机, 2018 (06).

[15] 孙兆琼, 李定华, 钱荣超. 槽口宽度和磁极偏心对伺服电动机齿槽转矩的影响 [J]. 微特电机, 2018 (06).

[16] 陈廷凤, 廖海峰. 城市轨道交通车辆电器 [M]. 成都: 西南交通大学出版社, 2016.

[17] 苏桃. 电力机车电气设备与控制 [M]. 北京: 北京交通大学出版社, 2014.

[18] 祁冠峰. 电力机车电器 [M]. 北京: 中国铁道出版社, 2008.

[19] 吴冰, 张琳. 城市轨道交通车辆电器 [M]. 北京: 人民交通出版社, 2011.

[20] 王艳荣. 城市轨道交通车辆电气检修 [M]. 上海: 上海科学技术出版社, 2010.

[21] 张龙, 祁冠峰. 城市轨道交通车辆电机电器 [M]. 北京: 中国铁道出版社, 2011.

[22] 陶生桂, 胡兵. 城市轨道车辆电气传动系统发展的一些思考 [J]. 电力机车与城市城轨车辆, 2007, 30 (2): 1-5.

[23] 石礼安. 地铁一号线工程 [M]. 上海: 上海科学技术出版社, 1998.

[24] 彭有根. 广州地铁二号线车辆车门系统及其控制原理 [J]. 电力机车与城轨车辆, 2005, 28 (6): 47-49.

[25] 张和平. 南京地铁 1 号线车辆主传动系统问题分析 [J]. 现代城市轨道交通, 2005 (2): 16-19.

[26] 华平. 电力机车控制 [M]. 北京: 中国铁道出版社, 2008.

[27] 华平, 唐春林. 城市轨道交通车辆电气控制 [M]. 北京: 机械工业出版社, 2015.